TRINITY

Dirk Grosser

LASS ES GUT SEIN

Als Alltagsmystiker
gelassen
das Leben meistern

TRINITY

MIX
Papier aus verantwortungsvollen Quellen
FSC® C084279
www.fsc.org

1. Auflage
Originalausgabe

Umschlaggestaltung: Isabel Steuler, ki 36 Sabine Krohberger
Editorial Design, München,
unter Verwendung eines Motivs von © Frank Schulz
Illustrationen im Innenteil: © Frank Schulz
Layout & Satz: Danai Afrati und Robert Gigler, München
Druck und Bindung: Print Consult, München
ISBN 978-3-95550-210-2

www.trinity-verlag.de

»Prüft alles
und behaltet das Gute!«

PAULUS
IM ERSTEN BRIEF AN DIE THESSALONIKER

Inhaltsverzeichnis

Vorwort

von Fr. Seán ÓLaoire

Religionen sind für mich so etwas wie die Stützräder der Spiritualität. Nun sind Stützräder für einen Sechsjährigen völlig in Ordnung, aber es ist schon ein wenig seltsam, wenn man sie mit 16 immer noch braucht. Mutter Kirche jedoch (sei sie nun hinduistisch, katholisch, muslimisch oder was auch immer) setzt alles daran, uns an ihre Rockzipfel zu binden: Dem Abtrünnigen droht sie mit karmischer Verdammnis, und den Regeltreuen lockt sie mit Heilsversprechen. Einer solch klaustrophobischen Enge versucht man natürlich zu entkommen. So ist die Religionsgeschichte geprägt von einem ewigen Tauziehen: zwischen Legalismus und Liebe, Tradition und Innovation, Patriarchat und Anarchie, Ritualen oder eigenständigem Denken, Hedonismus oder Asketismus, guten Taten oder Glauben.

Jedes größere Lebensthema – sei es religiöser, ökonomischer oder politischer Natur – ist wie ein Seil, das um diesen großen Fels namens Leben geschlungen ist und mit dessen Hilfe versucht wird, den Fels in eine bestimmte Richtung zu zerren. Propaganda ist das Werkzeug, das andere überzeugen soll, mit in dieselbe Richtung zu ziehen.

Was wäre aber, wenn wir aufhören würden, am Seil zu ziehen, und stattdessen einfach nur den Fels bewunderten? Vielleicht soll er ja genau da liegen, wo er liegt?

Dirk Grosser ist ein Autor, der durch und durch der Mystik des gegenwärtigen Moments ergeben ist. Das spiegelt sich in seiner musikalischen Begabung, in der Zeit, die er mit seinen beiden Töchtern verbringt, in der Arbeit mit seiner Frau Jennie oder in unseren gemeinsamen Spaziergängen und Gesprächen an den Stränden Irlands, wo der ungezähmte Atlantik mit Wucht auf die Küste trifft und unsere Seelen und unseren Geist einlädt, sich emporzuheben. Wie Dirk Grosser schreibt und denkt, ist ganz und gar ungemütlich für einen konventionellen Glauben daran, man könne das eigene Seelenheil durch das Befolgen irgendwelcher dogmatischen kirchlichen Vorschriften sichern. Ebenso unbequem ist es aber auch für die lichterfüllten »New Ager«, die meinen, sie fänden die Erleuchtung auf einem Wochenend-Seminar und könnten sich dann ein Schild an die Tür hängen: »Triff den Guru – nur 100 € pro Sitzung«.

Auf seine ganz spezielle, witzige, kluge, tief blickende und herausfordernde Art hilft Dirk Grosser uns, die Fäden der Verblendung zu entwirren, die uns den Blick auf das Mystische im Alltäglichen, auf das Heilige im Herzen des Profanen, auf die Zeitlosigkeit im gegenwärtigen Moment versperren.

Letztendlich kommt es nämlich nicht darauf an, *wo* man sucht, sondern *wie*. Wenn wir nicht wissen, wie wir suchen müssen, können wir überall suchen und werden trotzdem nichts finden. Wenn wir aber wissen, wie man sucht, können wir an jedem beliebigen

Ort suchen und dort alles finden. Manch einer findet dieses Wesentliche durch Zufall, wie in Jesu Gleichnis vom Tagelöhner, der den Schatz bei der Arbeit auf dem Feld eines reichen Mannes findet; andere finden ihn erst nach einer lebenslangen, zielstrebigen Suche, wie im Gleichnis vom Kaufmann, der nach kostbaren Perlen sucht. In beiden Fällen geben die Suchenden alles darum, diesen Schatz zu finden, denn »das Himmelreich kostet den ganzen Einsatz«. Das soll natürlich nicht heißen, dass Sie jetzt Ihr Haus und Ihr Auto verkaufen und Ihre Kinder und Ihre Heimat verlassen müssen, um durch den Himalaya zu wandern. Vielmehr sollte Ihnen bewusst werden, dass das Göttliche in allem steckt, in jedem Menschen und allen Umständen. Die Erkenntnis ist simpel: Alles, was existiert, ist Gott in Verkleidung!

Wir finden das Heilige nicht, indem wir das Profane ablehnen, sondern indem wir es segnen; wir müssen zu Alltagsmystikern werden, zu Pragmatikern, zu Künstlern des Gewöhnlichen.

Dirk Grossers Buch zeigt auf elementare Weise, wie man genau das tut.

Einleitung:

Der Alltag ist das wahre Wunder

Das Besondere hat es uns angetan. Wir wollen jemand Besonderes sein, wollen Aufmerksamkeit, wollen besondere Dinge sehen, besondere Menschen kennenlernen, wollen Events und keine schnöden Erlebnisse, und zumindest unsere Katze soll doch gefälligst eine Facebook-Berühmtheit werden, wenn uns das selbst schon nicht gelingt. Besonders ist gut, normal ist öde. Diese Grundeinstellung gilt in weiten Teilen auch in der spirituellen Szene: Je wilder die Thesen, desto größer die Zuhörerschaft! Eine einfache Regel, die fast immer greift.

So beschäftigen wir uns oft mit Dingen, die weit weg von dem existieren (oder auch nicht existieren), was im gegenwärtigen Moment geschieht. Wir starren auf den Horizont und latschen dabei auf das Windröschen, das sich direkt vor unseren Füßen vorsichtig aus dem Boden streckt. Wir lauschen andächtig den salbungsvollen Worten eines indischen Gurus, sind aber völlig entnervt, wenn uns eine ältere Dame im Wartezimmer eines Arztes von ihrem Dackel erzählt. Wir meditieren über eine kristallene Lotosblüte, kehren aber achtlos das Herbstlaub zusammen, ohne dessen Schönheit auch nur zu erahnen; wir wollen mit Delfinen schwimmen, haben aber keine Zeit, mit unserem Kind an einem Bachlauf Kaulquappen zu suchen …

Dieses Buch verfolgt einen gegensätzlichen Ansatz. Einen Ansatz, auf den sich die Lehren des Buddha, die Weisheiten des Laotse und das Beispiel Jesu durchaus reduzieren lassen und der mit dem Begriff Alltagsmystik gut umrissen ist.

Den sogenannten Wüstenvätern – frühchristliche Mönche, die ab dem 3. Jahrhundert in die Wüsten Ägyptens und Syriens zogen, um sich dort der Kontemplation zu widmen – hätte dieser Begriff sicherlich gut gefallen. Diese Herrschaften, die man sich wie eine Mischung aus der Weisheit des Dalai-Lama und dem kruden Äußeren des verrückten Zauberers Catweazle aus der britischen Fernsehserie vorstellen muss, wollten ganz genau hinschauen und lernen, was das Leben ihnen jetzt und an diesem Ort zeigen mochte.

Aus diesem Geist stammt auch der schöne Ausspruch eines Wüstenvaters namens Abbas Moses, der von einem verwirrten und stets abgelenkten Schüler nach einem weisen Lebenswort gefragt wurde. Abbas Moses sagte: »Geh in dein Kellion[1], und dein Kellion wird dich alles lehren!«

Tja, ich vermute, der junge Mann hätte gern etwas anderes gehört, hätte vielleicht gern die heroische Aufgabe erhalten, den Kelch des letzten Abendmahls zu finden, Gott durch das Verfassen besonders ausgetüftelter Gebete zu erreichen oder sich durch streng geheime Meditationstechniken ein Paar goldschimmernde Flügel wachsen zu lassen. Zumindest das Töten eines Drachen mit der einhergehenden Rettung einer Jungfrau hätte wohl drin sein sollen … Aber da Abbas Moses nun einmal ein alter spiritueller Haudegen war, der wusste, wie die Sache läuft, schickte er den Sucher einfach in sein Kellion. Hausarrest und Fernsehverbot!

Hier würde er alles lernen können, wenn er seine Augen aufhielt, sich schutzlos dem auslieferte, was sich in jedem einzelnen Moment ereignete, sich wahrhaft auf das Hier und Jetzt einließ, sich selbst entdeckte, sich mit all seinen Aspekten und Facetten annahm, seine Emotionen erforschte, die Stille aushielt und das Wunder im Gewöhnlichen erblickte.

Genau das ist es, was wir heute brauchen. Und auch wir haben ein Kellion, das uns alles lehren kann: Unseren Alltag!

Kehren wir also zurück zu diesem unspektakulären, aber höchst ehrlichen Alltag. Zu unseren Kindern, die in unserer Abwesenheit mit Wachsmalkreide ein riesiges Krokodil auf die Wohnzimmerwand malen, zu den gestrandeten Menschen auf dem Vorplatz des Hauptbahnhofs, die nicht mehr wissen, wie sie dort gelandet sind, zu der Schlange vor der Supermarktkasse, die uns Geduld und Achtsamkeit besser als jedes Seminar lehren kann, zu der ganz eigenen Schönheit von Hochspannungsleitungen und Baustellenabsperrungen, zu der Musik, die uns wirklich berührt, und zu unseren echten Freunden, die mit uns lachen, mit uns reden und mit uns schweigen können. Kehren wir zurück zu unserem Alltag, denn er ist alles, was uns zur Verfügung steht, in ihm finden wir alles, dessen wir bedürfen.

In diesem Alltag – zwischen Superheldenfilmen und einsamen Grübeleien über die letzten Dinge, zwischen beruflichem Gehetze und dem zarten Guten-Morgen-Kuss unseres Partners, zwischen der Parkplatzsuche in der Innenstadt (vorzugsweise an einem langen Samstag vor Weihnachten) und den stillen Momenten, wenn wir uns von einer Party davonschleichen und allein mit einer Flasche Bier unter dem Sternenhimmel stehen – findet unsere ganz eigene Reise statt. Diese Reise kann uns ab und an in Tempel, Kirchen, Moscheen oder Gompas führen, doch die meiste Zeit befinden wir uns an weitaus profaneren Orten und setzen einfach einen Fuß vor den anderen. Und auch wenn unsere Erde ein vergleichsweise kleiner Flecken in einem riesigen Universum ist, bietet sie dennoch genügend Platz für eine unendliche Anzahl an Wegen, auf denen wir uns selbst, unsere ganz eigene Spiritualität und unseren einzigartigen Zugang zu dem finden können, was wir Gott, Allah, Buddha-Natur, fliegendes Spaghetti-Monster, Tao oder wie auch immer nennen. Der Sufi-Mystiker Hazrat Inayat Khan spricht hier von einer bestimmten Eigenschaft, die diese Reise zu etwas macht, das uns auch jenseits von allgemein als heilig geltenden Orten wachsen lässt:

»Es gibt Menschen, die mit offenen Augen reisen.
Es sind diejenigen, die alle Schönheit auf dem Weg erblicken,
die sich an der Reise freuen und die Wunder des Reisens schätzen.
Jeder Schritt vorwärts bietet ihnen eine neue Erfahrung,
eine größere Freude, einen besonderen Segen.«[2]

Und *zack!* sind wir mittendrin in einer Mystik des Alltags. Und auch mitten in der wunderbaren Widersprüchlichkeit eines von der Mystik inspirierten Lebens – denn obwohl das Wort »Mystik« vom griechischen *myein* stammt, was »die Augen schließen« bedeutet, geht es letztlich doch darum, was Khan unter »mit offenen Augen reisen« versteht. Verbuchen wir das einfach erst einmal unter dem schönen, aber leider ein wenig aus der Mode gekommenen, lateinischen Begriff *coincidentia oppositorum* – das Zusammenfallen der Gegensätze – und lassen Sie uns später darauf zurückkommen …

Was ich Ihnen an dieser Stelle schon versichern kann: Mystik ist nichts Geheimnisvolles, nichts Obskures, schon gar nichts Okkultes. Sie müssen sich weder eine samtene Robe noch einen weißen Bart zum Ankleben im Internet bestellen. Mystik bedeutet einfach, dass unsere Spiritualität von einer abstrakten Idee zu einer lebendigen Wirklichkeit wird. In dieser bewusst erlebten Wirklichkeit wird uns klar, dass spirituelle Erfahrungen jederzeit und überall möglich sind – und manchmal gerade in Situationen, in denen wir nicht mit ihnen rechnen. Wir reisen mit offenen Augen und entdecken die Schönheit im Unvollkommenen, das Wunder im Chaos, die Stille im Zentrum des Lärms und vielleicht sogar den verborgenen Sinn in der Grammatik Yodas.

Wie Khan sagt, erblicken wir alle »Schönheit auf dem Weg«, lassen uns also nicht nur von unserer eigenen Tradition inspirieren, sondern auch von den Mosaiksteinchen, die andere Kulturen für das große (und niemals vollständig zu sehende) Bild gesammelt haben. So werden wir uns in diesem Buch mit christlichen, jüdischen, muslimischen, hinduistischen, taoistischen und buddhistischen Quellen beschäftigen und feststellen, dass es überall und zu jeder Zeit Menschen gab, die sich einer Mystik des Alltags verschrieben hatten; Menschen, die manchmal unauffällig und manchmal gänzlich jenseits der Gesellschaft lebten und einfach ihren Weg gingen. Sie waren sowohl Mönche und Laien, Theologen und Gemüsehändler, meditierende Einsiedler und umtriebige Reisende als auch weise Narren und ebenso randständige Existenzen, deren Denken, Glauben und bisweilen höchst seltsames Verhalten auf etwas hinwies, das auch heute sehr lebendig erfahren werden kann: das schlagende Herz der Welt in jeder Alltagssituation!

Was Ihnen jetzt vielleicht ein wenig arg süßlich formuliert vorkommt, wird Ihnen hoffentlich gegen Ende des Buches als eine ganz normale Sache erscheinen, denn worum es geht, ist einfach nur eine neue Ebene der Beziehung zur Welt und all den sonderbaren Wesen, die diese bevölkern. Und ebenso eine Beziehung zu dem, was all dies enthält, was all die Wunder dieser Welt in sich birgt und zugleich größer ist als die Summe seiner Teile.

Alle Erfahrungen sind Türöffner

Zugleich begegnen wir aller »Schönheit auf dem Weg« auch jenseits der spirituellen Traditionen beziehungsweise ihrer mystischen Zweige. In all den Augenblicken unseres ganz normalen Lebens, die uns auf eigentümliche Weise anrühren und uns wachsen lassen, ebenso wie in den Momenten, die uns herausfordern, in denen wir üblicherweise ausflippen, uns verschließen oder uns auf mehr oder weniger gelungene Weise betäuben. Gerade letztere Erfahrungen können – wenn wir uns zumuten, sie genau zu betrachten – zu wahren Türöffnern sowohl in innere Bereiche als auch in die Welt werden.

Zum Glück waren die meisten Mystiker keine weltabgewandten Spinner, sondern recht bodenständige Menschen. Und so haben sie sich auch mit all den immer wieder auftauchenden unangenehmen Gefühlen und inneren Konflikten herumgeschlagen, die für uns heute eine Rolle spielen und jedem Mitarbeiter sowohl der Unterhaltungs- als auch der Pharmaindustrie die üppige Rente sichern: unser Ärger, unsere Wut, unsere missgünstigen Gefühle, unsere Zweifel, unsere Verletzlichkeit, unsere Sehnsucht nach Zugehörigkeit und unserem ureigenen Platz, unsere Erwartungen an das Leben (mitsamt den daraus resultierenden Enttäuschungen) und unsere manchmal verzweifelte Suche nach Ruhe in einer Welt, die ihr eigenes Getöse mit noch mehr Getöse feiert ... All diese täglichen Emotionen, Gedanken und Situationen, in denen wir uns wiederfinden, gab es auch schon in den Städten des alten Chinas, auf den Elefanten-Highways des alten Indiens, auf den staubigen Straßen Palästinas und in den ersten Hochhäusern des antiken Roms, in den Gärten Konyas und Bagdads, in den mittelalterlichen Klöstern Europas. In jedem Zeitalter und an jedem Ort gab und gibt es Menschen, die diesen einen Vers des Sesamstraßen-Liedes verinnerlicht haben: »Wer nicht fragt, bleibt dumm!« Menschen, die sich dem Rätsel unserer Existenz zuwandten, die herausfinden wollten, wo unser Platz in diesem grenzenlosen Kosmos ist und was es wirklich bedeutet, ein Mensch zu sein. Und manche dieser mutigen Wanderer haben sich die Fragen, die ein menschliches Leben nun einmal aufwirft, so intensiv gestellt, dass sie sogar Antworten für sich gefunden haben. Diese Antworten müssen nicht unbedingt die unseren sein, doch zumindest können sie uns auf eine Spur führen, die uns zu unseren eigenen Antworten führt. Als ich die religiöse Gemeinschaft der Quäker in Bad Pyrmont besuchen durfte, hat mir dies einer der dort Anwesenden in einer einzigen tiefen Frage zusammengefasst:

»Jesus sagt dies, Paulus sagt das … Was sagst du?«

Wir können den Antworten aus den letzten zwei- oder dreitausend Jahren lauschen, können entdecken, wie die Menschen damals die scheinbaren Stolpersteine und Hindernisse des Lebens in eine Quelle ihrer größten Kraft verwandelten, und dann unsere eigenen Schritte auf dieser Reise machen. Wir können unsere eigene Beziehung zu uns und unseren Emotionen sowie zur Welt und dem ihr innewohnenden Geheimnis gestalten. Wir können unseren spirituellen Weg in den ganz normalen Alltagssituationen gehen (dort, wo meines Erachtens Spiritualität hingehört!) und sehen, dass Mystik weder an eine Religion oder irgendein anderes Dogma gebunden noch selbstquälerische Askese ist, sondern die Feier genau dieser eigenen persönlichen Beziehung zur Welt darstellt: das Anerkennen eines grundsätzlich heiligen Geheimnisses, das diese Welt durchdringt – das Eintauchen in eine wirkliche Verbindung zur tiefsten Quelle unseres Seins, bei dem wir verkrustete religiöse Strukturen guten Gewissens hinter uns lassen und uns ganz auf das Wesentliche konzentrieren können.

Auf diesem Weg möchte dieses Buch Begleiter sein und die Aussagen einiger zerlumpter Wüsten-Scherzkekse, wandernder

Sufi-Brüder, meditierender Mönche und dem Wein nicht abgeneigter Berg-Eremiten in Verhältnis zu unserem modernen Leben setzen.

Auch ein paar Übungen werden Sie in diesem Buch finden und ebenso eine Einführung in die Kontemplation.

Letztlich möchte dies alles zu einer Erfahrung führen, die unser Herz so weit öffnet, dass wir uns neu in die Welt und in unser Leben verlieben!

Daraus lässt sich dann nach und nach eine heilsame Lebenskunst entwickeln, die uns in die Lage versetzt, den Alltagsmystiker in uns zu erwecken, uns zugehörig zu fühlen, ein starkes und mitfühlendes Herz zu nähren, über uns selbst zu lachen und offen für den Zauber des gegenwärtigen Moments zu bleiben.

Wir müssen dazu weder in die Wüste ziehen noch in ein Kloster eintreten, sondern nur das tun, was wir ohnehin tun: leben! Und die Augen offen halten …

Den alten Mann von der Wolke schubsen –

Jenseits der Gesellschaft sich selbst und Gott suchen

Ein kleiner atmosphärischer Rückblick zu Beginn ist immer gut. Was für historische Romane und Fantasy-Filme gilt, kann auch einem spirituellen Buch nicht schaden. Schließlich befinden wir uns mit dem Thema Spiritualität so manches Mal in der Schnittmenge dieser beiden Genres, auch wenn wir das nicht wahrhaben wollen.

Schauen wir uns also folgende Bilder an und lassen sie auf uns wirken:

Eine ausgedörrte Ebene auf der Halbinsel Sinai. Knochentrocken, gleißend hell und erdrückend heiß. Schatten? Fehlanzeige. Wasser? Irgendwo weit weg. Und mitten in dieser unwirtlichen Gegend, die sich wohl kaum jemand freiwillig als Altersruhesitz aussuchen dürfte, ein paar kleine Lehmhütten, wie von einem betrunkenen Riesen hingewürfelt. Allesamt Ein-Zimmer-Appartements, wie man sie sonst in dieser opulenten Größe nur im modernen Tokio findet. Durch eine Tür kann man einen alten, spindeldürren Mann erkennen, dessen braune Kutte auch schon bessere Tage gesehen hat. Ganz versunken in seine Arbeit des Korbflechtens sitzt er da. Irgendwann hält er inne und schließt seine Augen, die von einem beinahe überirdischen Glanz erfüllt sind. Eine gute Stunde sitzt er still dort und memoriert Texte der Heiligen Schrift, die sein Leben mit dem Leben Jesu verbinden und ihn auf eine größere Wahrheit als die Welt dort draußen in den Städten Kappadokiens, Syriens, Palästinas und Ägyptens hinweisen. Eine größere Wahrheit, die jenseits von herrschen und beherrscht werden, von kaufen und verkaufen, von kämpfen oder fliehen besteht. Dann öffnet er wieder die Augen, die nun noch mehr leuchten, knabbert ein paar Datteln und macht sich scheinbar glücklich und zufrieden wieder an die Arbeit.

Ein nebelverhangener Berg über einem weiten Tal. Die Geräusche der Bauern und ihres Viehs dringen nur gedämpft zu dem Mann herauf, der hier oben in der Einsamkeit hockt, den Vögeln lauscht, ab und an (na gut, täglich) dem Sake zuspricht und mit einem Tuschepinsel und ein paar anmutigen Linien ein einfaches und dennoch eindrückliches Bild der Landschaft auf ein Stück Reispapier wirft. Er malt, schreibt Gedichte und meditiert. Sonst nichts. Und jeden Tag geht er hinunter ins Dorf und bettelt sich seine Mahlzeit zusammen, die ihm die Dorfbewohner gern spendieren, auch wenn es bei ihnen selbst nicht gerade luxuriös zugeht. Sie verstehen nicht genau, was der Mönch dort oben auf dem Berg so treibt, aber sie spüren, dass ihn eine Stille umgibt, die heilsam auf erhitzte und verwirrte Gemüter wirkt. Er ist ein Mann des

Zen und des Tao – und die verwehten und wehmütigen Töne seiner Bambusflöte, die an manchen Abenden über das Tal schallen, bedeuten ihm weit mehr als irgendwelche heiligen Texte.

Eine belebte Straße in Konya, Anatolien. Menschen, die sich freundlich, aber bestimmt ihren Weg zu den Basarständen bahnen, an Feigen, Orangen und Granatäpfeln riechen, die Qualität von Gewürzen und Stoffen abschätzen, um dann mit dem jeweiligen Eigentümer des Geschäfts lautstark zu verhandeln. Münzen wechseln den Besitzer, Säcke mit Waren werden auf Lasttiere geladen. Wie ein Fremdkörper zwischen all diesen mittelalterlichen Businesstypen wirkt ein Mann, den das ganze Geschachere nicht im Geringsten interessiert: ein schwarzer Bart, der längst wieder einmal gestutzt werden müsste, ein schwarzes Gewand, das gewaschen und geflickt werden müsste. Ein Wanderderwisch, dessen Währung Geschichten voller Weisheit und Humor sind und der auf unerhörte Weise von Allah, dem Allmächtigen, spricht. Den Menschen hier ist er nicht geheuer und sie sind froh, wenn er die Stadt wieder verlässt. Nur wenige sind bereit, ihm wirklich zuzuhören – doch die sind wie verwandelt, wenn er wieder aufhört zu sprechen.

Nun aber ein langer weißer Bart. Endlich. Er gehört dem Rabbi einer chassidischen Gemeinde in Krakau, Polen, die sich an diesem Abend gegen Ende des 18. Jahrhunderts versammelt hat, um ihren Glauben zu feiern. Der Rabbi, von den Gemeindemitgliedern *Zaddik* genannt, was so viel wie »Gerechter« bedeutet, erzählt Gleichnisse und Geschichten, die die Menschen nicht selten zum Lachen bringen. Obwohl die Chassidim zum orthodoxen Judentum zählen, geht es hier erheblich weniger feierlich und ernst zur Sache als in den Synagogen andernorts, was Verdächtigungen und auch Unmut erregt. Wenn die Mitglieder anderer Gemeinden den Zaddik jetzt sehen könnten, wie er sich die Freudentränen aus den Augen wischt, die Arme in die Luft wirft und dann seinem Gott zu Ehren tanzt und singt, würden sie in dieser ungebremsten Lebenslust wohl nur Nachlässigkeit und Sünde erblicken. Vor diesem Urteil schützt den Rabbi auch sein weißer Bart nicht. Was ihm aber auch schnurzpiepegal ist, weil er weiß, dass Gott sich mit ihm freut.

Abenddämmerung am Ufer des Ganges. Während die eine oder andere Leiche fröhlich vor sich hin kokelt und die Kühe wie üblich irgendwo im Weg herumstehen, sitzt ein Mann gelassen auf einem flachen Stein und blickt auf den vorbeiziehenden Strom, der ihn an die Unwägbarkeiten des Lebens und die Hingabe an das fließende Sein erinnert. Seit Jahren streift er durch das Land, meditiert, hält Vorträge, erzählt Episoden aus den großen spirituellen Epen seiner Kultur und kommt dabei immer wieder in Konflikt mit den Brahmanen, deren Bilderverehrung und Bräuche er pointiert ad absurdum führt. Er ist nicht gerade das, was man einen Superstar der spirituellen Szene nennen würde, und seine Ablehnung des Kastenwesens hilft auch nicht dabei, sich einen guten Ruf (und eine entsprechend entlohnte Stelle in einem der großen Tempel oder gar am Hofe eines Maharadschas) zu erarbeiten. Gerade heute hat er wieder vor einer skeptischen Menge von einem einfachen Weg zu Gott gesprochen, der keiner komplizierten (und teuren) Rituale einer professionalisierten Priester-gilde bedürfe. Dafür hat ihm einer der anwesenden Brahmanen eine halbfaule Mango an den Kopf geworfen und ist wutentbrannt zurück in seinen Tempel gestapft wie das HB-Männchen auf Koks. Nun hat unser Wanderprediger zumindest ein Abendessen. Er schält die Mango und lächelt. Gott lächelt zurück.

Und das letzte Bild in dieser Reihe: ein Klosterspital in Dillingen an der Donau. Zehn Betten mit Matratzen aus Stroh und einfachen, rauen Decken. Hier und da ertönt Husten und unterdrücktes Wehklagen, doch dort, wohin sich die junge Nonne in ihrem dunkelbraunen Habit wendet, kehrt eine wundersame Stille ein. Die Menschen schauen auf, schöpfen Hoffnung und neue Kraft. Eigentlich sollte die junge Nonne in diesem Augenblick beim Hochamt sein, für das sogar der Bischof angereist ist, doch sie hat schon sehr früh in ihrer Zeit im Kloster bemerkt, dass sie hier zwischen den Kranken und Hilfsbedürftigen ihrem Gott weit näher sein kann als in der weihrauchgeschwängerten Luft der Kirche. Hierhin hat das Leben sie geführt – und getreu dem biblischen Satz »Was ihr für einen meiner geringsten Brüder getan habt, das habt ihr mir getan«,[3] erkennt sie eher in den Augen der Kranken als in den selbstgefälligen Predigten des Bischofs das, worum es ihr geht. Ihr Gott ist hier, immer bei ihr, in jeder Handreichung, in jedem mitfühlenden Blick, in jeder Tasse Kräutertee, der damals schon genauso grässlich schmeckte wie heute.

Wenn diese Bilder etwas in Ihnen berühren und Sie sich von den Lebensentwürfen dieser Menschen längst vergangener Tage auf seltsame Weise angezogen fühlen, dann sind Sie wahrscheinlich instinktiv auf der Seite der Underdogs. Der unangepasste Außenseiter hat Ihre Sympathien, weil Sie spüren, dass er etwas zu sagen hat, was den anderen entgeht. Vermutlich hoffen Sie auch bei jeder Fußball-Weltmeisterschaft, dass Amerikanisch-Samoa, Island oder Trinidad und Tobago das Turnier gewinnen werden. Genau wie diese Teams nicht zu den etablierten Gewinnern gehören, waren auch die Mystiker kein Teil des religiösen Establishments ihrer jeweiligen Zeit und Kultur. Doch anders als den Mitgliedern der genannten Fußballteams machte dies den Mystikern und Mystikerinnen herzlich wenig aus. Dumm, einfältig, mittellos, verrückt, arrogant, gefährlich, subversiv, weltfremd, ungläubig, besessen, ketzerisch, sündig … – die Liste der Adjektive, mit denen sie von den selbst ernannten Rechtgläubigen benannt wurden, ist verdammt lang. Und mindestens ebenso lang wurden die Gesichter dieser Rechtgläubigen, wenn sie merkten, dass sie mit ihren Angriffen ins Leere liefen. Denn ein Adjektiv galt tatsächlich für alle Mystiker: **beseelt!**

Beseelt von der eigenen Erfahrung des Göttlichen, vom eigenen, selbst erlebten Kontakt mit einer Wirklichkeit, von der andere nur von der Kanzel oder Minbar[4] fabulieren konnten. Erfüllt von einer Liebe, die Grenzen überschreitet und sich um Konventionen so wenig schert wie Nick Nolte um eine verständliche Aussprache. Diese Erfahrung der Fülle zentrierte die Männer und Frauen der Mystik in einer seelischen Tiefe, die für die Eiferer und Pharisäer aller Zeiten unergründlich und unerreichbar blieb.

Den Wüstenvätern und -müttern, den Sufis, den taoistischen Mönchen und Zen-Praktizierenden, den osteuropäischen Chassidim, den hinduistischen Wanderpredigern und den mittelalterlichen Mystikern und Mystikerinnen der europäischen Klosterkultur war eine Erkenntnis gemeinsam, die C.G. Jung ein paar Jahrhunderte später vortrefflich in Worte fasste:

»Gott weigert sich, in Traditionen zu wohnen, auch wenn sie noch so heilig sind.«[5]

Diese Einsicht unterscheidet den Mystiker fundamental vom landläufigen Wald-und-Wiesen-Gläubigen und vor allen Dingen von den ihnen vorstehenden Glaubenswächtern. Natürlich benutzten und benutzen Mystiker Metaphern und Bilder, die aus ihrer jeweiligen Kultur stammen, doch war und ist ihnen stets bewusst, dass diese Beschreibungen nicht die Sache selbst sind. Nicht selten können diese Bilder auch der eigenen Reise im Weg stehen, wenn man zu sehr mit ihnen identifiziert ist und eine Erwartungshaltung die unmittelbare Erfahrung blockiert. Auf diese Gefahr richten sich auch die berühmten Worte, die immer wieder im Rahmen des Zen-Buddhismus zitiert werden:

»Triffst du den Buddha unterwegs, töte ihn!«

Und Meister Eckhart, der große deutsche Mystiker des 14. Jahrhunderts, dem wir in diesem Buch noch öfter begegnen werden, sagt mit der gleichen Intention:

> »So bete ich zu Gott, dass er mich von Gott befreien möge!«[6]

Wenn das nächste Mal die Zeugen Jehovas bei Ihnen klingeln, können Sie ja mal ein T-Shirt anziehen, das mit diesem schönen Satz bedruckt ist, und schauen, wie die freundlichen Damen und Herren, die Ihnen einen der letzten Fensterplätze im Himmel verhökern möchten, reagieren. Daraus ergibt sich bestimmt ein interessantes Gespräch.

Jenseits aller Bilder

Was man festhalten kann, ist, dass die Mystik ein ganz anderes Gottesbild transportiert als die eher formalen Zweige der Religionen. Ganz in diesem Sinne ist auch in diesem Buch, wenn von »Gott« die Rede ist, nicht ein alter Mann auf der Wolke gemeint, der alle Ihre vermeintlichen Missetaten fein säuberlich in ein großes Buch schreibt, um sie Ihnen im passenden oder unpassenden Moment unter die Nase zu reiben. Vielmehr ist Gott im mystischen Verständnis ein Geheimnis, ein Mysterium, unergründlich, unerklärlich, jenseits aller Bilder und Vorstellungen, die wir uns machen können. Er ist kein Mann (mit »dem Größten« von allen), sondern eher ein Prinzip, das die Welt durchwirkt, eine Quelle, die die Welt speist, ein Urgrund, aus dem das Sein erblüht.

Gott ist das Tao, die Macht in *Star Wars*, der Atem in Ihren Lungen, der pulsierende Grundrhythmus des großen Liedes des Kosmos. Er ist die Leinwand, auf der sich alles abspielt, auf der sich alle Farben, alle Komödien und Tragödien zeigen. *Und er ist all dies nicht*, weil auch diese Beschreibungen nur unzulängliche Bilder für etwas sind, das sich einfach nicht beschreiben lässt.

Dieses Verständnis unterscheidet sich deutlich von den volksreligiösen Auffassungen, ganz zu schweigen von den Ideen der Fundamentalisten jeglicher Couleur. Infolgedessen ist es durchaus legitim zu fragen, warum man überhaupt noch das Wort »Gott« benutzen solle, wo es doch offenbar keine Bedeutung gibt, auf die sich alle einigen können. Und wenn man dann noch sieht, wofür dieses Wort in penetrantester Weise missbraucht wurde und wird, wie viele Kriege mit »ihm« gerechtfertigt wurden (und leider immer noch werden), wie viel Unterdrückung, Gewalt und Terror »in seinem Namen« geschehen, dann wird diese Frage umso dringlicher. Auch zutiefst gläubige Menschen wie der Benediktinermönch David Steindl-Rast können das gut verstehen:

»Heute werden viele (…) den Namen ›Gott‹ nicht gebrauchen wollen, und das wegen jener unter uns, die ihn verwenden.«[7]

Ich habe mich selbst aus oben genannten Gründen lange Zeit geweigert, das Wort »Gott« überhaupt zu benutzen. Vor allen wegen »jener unter uns«, die es verwenden, um es anderen bei jeder Gelegenheit aufs Brot zu schmieren. Und dann habe ich mich wieder einmal mit dem großen jüdischen Religionsphilosophen Martin Buber beschäftigt, bei dem ich diesen wunderbaren Satz entdeckte:

»Wir können das Wort Gott nicht reinwaschen, und wir können es nicht ganz machen; aber wir können es, befleckt und zerfetzt wie es ist, vom Boden erheben und aufrichten über einer Stunde großer Sorge.«[8]

Ich würde – sicher ganz in Bubers Sinne und dem Sinne der osteuropäischen Chassidim, für die er eine starke Bewunderung hegte – hinzufügen: »… und ebenso über einer Stunde großer Freude!«

Worum es geht, ist ja diese erlebte Tiefendimension des Seins, für die das Wort »Gott« in unserer Kultur eine lange Tradition hat. Und daher sollte man dieses wertvolle Wort, diese vier Buchstaben, die auf etwas unendlich viel Größeres hinweisen, nicht allein denjenigen überlassen, die es für ihre meist selbstsüchtigen Zwecke oder die religiös verschleierte Rechtfertigung ihrer Neurosen missbrauchen.

Wenn »Gott« nicht länger die Geisel von amerikanischen Föhnfrisur-Fernsehpredigern und islamistischen Irren ist, werden wir feststellen, dass mit dem Wort doch etwas anzufangen ist. Es wird dann wieder zu einer Chiffre, einem Symbol für das Unbekannte, aus dem wir alle stammen und in das wir alle irgendwann zurückkehren. (Witzigerweise verbringen wir die Zeit zwischen diesen beiden Ereignissen ebenfalls mitten in diesem Unbekannten …)

Dann können wir dieses Wort mit allen Menschen teilen und nicht so tun, als wäre nur unser Verständnis davon richtig und angemessen.

Dann lesen wir Rumis Verse mit Leib und Seele:

»Bist du eifersüchtig auf die Großzügigkeit des Ozeans?
Warum diese Freude irgendwem verweigern?
Fische halten das heilige Wasser doch nicht in Tassen fest!
Sie schwimmen darin – kreuz und quer –
Durch das gewaltige, freie Meer.«[9]

Mystikerinnen und Mystiker sind die Lynne Cox[10] und Lewis Pughs[11] der Spiritualität. Sie schwimmen durch das »gewaltige, freie Meer«, sind ein Teil des Wassers und der Strömung, eine weitere Facette des funkelnden Ozeans des Lebens. Sie wissen, dass ihre Worte nur Tassen sind, in denen sich zwar Meerwasser befindet, aber eben nicht das ganze Meer.

Und nun springen auch wir in dieses Meer, das jeden Tag um uns herum brandet. Das Meer unseres Alltags mit all seiner scheinbaren Banalität und Großartigkeit, mit seinen Geburten, Pausenbroten, Abschlussfeiern, löchrigen Socken, Beerdigungen und Partyzelten. Das ganz normale Leben, das uns zeigt, dass »Gott« kein strafender Despot, sondern ein Geschehen hier mitten unter uns ist.

Genau wir, genau hier –

Von unerwarteter Schönheit im ganz normalen Wahnsinn

Die Kinder sind in der Schule, die Hunde schlafen nach unserem Spaziergang schon wieder. Die Nase auf die Erde zu drücken und Rehspuren zu erschnüffeln scheint eine ziemlich anstrengende, doch erfüllende Angelegenheit zu sein, nach der man sofort auf seine Matte plumpst und übergangslos einschlummert. Vielleicht sollte ich das irgendwann einmal selbst ausprobieren.

Doch jetzt ist es Zeit für mich, um eine Weile still dazusitzen und in ein paar meditativen Momenten zur Ruhe zu kommen, um mich danach der Schürfarbeit im Worte-Bergbau zu widmen. Ich habe früher immer davon geträumt, einen eigenen Meditationsraum zu haben, aber daraus ist bislang nichts geworden. Ich wollte einen leeren, eher schmucklosen Raum mit einem Zabuton[12], einem Kissen oder einer Meditationsbank und vielleicht einem kleinen Tischchen, auf dem meine Chenrezig[13]-Statue Platz finden würde. Daneben unter Umständen noch ein kleines kunstvolles Blumengesteck. So ein krummes und windschiefes, aber schönes Ikebana-Bonsai-Zen-Ding, für das ich mir jeden Morgen schon einmal ein Stündchen Zeit nehme, weil ich sonst nichts zu tun habe.

So weit die Fantasie – die Wirklichkeit sieht jedoch anders aus: Statt auf Chenrezig blicke ich auf Hunderte von Playmobilmännchen, die auf meinem Teppich wohl für bessere Wohnbe-dingungen demonstrieren. Zudem scheint mein grünes Zabuton (zumindest dafür hat es gereicht!) für Schleich-Pferde[14] wie eine unwiderstehliche, saftige Wiese auszusehen, sodass sie sich in Scharen darauf tummeln, während unter meiner Meditationsbank von kleiner, aber fachkundiger Hand ein entsprechender Stall inklusive Sattelkammer eingerichtet wurde.

Aufräumen ist nicht gerade die Stärke meiner Kinder – aber wenn ich meinen Schreibtisch betrachte, gehe ich auch nicht unbedingt mit gutem Beispiel voran. Diese Einsicht hindert mich natürlich nicht daran, ihnen gegenüber von ihrer Unordnung als »Müllkippe« zu sprechen, während ich meinen Schreibtisch als »notwendiges, kreatives Chaos« bezeichne. Mein größter Fehler war jedoch offensichtlich, meinen Kindern zu erklären, dass das Universum ein expandierendes System sei, was sie ziemlich faszinierte und dazu führte, dass sich ihre Spielzeugwelten seither wie ein riesiger, blubbernder Hefeteig durchs ganze Haus ausbreiten.

Um meiner Umgebung unmissverständlich mitzuteilen, wie sehr ich leiden muss, seufze ich einmal laut und mache mich dann daran, die Pferde in ihrer Spielzeugbox zu verstauen und die »Sattelkammer« aufzuräumen. Ich schiebe ein paar Indianer beiseite, die sich offensichtlich mit einigen Rittern, einer Rennfahrerin und einem Dinosaurierbaby angelegt haben (vielleicht sollten wir doch noch einmal über Geschichte sprechen …), und mache es mir bequem. Da sitze ich nun und schüttele noch einmal den

Kopf über diese verdammte Unordnung, während mein Blick auf eine Kutsche fällt, die von einem Piraten und einem Schimpansen gelenkt wird und deren Ladefläche über und über mit kleinen Plastikblumen beladen ist. Was sie da wohl gespielt haben? Welche Geschichte haben sie sich dazu ausgedacht? Arbeitet Käpt'n Hook jetzt gemeinsam mit Cheeta bei Fleurop?

Habe ich mich eben noch mehr oder weniger künstlich über das Chaos aufgeregt, muss ich jetzt schmunzeln, und ganz andere Gefühle machen sich in mir breit. Wenn das Universum in seiner Expansion vielleicht auch irgendwann an seine Grenzen stoßen mag, der Fantasie meiner Kinder wird das nicht passieren. Ich schaue auf die wilde Szenerie um mich herum, mein Blickwinkel verschiebt sich, *etwas berührt mich*, und statt mich vermeintlich störender Unordnung sehe ich die Geschichten, den Spaß, das selbst gesteuerte Lernen, die Kreativität und die Unbekümmertheit, mit der hier alles aufgebaut (aka hingeschüttet) wurde. Ich merke, wie sehr ich meine Töchter mitsamt ihrem Chaos liebe und wie mich, während ich an die beiden denke, ein vierschrötiger Plastikpirat und sein Affenkumpel zu Tränen rühren.

Jetzt brauche ich erst mal ein Taschentuch – und da fällt mir ein (lustig, mit wie vielen Gedanken man sich selbst vom Meditieren abhalten kann!), dass mich schon vorhin beim Hundespaziergang ein bestimmter Anblick auf eine ähnliche Weise berührt und meine Perspektive verändert hat.

Seit ein paar Jahren wohne ich auf dem Land, und wenn ich mit den Hunden unterwegs sein will, muss ich nur das Gartentor öffnen und mich mit ihnen in die dahinterliegenden Felder, Wiesen und Wälder schlagen. Das Auenland ist für mich nur ein paar Schritte entfernt – und dafür bin ich wirklich dankbar!

ABER … Dummerweise brauchen die meisten Menschen, mich inbegriffen, Elektrizität für ihren Alltag. Und so stehen hier in der herrlichsten Landschaft, zwischen Apfelbäumen und Hobbithöhlen auch ein paar Hochspannungsmasten – schreckliche Ungetüme aus Stahl, 220 000 Volt und meinen Urteilen. In schöner Regelmäßigkeit sind meine inneren Selbstgespräche (das, was wir üblicherweise Denken nennen) von dem Satz erfüllt: »Ach, wenn die Dinger nicht wären, dann wäre es hier *richtig schön!*«

Doch eben, als ich mit den beiden Fellfreunden unterwegs war und sich dieser Gedanke wieder in meinen Geist stehlen wollte, traf ein verirrter Sonnenstrahl auf diese Stahl gewordene Hässlichkeit. Ein kurzes Aufblitzen, ein Schimmern an einer der Traversen – und urplötzlich schwiegen meine Gedanken, und der Anblick war einfach nur noch wundervoll! Ein goldenes Leuchten, das den Strommast in diesem Moment in meinen Augen verwandelte und mir bewusst machte, dass auch dieses Stahlmonstrum Teil meiner Welt ist, der, wenn ich ihn richtig betrachte, seine ganz eigene Schönheit besitzt.

Vielleicht haben Sie ja auch schon einmal eine alte Fabrik gesehen, einen Kohleförderturm, ein stillgelegtes Bahngleis, eine verrostete Landmaschine, die in einem bestimmten Moment, in einer besonderen Stimmung etwas von sich enthüllt haben, was Sie vorher nicht wahrnehmen konnten. Ich weiß, dass die meisten Menschen mystische Erfahrungen eher in einer Waldkloster-Ruine in Thailand oder auf dem Gipfel des Mount Everest erwarten, aber auch die Großtaten von Thyssen-Krupp oder der EAG Energieanlagen GmbH haben in dieser Hinsicht einiges zu bieten …

In Momenten wie diesen wird mir klar, dass es eher darauf ankommt, wie offen wir für dieses *Etwas* sind, das uns da berührt, als darauf, wie sehr die aktuelle Umgebung unseren Vorstellungen und Wünschen entspricht. Ich kann noch so lange auf den großen Buddha von Kamakura starren oder mich in Jerusalem herumtreiben – das ist noch lange keine Garantie dafür, dass mich hinterrücks die Erleuchtung ereilt oder mich andere religiöse Gefühle in verzücktes Taumeln bringen. Erlebnisse sind keine Erfahrungen, das muss ich einfach mal so neunmalklug in den Raum werfen. Mir können die wundervollsten Erlebnisse zuteilwerden, doch wenn ich verschlossen bin, werden sie keine bleibenden Spuren in mir hinterlassen. Im Gegensatz dazu kann meine innere Offenheit dafür sorgen, dass mich die »ganz normalen« Momente tatsächlich berühren, dass mich die kleinsten Alltagsepisoden auf das große Ganze hinweisen, dass sich *etwas* offenbart. Für dieses Etwas haben wir keine passenden Worte, aber wir spüren deutlich, dass es etwas sehr Grundlegendes, sehr Einfaches und Wahres ist. Wir spüren, dass es etwas ist, was uns in unsere Ganzheit führt und dort zur Ruhe kommen lässt, etwas, was uns – wenn auch nur für den Moment – heil macht. Daher können wir es *das Heilige* nennen, auch wenn uns das vielleicht erst mal ein wenig hochgegriffen erscheinen mag. Wenn wir »das Heilige« aber als etwas verstehen, was wir einfach als besonders wertvoll und schützenswert erachten, was uns darüber hinaus auf gewisse Weise mit dem gegenwärtigen Augenblick verbindet und uns daher ein Gefühl von »heil sein« vermittelt, fällt es uns vielleicht leichter, diesen Begriff zu verwenden.

Wenn uns auf diese Weise etwas berührt (oder wir ihm erlauben, uns zu berühren), dann wird aus dem Erlebnis eine Erfahrung, das heißt, das Erlebnis wird verinnerlicht und wir werden von dem Erlebten ein kleines Stück verändert. Dann können wir »aus Erfahrung sprechen«, können wie alle Mystiker versuchen, das Heilige in Worte zu fassen beziehungsweise unser Leben so weit von dieser Erfahrung durchdringen lassen, dass alle unsere Taten »geheiligt werden«.

Rabindranath Tagore, ein indischer Mystiker und Dichter, spricht von solchen Alltagserfahrungen, von den Momenten, in denen das Heilige in unser Leben einbricht, wenn er sagt:

»Deine Welt webt Worte in meinem Gemüt,
und deine Freude fügt Musik hinzu.«[15]

Das Heilige ist überall

Die chassidischen Juden, die im 17. und 18. Jahrhundert in Polen und Litauen lebten und inspiriert vom Baal Schem Tov[16] eine ganz eigene Praxis ihrer Religion entwickelten, legten ebenfalls viel Wert darauf, das Heilige nicht nur in der Synagoge und in der Thora zu entdecken, sondern es bei der Arbeit, beim Essen mit der Familie und in der Begegnung mit Fremden zu leben. Martin Buber, dessen Hauptwerke sich auf diese Form des Judentums beziehen, schreibt:

»Es gibt etwas, was man an einem einzigen Ort in der Welt finden kann. Es ist ein großer Schatz, man kann ihn die Erfüllung des Daseins nennen. Und der Ort, an dem dieser Schatz zu finden ist, ist der Ort, wo man steht.«[17]

Wenn ich diesen Schatz nicht zwischen Playmobilfiguren und Schleich-Pferden an meinem Meditationsplatz finden kann, dann werde ich ihn nirgends entdecken können. Das, was mir jetzt begegnet, ist das Wichtige. Käpt'n Hook und Cheeta, die sich in ihrer Fleurop-Kutsche bestens amüsieren und dazu ansetzen, quer über mein Zabuton zu preschen – das ist die Wirklichkeit, die sich zwar des Öfteren fundamental von meinen Konzepten und Theorien unterscheidet, aber gerade deshalb so heilsam sein kann.

»Die Umwelt, die ich als die natürliche empfinde, die Situation, die mir schicksalhaft zugeteilt ist, was mir Tag um Tag begegnet, was mich Tag um Tag anfordert, hier ist meine wesentliche Aufgabe und hier die Erfüllung des Daseins, die mir offensteht.«[18]

Ich weiß, dass bestimmte Formulierungen in der spirituellen Szene inflationär verwendet werden und damit auch die Gefahr besteht, sie sozusagen »abzunutzen«. Aber wenn ich von diesem Heiligen spreche, das sich zeigt, dann muss ich auch vom viel beschworenen *Hier und Jetzt* sprechen, denn das ist genau der Ort und genau die Zeit, die es uns ermöglichen, Zugang zu ebendiesem Heiligen zu finden. Natürlich können wir nach Santiago de Compostela pilgern, wenn uns überfüllte Herbergen und die dortige Ansammlung stinkender Socken nichts ausmachen, und der Anblick der Sixtinischen Kapelle oder Angkor Wats hat auch noch keinem geschadet – aber wenn wir meinen, dass wir *nur dort und nicht hier* das finden können, was wir suchen, dann haben wir ein Problem.

Das soll nicht bedeuten, dass Reisen zu solchen Orten nicht lohnenswert sein können, doch wenn wir uns auf die Vorstellung versteifen, dass es dort ganz anders ist als genau hier – meinetwegen am Wuppertaler Hauptbahnhof oder in der Pommesbude ums Eck –, dann rennen wir Dingen hinterher, die weit weg sind, und sehen nicht das, was sich direkt vor unseren Augen befindet. Dann entgeht uns das heilige Geschehen, wenn jemand den Fahrstuhl für uns aufhält oder wenn uns ein Fremder nach dem Weg fragt und wir in ein Gespräch verwickelt werden, das echte Nähe erzeugt. (Ebenso verpassen wir vielleicht den Moment der Dankbarkeit, wenn wir feststellen, dass Schleich-Pferde zumindest nicht auf den Zabuton äppeln können.) Wir versäumen es, in dem Drei-Striche-Bild, das unser Kleiner aus dem Kindergarten mitbringt, alles zu sehen; wir verschlafen die Freude unseres Hundes, der dreckverkrustet und mit aus dem Hals hängender Zunge aus dem Wald zurückkommt; und wir bekommen es nicht mit, dass sich das Heilige in dem Moment zeigt, der von echter Menschlichkeit durchdrungen ist, wenn sich etwa jemand dazu bereit erklärt, die 50 Cent an der Kasse zu zahlen, die einem anderen gerade für seinen Einkauf fehlen, oder wenn der scheinbar griesgrämige Opa von nebenan den Ball, der in seinen Garten geflogen ist, nicht nur zurückbringt, sondern auch noch mitspielt. Von zahllosen Sonnenauf- und -untergängen will ich gar nicht erst reden.

Die Mystiker der verschiedenen Traditionen haben diese Erfahrung des Heiligen oft mit dem Auftauchen Gottes in der Welt beziehungsweise in ihrem Inneren gleichgesetzt, wobei diese beiden Ebenen nicht wirklich voneinander getrennt sind.

Ich möchte noch einmal darauf hinweisen, dass mit diesem Auftauchen Gottes nicht gemeint ist, dass ein weißbärtiges, allmächtiges Wesen die große Showtreppe aus dem Himmel heruntergeschlendert kommt, während die Engel irgendeine käsige Melodie von Andrew Lloyd Webber anstimmen. Es geht eher um eine Qualität des Empfindens, die sich im eigenen Inneren offenbart. Und diese Qualität ist immer ganz nah und erreichbar, auch (oder gerade) jenseits von sogenannten heiligen Plätzen wie Kirchen, Meditationshallen und Moscheen. Auch Meister Eckhart, der immerhin Dominikanermönch war und somit dem offiziellen Ritus der Kirche zumindest neutral gegenübergestanden haben dürfte, spricht davon, dass sich das Göttliche in den Verrichtungen des Alltags zeige:

»Denn, wahrlich, wer glaubt, Gottes mehr zu erlangen in Innerlichkeit, in Andacht und süßer Verzückung als bei dem Herdfeuer oder in dem Stalle, der tut wie einer, der seinen Gott nähme, ihm einen Mantel um das Haupt wände und ihn dann unter eine Bank schöbe.«[19]

Noch deutlicher wird der Sufismus, der allen besonderen Plätzen und letztlich dem Suchen im Außen generell eine Absage erteilt:

»Ich suchte Dich, doch konnte ich Dich nicht finden.
Ich rief laut nach Dir vom Minarett. Ich läutete die Tempelglocke beim Aufgang und Untergang der Sonne, ich badete vergebens im Ganges, enttäuscht kam ich von der Kaaba zurück.
Ich schaute mich um auf der Erde, ich suchte nach Dir im Himmel, mein Geliebter, aber zuletzt habe ich Dich gefunden als verborgene Perle in der Muschel meines Herzens.«[20]

Ich gebe zu, dass manche Texte der Mystik ein wenig blumig klingen. Behalten Sie einfach immer im Hinterkopf, dass alles, was Sie in diesem Buch lesen werden, nur Versuche sind, das Unsagbare in Worte zu fassen. Immer bestimmt auch der Erfahrungshorizont, die Kultur, die Zeit und die Sozialisation des Schreibenden, in welche Bilder er sein inneres Erleben kleidet. Wenn ich schreiben würde, dass ich Gott letztendlich als winziges Zaumzeug in der verborgenen Sattelkammer unter meiner Meditationsbank fand, würden Sie sich vielleicht genauso wundern, wie Sie es bei Khans Perle in der Muschel seines Herzens tun.

Nun sitze ich also hier und weiß, dass mein erträumter Meditationsraum, der jedem zwangsneurotischen Vorsteher eines Zen-Klosters zu Ehren gereichen würde, gar nicht nötig ist. Penibel geharkten Kies ersetze ich locker durch eine Hundertschaft Playmobilmännchen, und meine Tempelglocke ist das Schlabbern und Schlürfen unserer Hündin, die es immer schafft, meine Meditationszeit mit unglaublich ausgiebigem und vor allem irrwitzig lautem Trinken aus ihrem Napf zu begleiten. So ist es einfach. Das wird nicht mehr anders, da muss ich mir nichts vormachen.

Zumindest heute verzweifele ich an dieser Tatsache nicht und kann das Chaos und das Schlabbern als Teil meiner Meditation betrachten. Schließlich geht es in der Meditation nicht darum, sich vor der Welt zu verstecken, sondern sich ihr rückhaltlos zuzuwenden.

Selbst schwer beeindruckt von dieser bahnbrechenden Erkenntnis bin ich in Versuchung, aufzustehen und die Meditation für heute zu beenden.

Muss ich jetzt wirklich noch meditieren? Muss ich nicht, möchte es nach kurzem Zwiegespräch mit meinem inneren Schweinehund aber. Denn wie ich Bilder vom perfekten Ort habe, habe ich auch Bilder vom perfekten Dirk in petto. Diese Bilder haben sich immer wieder gewandelt, doch es waren, sind und bleiben vermutlich dennoch Bilder. Und es gibt nichts Besseres, um Bilder aufzulösen, als Meditation – das Domestos unter den spirituellen Methoden.

Ich? Wie langweilig …

Mit 13 oder 14 wollte ich Dave Gahan von Depeche Mode sein. Hat nicht geklappt, weil erstens mein Hüftschwung nicht viel hermacht und ich zweitens später festgestellt habe, dass ich nie, nie, niemals mit einem Keyboarder in einer Band spielen möchte. (Falls Sie professioneller Tastendrücker sind, bitte ich um Verzeihung. Ich bin sicher, dass Sie trotz aller modulierter Sounds ein wunderbarer und liebenswerter Mensch sind.) Mit 17 oder 18 wollte ich dann so schreiben wie Albert Camus oder wie Henry Miller, je nach aktuellem hormonellen Status. Wie Sie gerade feststellen, konnte ich das nicht so recht verwirklichen, was vielleicht auch daran liegt, dass ich weder eine besonders starke Neigung zum permanenten Konsum von Gauloises ohne Filter noch zu mehrtägigen Drogen-Partys mit Dutzenden von Prostituierten empfinde. Aber das sind natürlich klägliche Ausreden, ich weiß …

Fantasien, in denen ich als maskierter Rächer in den Straßen Gothams oder Bielefeld-Schildesches (ein knallhartes Pflaster) für Gerechtigkeit sorgte, haben mich ebenfalls recht lange begleitet. Sie können sich denken, dass sich daraus auch nicht gerade viel ergeben hat. Mit Anfang oder Mitte 20 wollte ich dann erleuchtet werden wie der Buddha. Mindestens. Hätte mich nicht seinerzeit ein vierbeiniger Zen-Lehrer, dem Zen so egal wie nur irgendetwas war, unter seine Fittiche genommen, hätte das übel ausgehen können.[21]

Was sich in der Rückschau deutlich zeigt: Ich wollte immer irgendjemand anderes sein, aber niemals ich. Das war mir irgendwie zu langweilig, zu wenig spektakulär, zu wenig heldenhaft. Und dann eben auch zu wenig spirituell.

Gerade die letzteren Vorstellungen können uns wirklich den Tag verhageln, denn …

natürlich funktioniert es nie,
jemand anderes sein zu wollen
als der, der man ist.

Schneller, als wir »Selbstbetrug« sagen können, befinden wir uns auf einem Weg, der uns nur eines machen kann: **unglücklich**.

Wir versuchen in solchen Fällen ganz besonders spirituell zu sein, ganz besonders eifrige Gläubige oder Praktizierende, emsig wie kleine Honigbienen in unserem Versuch, andere und uns selbst davon zu überzeugen, dass wir schon fast heiliggesprochen sind. (Besonders frisch Konvertierte laufen gern in diese Falle. Sie sind dann die christlichsten aller Christen, die muslimischsten aller Muslime, die Unterwürfigsten der Unterwürfigen oder diejenigen, die denken, dass derjenige gewonnen hat, der am längsten meditiert.)

Henri Nouwen, niederländischer Priester und Psychologe, erzählt eine Episode, in der die Wüstenväter genau diesem Phänomen begegnen. Darin geht es um Johannes den Kleinen, der sich entschließt, der Heiligste von allen zu werden und in die Einsamkeit der Wüste zu ziehen, um pausenlos die Psalmen herunterzurattern.

Er zieht also los, hält das selbst verordnete Programm auch eine Woche durch, kehrt dann aber reumütig zurück. Er klopft an die Tür seines Mitbruders und ruft: »Da bin ich wieder. War doch keine so gute Idee!« Der Mitbruder ist jedoch immer für einen Jokus zu haben und tut so, als würde er die Stimme nicht erkennen: »Wer ist da?« Und Johannes der Kleine ruft: »Ich bin's, Johannes. Einen Kopf größer als ein Maulwurfshügel, kennst du doch.« »Nee«, sagt da der Bruder, »Johannes ist jetzt ein Engel. So richtig mit Flügelchen und Harfe und allem Schnick und Schnack. Ein ganz heiliger Typ … Nur noch weiße Klamotten und so … Der hat mit so spirituellen Pfeifen wie uns nichts mehr zu tun!«

Das sitzt natürlich, und Johannes wird noch ein Stück kleiner. Das ist auch ganz gut so, denn dann scheppert es nicht so laut, wenn der Heiligenschein zu Boden fällt.

Auf jeden Fall muss Johannes noch eine Nacht vor der Tür warten und wird dann wieder als der Mensch, der er ist, aufgenommen.[22] Denn das ist es, was wichtig ist: Als Mensch ein Mensch zu sein. Wirklich zu sein, mit allem, was unsere Gene und unsere Erfahrung uns beschert haben.

Ich selbst habe ziemlich lange gebraucht, um einfach der zu sein, der ich wirklich bin. Obwohl ich mich sehr früh für philosophische und spirituelle Ideen interessiert habe, blieb mir keine Verwirrung und Verirrung erspart. Immer wieder dachte ich, dass dieser spirituelle Lehrer oder diese Meditationslehrerin »es« gefunden habe, und versuchte ihnen nachzueifern. Wenn ich ihren Methoden nur folgte, müsste es doch funktionieren! Aber Imita-tion ist auf dem spirituellen Weg ebenso vergeblich wie überall sonst im Leben. Zwar hatten all diese Lehrer und Lehrerinnen »es« tatsächlich gefunden, aber sie hatten »es« *für sich* gefunden, so wie es – nebenbei bemerkt – jeder nur tun kann. Sie hatten ihren eigenen Weg beschritten, der sich aus vielen kleinen Einzelteilen ihrer Biografie zusammensetzte und der letztlich zu einem ganz eigenen Zugang zum Heiligen oder Göttlichen geführt hatte. Wenn ich da einfach nur blindlings hinterherstolperte, kam ich nirgends an. Wenn ich versuchte, wie der Dalai-Lama zu sein, dann war das nicht viel anders, als wenn ich versuchte, mit einem Deo in der Hand vor dem Spiegel wie Dave Gahan zu tanzen: eine Flucht vor mir selbst und der Realität. (Und im letzteren Fall auch eine ziemlich peinliche Flucht, bei der ich dankbar bin, dass ich vor der Zeit von *youtube* und *Facebook* groß geworden bin. Keine Zeugen, nix passiert!)

Die Mystik ist in jeder Tradition eine erfahrungsorientierte Spiritualität. Und Erfahrungen können immer nur selbst gemacht werden. Die Erfahrungen anderer nachzuahmen gibt uns vielleicht eine ungefähre Vorstellung davon, was in diesen Menschen vorgeht beziehungsweise vorgegangen ist, doch wird das in uns selbst nicht viel bewirken.

Karaoke – egal wie gut gemacht sie ist – bleibt immer Karaoke, und damit von gutem, echtem Songwriting so weit entfernt wie Donald Trump von Marc Aurel.

Es gibt dieses berühmte Zitat, das angeblich von Oscar Wilde stammt und sich auf zahlreichen Facebook-Pinnwänden findet:

»Sei du selbst, alle anderen sind schon vergeben.«[23]

Das trifft ziemlich genau die Ansicht der Mystiker, wenn es darum geht, den Bereich des Heiligen zu betreten. Auch wenn ich Jesus bewundere, verlangt nichts und niemand von mir, dass ich so sein soll wie er. (Ich weiß auch gar nicht, was mich mehr stören würde: vom religiösen und politischen Establishment hingerichtet zu werden oder Tag und Nacht von zwölf bärtigen Typen umlagert zu werden, die offenbar kein Wort von dem verstehen, was ich sage …)

Da das Leben mich als Dirk hervorgebracht hat, wird nur von mir verlangt, auch als Dirk zu leben – oder anders gesagt: Gott (als Urgrund eines sich entwickelnden Lebens) erschafft Einzigartiges, er/sie/es ist nicht Cheftechniker in einem Klonlabor, wo man daran arbeitet, möglichst perfekte Kopien zu erstellen. In diesem Sinne sprach auch Rabbi Sussja kurz vor seinem Tod von der einzigartigen Existenz eines jeden Lebewesens:

»In der kommenden Welt wird man mich nicht fragen:
›Warum bist du nicht Mose gewesen?‹
Man wird mich fragen: ›Warum bist du nicht Sussja gewesen?‹«[24]

Wenn ich also irgendwann in den Himmel kommen sollte, wird Gott dort nicht am Plattenspieler sitzen, »Master and Servant« auflegen und mich bitten, es richtig krachen zu lassen und den Dave zu geben. (Um sich dann enttäuscht abzuwenden.) Er wird eher mit Rabbi Sussja eine Polka tanzen und mir sagen, ich solle mich ganz wie zu Hause fühlen. Im schlimmsten Fall wird er mir zurufen: »Hast du dieses Buch über Alltagsmystik geschrieben?! Raus hier!« Aber damit muss ich dann leben. Ein gewisses Restrisiko kann man als Autor nie ausschließen.

Dem Himmel sei Dank symbolisiert die Chiffre »Gott« aber keinen rachsüchtigen alten Knacker, sondern ein Prinzip der Vielfalt in der Einheit, was ja schon Jesus andeutet, wenn er sagt:

»In meines Vaters Haus sind viele Wohnungen.«[25]

Da wird wohl auch eine für einen Autor frei sein, der unter Umständen durch das Raster der üblichen Heiligmäßigkeit hindurchfällt.

Das Wort »Gott« steht für ein lebendiges Prinzip, das uns immer wieder zu uns selbst (als individuelle Facette des großen Ganzen) und dem gegenwärtigen Moment (als unwiederholbares und kostbares Hier und Jetzt) zurückführt.

Als vorläufiges Motto für die Mystik allgemein und für dieses Buch im Besonderen könnte also durchaus »Genau wir, genau hier« gelten. Das reimt sich – und was sich reimt, ist bekanntlich immer gut.

Paddington Bär versucht zu fasten –

Von Askese und der Fülle des Augenblicks

Wie bereits erwähnt, kann uns das Nachahmen und Imitieren auch im spirituellen Bereich ein Bein stellen. Ich könnte von einer Menge solcher Erfahrungen erzählen, möchte mich aber auf eine recht anschauliche beschränken, weil es sonst vielleicht doch zu peinlich wird.

Wenn man sich mit den mystischen Traditionen oder überhaupt mit spirituellen Wegen beschäftigt, wird einem irgendwann das Zauberwort »Fasten« begegnen. Alle Welt scheint darauf zu schwören, und sogar ein Freund von mir, der damals bei den Hare-Krishnas aktiv war und üblicherweise Zitronenreis, Dal, Chapatis und Samosas in verblüffenden Mengen in sich hineinstopfte, war von Zeit zu Zeit ein großer Fan dieser Praxis der kulinarischen Enthaltsamkeit.

Fasten soll Körper und Geist reinigen, tiefe spirituelle Erfahrungen ermöglichen und Ruhe schenken, die die Begegnung mit dem Göttlichen fördert. Die Wüstenväter, Franz von Assisi, Hildegard von Bingen – sie alle meinten, dass das Fasten eine wirklich tolle Sache sei. Grund genug für mich, das auch einmal auszuprobieren.

Um es gleich vorwegzunehmen: Es mag Menschen geben, denen der Verzicht auf Nahrung ein gutes Gefühl gibt, doch zu diesen Menschen gehöre ich definitiv nicht. Ich will nicht allzu sehr jammern, aber es war die Hölle auf Erden! Sie können sich kaum ausmalen, was ich durchgemacht habe!

Als mein erster Fastentag begann, war ich noch frohen Mutes. Einen Tag nichts zu essen, sondern nur zu trinken könne doch wohl nicht so schlimm sein, dachte ich mir. Bei der ersten Tasse Kräutertee hörte der Spaß aber auch schon für mich auf. Wie man so etwas Ekelhaftes freiwillig trinken kann, wird mir auf ewig ein Rätsel bleiben. Am frühen Vormittag wurde ich dann langsam unruhig, träumte von frischen Brötchen und Butter, von Rührei, Orangensaft und Kakao und steigerte mich langsam in eine umfangreiche Brunch-Fantasie hinein, die meinen Magen grollen ließ wie einen Ork in der Brunft. Mittags hatte ich mit der Sache eigentlich schon abgeschlossen. Eine Woche würde ich das auf keinen Fall machen, aber noch hatte ich den Willen, es zumindest einen Tag lang durchzuhalten. Die Mittagessenzeit kam und ging, die Kaffee-und-Kuchen-Zeit verwehte wie eine mich verhöhnende Fata Morgana, der Nachmittagssnack fiel aus, und ich wurde von Minute zu Minute unglücklicher. Der Kühlschrank sang lockende Weisen für mich, während mein Magen den Antiphon übernahm und ich mich entsetzlichen Leiden ausgesetzt sah. Ich kam mir vor wie Paddington, der verzweifelt versucht, nur dieses eine Mal seine Pfote nicht in das Marmeladenglas zu stecken. Aber wie Paddington bin ich in dieser Hinsicht schwach, was ich mir spätestens um acht Uhr abends eingestehen musste, als ich mich – offenbar nach kurzer Bewusstlosigkeit – von mir selbst überrumpelt am Telefon wiederfand und eine XXL-Pizza bestellte.

»Mit allem!«

»Wirklich mit allem?«

»Egal, Hauptsache es geht schnell!« (Da mein bevorzugter Pizza-Bringdienst ein türkischer Tex-Mex-China-Imbiss mit Pizzeria und Schnitzel-Spezialitäten war, konnte eine in dieser Form erfolgte Bestellung tatsächlich übel in die Hose gehen, aber das war mir in diesem Moment ziemlich gleichgültig …)

»Ungefähr 45 Minuten.«

Verdammt! Und dann musste ich auch noch drei Mal meine Adresse buchstabieren, obwohl ich dort schon Hunderte von Pizzen geordert habe und eigentlich den »Kunde des Monats«-Pokal verdient hätte. Die schreckliche Unterzuckerung raubte mir den letzten kümmerlichen Rest meiner Geduld, sodass ich etwas ungehalten wurde, was dazu führte, dass die freundlichen Herren mit der schwarzen Styroporkiste sich ordentlich Zeit ließen. Über eine Stunde später saß ich dann endlich mit fettverschmierten Fingern am Wohnzimmertisch und fühlte mich langsam wieder wie ein richtiger Mensch. Gescheitert an den eigenen Ansprüchen, aber glücklich. Und vor allem satt.

Augenblicke später ereilte mich natürlich das schlechte Gewissen: Nicht mal einen Tag? War ich wirklich so ein spiritueller Totalversager?

Zum Glück erinnerte ich mich bald daran, dass Jesus (bestimmt nicht völlig ohne Grund) von seinen Feinden ein »Fresser und Säufer«[26] genannt wurde. Bei der Hochzeit von Kana verwandelte er schließlich Wasser in Wein und nicht umgekehrt.[27] Bestimmt hätte er auch ein paar Pizzen bestellt, wenn es damals schon Telefon gegeben hätte.

Als ich dann noch folgende Zeilen von Rabindranath Tagore entdeckte, konnte ich mich endgültig mit mir aussöhnen:

»Im Verzicht liegt für mich keine Befreiung.
Ich spüre die Umarmung der Freiheit in den Banden
des Vergnügens.«[28]

Puh, Glück gehabt! In dieser erlauchten Gesellschaft fühlte ich mich doch gleich viel wohler. Man muss nur lange genug suchen, dann findet man schon die Textstellen, die zur eigenen Lebensweise passen ...

Da fiel es mir leichter, mir einzugestehen, dass man für manche Dinge geboren zu sein scheint, während man andere besser Menschen überlässt, die ihrerseits einen natürlichen Zugang zu ihnen finden. Meine Familie kommt nun einmal aus Schlesien – und Schlesier fasten nicht. So einfach ist das. Der häufigste Satz, den ich von meinen Verwandten in meiner Kindheit hörte, war: »Kimm in die Kiche, Jingelchen. Gibt a Stickl Kuchen.« (Dieser hier nur angedeutete Dialekt ist übrigens auch der Grund, weshalb ich, nachdem ich meinen ersten Woody-Allen-Film gesehen hatte, dachte, ich sei Jude. Stimmt aber gar nicht.)

Zu meiner wesensgemäßen Grundausstattung als Schlesier gehört zwingend Sahne. Und Butter. Und das bitte regelmäßig. Wenn ich das mit Pasta und Rotwein kombiniere, mit Oliven, Omeletts und Moussaka, gefüllten Champignons und duftenden Eintöpfen, geht es mir gut. Ansonsten: siehe oben.

Essen ist für mich ein Fest, bedeutet Gemeinschaft und Segen. Mit anderen Menschen zusammen sein, mit Menschen, die man liebt, das Brot brechen, den Wein teilen, anstoßen, einander das Beste im Leben wünschen, dankbar sein, die Wärme im Bauch und im Herzen spüren – das heißt für mich, mit der Welt und dem in ihr wohnenden Göttlichen verbunden zu sein. Das bin ich. Und Fastentage können mir ebenso gestohlen bleiben wie grüne Smoothies oder kalorienarme Rohkost.

Gutes Essen ist für mich etwas, das die Welt mir freigiebig anbietet. Und dazu sage ich gerne Ja, denn ein Geschenk abzulehnen, halte ich eher für unhöflich. Das chassidische Judentum teilt diese Freude an den Gaben der Erde mit mir:

»Es kann aber keineswegs unsere Aufgabe in der Welt, in die wir gesetzt sind, sein, uns von Dingen und Wesen, die uns begegnen und unser Herz an sich ziehen, abzuwenden, sondern gerade durch Heiligung unserer Verbindung mit ihnen damit in Berührung zu kommen, was sich in ihnen als Schönheit, als Wohlgefühl, als Genuss offenbart. Der Chassidismus lehrt, dass die Freude an der Welt, wenn wir sie mit unserem ganzen Wesen heiligen, zur Freude an Gott führt.«[29]

Allem gegenwärtig sein

Wie aber heiligen wir unsere Freude an der Welt? Ich glaube, das kann uns durch Achtsamkeit gelingen. Eine Fertigkeit, die jeder mystischen Tradition zugrunde liegt. Wenn wir achtsam sind, dann blicken wir tiefer, dann bemühen wir uns, das Geheimnis der Dinge auf uns wirken zu lassen und es zu ergründen. Unser Blick bleibt nicht an der Oberfläche der Dinge und Ereignisse haften, sondern richtet sich auf das innerste Wesen von allem. Und dort finden wir das Göttliche.

Das unterscheidet die Mystik von der Religion. Letztere sieht Gott oft als transzendentes Wesen, das irgendwo weit weg existiert. Die Mystik sieht Gott dagegen als ein ganz nahes Wirken, als ein der Welt innewohnendes Prinzip. Auf das Beispiel des Essens bezogen heißt das: Gott ist nicht da draußen, sondern hier auf meinem Teller!

Da ist nicht nur die XXL-Pizza, sondern Getreide, das gesät und geerntet wurde, das Sonne und Regen benötigte, das weiterverarbeitet werden musste, das als Mehl in den Handel kam, von einem Pizzabäcker gekauft und mit Wasser, Hefe und Salz zu einem wagenradgroßen Fladen geformt wurde. Da sind die Auberginen, Zucchinis und Tomaten, die ebenfalls in fruchtbarer Erde wachsen mussten, sich der Sonne entgegenreckten und Regenwasser tranken. Da ist der Käse, der (im besten Fall) als Gras begann, das von einer Kuh gefressen und in Milch verwandelt wurde, von einem Tier, das lebt und atmet und ein wunderbarer Teil der Gemeinschaft aller Wesen ist. Da ist das Feuer, das die Pizza gebacken hat, der Mann, der sie in eine Pappschachtel warf, und ein anderer, der sie unter widrigsten Umständen (offenbar das erste Mal in dieser Stadt unterwegs und weder Navi noch Telefon dabei) zu mir brachte. Wenn man es genau – also achtsam – betrachtet, hat man nicht einen mit Gemüse belegten Teigfladen vor sich, sondern, bedenkt man die Sonne, die Erde, den Regen, das Feuer und die Ahnenreihen der beteiligten Männer (und auch der Kuh), das ganze Universum und somit letztlich Gott in der zuvor schon erwähnten Definition eines allumfassenden Wirkprinzips des Lebens.

Vielleicht mag dieses Beispiel auf den ersten Blick absurd profan wirken, doch genau das ist ein wichtiger Teil der Mystik: fähig zu werden, in allem das Heilige zu erkennen. Achtsam zu werden für das Göttliche, das sich in den alltäglichsten Dingen offenbart. Wie Martin Buber es formuliert:

»Mystik (...) Ihr wahrer deutscher Name ist wohl: Gegenwärtigkeit.«[30]

Gegenwärtig sein, der Tiefe der Dinge eingedenk sein, der Gegenwart zugewandt sein – mit dieser Geisteshaltung und dem daraus resultierenden offenen Blick sieht die Welt plötzlich ganz anders aus. Wenn wir das Göttliche auf unserem Teller erkennen können – und eine gute Praxis, um diesen Blick zu üben und zu schärfen, sind meines Erachtens entsprechende Tischgebete und Segenswünsche –, dann können wir es auch anderenorts entdecken: auf einer Parkbank, im Gespräch mit unserem Postboten, beim Beobachten der Eichhörnchen in unserem Garten, im Gewusel des Marktplatzes, beim Spielen mit unserem Hund, im fragenden Blick eines Fremden, in Traditionen, die nicht unsere eigenen sind, und in den stundenlang aufgebauten Spielwelten unserer Kinder.

George MacLeod, schottischer Geistlicher und Gründer der *Iona Community* auf (Überraschung!) Iona, drückt es so aus:

»Das Gras vibriert, die Felsen pulsieren, ... du brauchst bloß einen Stein umzudrehen, und ein Engel rührt sich.«[31]

Im apokryphen Thomas-Evangelium (also einem Evangelium, das den Kompilatoren der Bibel nicht so recht in den Kram passte und deshalb nicht in den offiziellen Kanon mit aufgenommen wurde) sagt Jesus etwas sehr Ähnliches:

»Spalte ein Stück Holz und ich bin da,
hebe einen Stein auf und du wirst mich finden.«[32]

Natürlich macht man sich mit solchen Aussagen bei denen, die meinen, die Wahrheit und ihre Vermittlung gepachtet zu haben, nicht gerade beliebt. Denn wenn die Fülle des Augenblicks allzeit gegenwärtig ist, das Göttliche sich ständig offenbart, wer braucht dann noch Kirchen, Tempel, Moscheen und ihre entsprechenden Priester? Der mystische Blick auf die Welt und auf den ihr innewohnenden Gott ist sozusagen die Flatrate der Spiritualität: Wir haben jederzeit und an jedem Ort Zugang zu dem großen Mysterium des Lebens, das uns umgibt und durchdringt. Auch der Koran spricht von dieser Erkenntnis:

»Wohin immer ihr euch wendet, dort ist Gottes Angesicht.«[33]

Der bereits zitierte Hazrat Inayat Khan erzählt in diesem Zusammenhang eine schöne kleine Geschichte von einem Sufi, der glücklich und zufrieden ein Nickerchen in einer Gasse macht und von einem vorübergehenden frommen Mann angegangen wird, weil die Füße des Sufis unverschämterweise nach Mekka weisen. Offenbar denkt der Fromme, dass sich Gott von den müffelnden Mauken des Schlummernden unsäglich gestört fühlt, und verlangt, dass sich der Sufi anders hinlege. Der antwortet daraufhin in der typischen Art der Sufis, die schmunzelnd und beiläufig lehrt: »Komm bitte her, mein Freund (...), nimm meine Beine und drehe sie in jene Richtung, wo Allah nicht ist.«[34]

Man kann sich den wütenden Gesichtsausdruck des frommen Mannes, als er nicht mehr weiterweiß und mit wackelndem Turban davonstapft, förmlich vorstellen.

Allah, Gott, das Tao, das Leben, die Quelle sind überall. Achtsamkeit im mystischen Sinne hilft uns, dieses Göttliche wahrzunehmen und es nicht, wie der fromme Mann in der Geschichte, nur an einem bestimmten Ort zu vermuten (der dann natürlich beschützt, bis aufs Blut verteidigt, von Fremden, Frauen, Homosexuellen, Ungläubigen und anderen Unreinen gesäubert werden muss).

Wenn wir achtsam in die Fülle des Augenblicks eintauchen können, weitet sich unser Herz für die Schönheit, die jeder Moment in sich trägt. Wenn wir unser Verhältnis zur Welt heiligen, indem wir beginnen, tiefer zu blicken, indem wir das Universum in unserer Pizza erkennen und das Angesicht Gottes in den sanften Augen einer Kuh sehen, dann entsteht in uns Raum für eine Freude am Leben, die wir so vielleicht noch nie gespürt haben.

»Unter der unsterblichen Berührung deiner Hand sprengt mein kleines Herz freudig seine Grenzen und gebiert unsagbare Worte.«[35]

Dann können wir auch uns selbst als das Angesicht Gottes erfahren, auf nicht zu uns passende religiöse Praktiken verzichten und stattdessen lieber unseren eigenen Weg gehen, der einen Teil der Fülle dieses Augenblicks ausmacht. Dann müssen wir als schlesischer Genussmensch nicht so tun, als wäre die Kargheit einer Wüsten-Einsiedelei unser größtes Bestreben und Darben eine von uns hoch geschätzte Tugend. Wer Gott auf den Arm nehmen will, muss wirklich verdammt viel früher aufstehen – das habe ich inzwischen begriffen.

Ein gänzlich anderes Fasten

Doch auch auf die Gefahr hin, dass Paddington nun endgültig sein Marmeladenglas schnappt und schreiend wegrennt, möchte ich hier doch noch zu einer Ehrenrettung des Fastens ansetzen. Auch wenn Fasten meist bedeutet, viel zu wenig zu essen und darum sehr viel und sehr laut zu weinen, gibt es noch einen anderen Aspekt, der in diesem Buch nicht zu kurz kommen sollte: die Konzentration auf das Wesentliche.

Eigentlich ist es ganz einfach. Wenn man irgendetwas im Leben weglässt, hat anderes mehr Platz. Und wenn man schon etwas bewusst weglässt, dann kann es vielleicht auch etwas sein, das ohnehin nicht sonderlich heilsam für uns ist. Johannes Cassian, der Ende des 4. Jahrhunderts in der Wüste Ägyptens lebte, das Ruhegebet in das westliche Christentum einführte und später zu einem großen Einfluss für Benedikt von Nursia werden sollte, war nicht um unseren Body-Mass-Index und unsere Herzklappen besorgt, wenn er das Fasten empfahl. Vielmehr ging es ihm um die »Verfettung unseres Geistes«[36], also die festgefahrenen Meinungen, Vorstellungen und Bilder, die wir aus lauter Bequemlichkeit vor uns hertragen. Im Verzicht auf diese gewohnten geistigen Strukturen, in der Bewusstmachung der tiefen Spurrillen, die unser tägliches, um sich selbst kreisendes Denken hinterlassen hat, öffne ich mich dem Neuen. Indem ich nicht mehr die gleichen Klagen anstimme, die ich schon seit Jahren von mir gebe, weitet sich mein Blick für das, was tatsächlich geschieht. Indem ich mich nicht mehr in meine übliche Trägheit fallen lasse, entdecke ich neue und frische Kräfte in mir. Indem ich meine Zornausbrüche genau betrachte, beginne ich den wahren Grund für sie zu erkennen und ihn in mir zu sehen, sodass ich nicht mehr alle Schuld bei anderen suche. Indem ich mich nicht mehr hinter den allgemein anerkannten Meinungsbildern verstecke, bekomme ich Zugang zu meiner ganz eigenen Sicht der Welt. Indem ich mein fast zwanghaftes Arbeiten für ein paar Momente unterbreche, erkenne ich meine Entfremdung von mir selbst und der Welt, beginne sie zu verstehen und kann Wege suchen, wieder in Kontakt mit mir zu kommen. Indem ich darauf verzichte, immer recht haben zu wollen, öffne ich mich für andere Sichtweisen und Wahrnehmungsmöglichkeiten der Welt. Indem ich nicht mehr auf die Flüchtlinge, die Ausländer, die Studenten, die Sozialhilfeempfänger oder sonst jemanden schimpfe, gebe ich mir selbst den Raum, meine eigene Angst, zu kurz zu kommen, betrachten zu können und das zu sehen und zu genießen, was ich habe und sogar teilen könnte, ohne dass es weniger wird. Indem ich meine eigene Gier aufgebe, werde ich frei, um wirklich freudvoll zu leben. Ich werde so frei, vielleicht sogar mit dem Propheten Jesaja auszurufen:

»Das ist ein Fasten, wie ich es liebe: die Fesseln des Unrechts zu lösen, die Stricke des Jochs zu entfernen, die Versklavten freizulassen, jedes Joch zu zerbrechen, an die Hungrigen dein Brot auszuteilen, die obdachlosen Armen ins Haus aufzunehmen, wenn du einen Nackten siehst, ihn zu bekleiden und dich deinen Verwandten nicht zu entziehen. Dann wird dein Licht hervorbrechen wie die Morgenröte, und deine Wunden werden schnell vernarben. Deine Gerechtigkeit geht dir voran, die Herrlichkeit des Herrn folgt dir nach.«[37]

Das ist in der Tat eine sehr andere Auffassung von Fasten als die gängige Form einer bloßen Gesundheits- oder Bußübung. Sie ist nicht kirchlich, sondern biblisch! Sie zeugt von einem schlanken, beweglichen Geist, der eben nicht verfettet ist, wie Cassian so schön sagt – ein Geist, der nicht an all dem hängt, was er für sein Sicherheitsbedürfnis meint zu benötigen. Hier spricht ein Geist, der offen ist für die Welt der Erfahrung, ein Geist, der nicht schon alles weiß, sondern sich einlassen kann. Ein Geist, der versteht, dass Meditation und daraus entstehende mitfühlende Aktion gemeinsam eine andere Form des Fastens sein können und eine Praxis darstellen, die wir in allen mystischen Traditionen finden, und die uns wirklich helfen kann, uns selbst und die Wahrnehmung unserer Welt nachhaltig zu verändern. Ein Geist, der mutig genug ist, einen freien, ungesicherten Raum zu betreten, um sich selbst zu finden.

Franziskus, die Wüstenväter und andere Serienkiller –

Die Suche nach dem eigenen Weg

Francesco di Bernardone ist der totale Spinner! So werden wohl die meisten Bewohner der kleinen Handelsstadt Assisi gedacht haben, als dieser Francesco nackt vor dem Palazzo dei Consoli stand, seinem entsetzten Vater – dem reichen Kaufmann Pietro di Bernardone – seine Kleidung übergab und sagte, dass er von jetzt an nur noch Gott als Vater kennen würde. Vorausgegangen war diesem Eklat eine lange Zeit der Umkehr beim Kaufmannssohn Francesco, der später als Franz von Assisi weltweit berühmt werden sollte.

Als Sohn aus stinkreichem Hause war es für alle klar, dass er irgendwann einmal das Geschäft seines Vaters übernehmen würde und dass eine wunderbare Zukunft für ihn bereitstünde. Zudem träumte Francesco in jungen Jahren – wie wohl alle jungen Männer damals und heute – davon, ein Ritter zu werden und sich in der Schlacht zu beweisen. Und wie meist endeten diese Träume, als es ernst wurde. Der erste Krieg, in den Francesco zog, ging grandios verloren, und er landete in einem finsteren Verlies, aus dem er erst über ein Jahr später gegen Lösegeld herauskam. Das war nun nicht gerade sehr ruhmreich und glanzvoll – aber das Gute am Leiden ist ja, dass es die Kraft hat, uns zu transformieren. (Das schafft sonst nur die Liebe.)

Francesco war in seinen Grundfesten erschüttert, schleppte sich auf einen Stock gestützt durch die Stadt und war wahrscheinlich für seine verwöhnten Freunde ein eher deprimierender Gesprächspartner.

Menschen, denen es nicht gut geht, beginnen oft nach dem Sinn zu fragen, da machte Francesco keine Ausnahme. Er war viel in den Wäldern unterwegs, aber auch in den nicht ganz so angesehenen Vierteln Assisis, dort, wo keine Masken getragen wurden, wo niemand sich hinter Titeln oder seiner prall gefüllten Geldkatze verstecken musste. Er ließ sich mehr auf die Menschen ein, die zuvor kaum ein Teil seiner Welt gewesen waren. Und dann traf er an einem schicksalhaften Tag auf einen Aussätzigen, den er – ganz Sohn seiner Zeit – als absolut ekelerregend empfand. Aber der Weg war zu schmal, und er konnte dem Kranken nicht ausweichen, sich nicht davonstehlen, wie er es bislang immer getan hatte. Also überwand er sich, stieg vom Pferd, gab dem Mann ein Geldstück und küsste ihm in einem Anflug spontaner und überwältigender Nächstenliebe die Hand.

Welchen Bruch mit gängigen Konventionen das bedeutet, kann man wohl nur ermessen, wenn man weiß, dass zu Franziskus Zeiten, jeder Leprakranke in ein spezielles Büßergewand gekleidet und mit einem symbolischen Trauerzug aus der Stadt geleitet wurde. Von da an war der Kranke für die Gesellschaft »tot« und durfte sich nie wieder blicken lassen.

Diese Begegnung war wohl der Moment, in dem aus dem Kaufmannssohn Francesco di Bernardone der Ordensgründer Franziskus wurde. Von jetzt an wurde alles anders, denn Franziskus erkannte, wer er war und wer er sein konnte – und zwar im Verhältnis zu Gott, den Menschen und der Welt. Er spendete eine große Summe Geld einem Seuchenhaus, küsste dort jedem die Hand und ließ sich verwandeln. In seinem Testament schreibt er später:

> »Ich lebte zwanzig Jahre lang,
> als ob es Christus nicht gäbe.
> Damals schien es mir widerlich und bitter,
> Aussätzige zu sehen.
> Doch Gott selber hat mich zu ihnen geführt,
> und in der Begegnung mit ihnen
> ist meine Liebe erwacht.«[38]

Diese erwachte Liebe ließ ihn mit allem brechen, was allgemein anerkannt und wertgeschätzt wurde. Unter anderem mit seinem Vater, der all das symbolisierte, was Franziskus nicht mehr wollte: die Abkehr vom Nächsten, der Reichtum und der Prunk, letztlich die Gottesferne.

Die Bewohner von Assisi kamen aus dem Staunen nicht mehr heraus und schüttelten eigentlich pausenlos die Köpfe. Wenn Frauke Petry heute eine achtköpfige syrische Familie bei sich aufnehmen würde, wäre die Verblüffung wohl kaum größer.

Von diesem Augenblick an lebte Franziskus ein anderes Leben. Er identifizierte sich ganz und gar mit den Armen und Geknechteten, wie Jesus es getan hatte. Und er entwickelte ein ganz anderes Christentum: keines, das von oben herab herrscht, sondern eines, das von unten her dient. Er stand im Widerspruch zu allem, was seine Zeit ausmachte – und es juckte ihn nicht im Geringsten.

Ich weiß, dass Sie von diesem Buch keine Heiligengeschichten erwartet haben, aber der gute Franzl ist für mich einfach ein großartiges Beispiel dafür, dass Mystik nicht nur bedeutet, anders zu glauben, sondern auch anders zu handeln. Eine andere Weltsicht verwandelt unser Innerstes – und dann agieren wir anders in dieser Welt. Das trifft auch auf die Wüstenväter zu, denen wir ja schon begegnet sind. Catweazle ohne Hirnschaden ... Sie erinnern sich?

Thomas Merton, der große kontemplative Trappistenmönch, der sich aus seinem Glauben heraus auch gegen den Vietnamkrieg einsetzte, schreibt über diese Gestalten, die sich aus der Gesellschaft in die Wüste zurückgezogen hatten:

»Sicher waren sie in gewissem Sinne ›Anarchisten‹, und es schadet nichts, sie auch in diesem Lichte zu sehen. Es waren Männer, die sich nicht passiv von einem dekadenten Staat leiten und beherrschen lassen wollten und die glaubten, dass man auch ohne sklavische Abhängigkeit von akzeptierten, konventionellen Werten gut miteinander auskommen könne.«[39]

Und Gabriele Ziegler, die das Johannes-Cassian-Projekt in Münsterschwarzach leitet, beschreibt diese Wüste als »Sammelbecken für entlaufene Steuerbeamte, fahnenflüchtige Soldaten, abweichlerische Bischöfe, politisch unerwünschte Figuren oder seltsame Gottsucher«.[40] Ich für meinen Teil finde, dass das nach einer ziemlich interessanten Kommune klingt …

»Sie alle wollten Freiheit«, schreibt Ziegler weiter. »Wovon? Von staatlichen und kirchlichen Zwängen. Wozu? Um den eigenen Weg der Gotteserfahrung zu wagen.«[41]

Die wunderbare Unsicherheit des spirituellen Serienkillers

Franziskus und die Wüstenväter stellten sich immerfort dieselben Fragen: Wer bin ich? Und was mache ich hier? Wie kann mein Leben gelingen?

Unsere Gesellschaft (und zu der gehören auch die etablierten Religionen) gibt uns auf solche Fragen eine Menge Antworten, aber diese Antworten haben meist nichts mit unserem wahren Wesen zu tun, sondern sollen uns eher zu angepassten Erfüllungsgehilfen und willigen Konsumenten degradieren. Gleichzeitig liefert uns diese Gesellschaft aber auch einen Rahmen (oder wenn Sie so wollen: einen goldenen Käfig), der uns ein Gefühl der Sicherheit vermittelt. Wir wissen, was richtig ist, weil andere uns gesagt haben, was richtig sei.

Einen ganz eigenen Weg der Gotteserfahrung zu gehen ist somit tatsächlich ein Wagnis, denn ein eigener Weg ist zumindest am Anfang immer mit einer gewissen Unsicherheit verbunden. Da ist nichts mehr, woran wir uns halten können, nichts mehr, wonach wir uns zweifelsfrei richten können, nichts mehr, was uns ständig bestätigt, dass wir uns auf der richtigen Seite, in der richtigen Gruppe, im Bereich der anerkannten Meinung bewegen. Aber diese Unsicherheit ist ein wesentlicher Faktor auf dem mystischen Weg, dem es mehr um unsere eigene Erfahrung als um Rechtgläubigkeit oder das Befolgen eines wie auch immer gearteten Dogmas geht.

Erst wenn wir den Blick frei bekommen,
sind wir in der Lage,
das Wesentliche zu erkennen.

Mein Freund und Lehrer Seán ÓLaoire, ein ursprünglich irischer Priester, der lange Zeit in Afrika lebte und nun eine Gemeinde in Kalifornien leitet, hat diesen Prozess des Freiwerdens in sehr eindrückliche Bilder gekleidet. Ich weiß nicht mehr genau, wo wir gerade unterwegs waren, ob auf Vortragsreise in Deutschland oder am Meer in der Nähe seines Heimatortes in Irland, aber ich werde nie vergessen, was er an diesem einen Abend zu mir sagte. Er beugte sich zu mir und raunte mit Verschwörerstimme: »Wenn du ernsthaft auf dem Weg sein willst, musst du zu einem spirituellen Serienkiller werden.« Er legte eine genau abgemessene Kunstpause ein, ganz der irische Geschichtenerzähler, bevor er fortfuhr: »Du musst dein Ego töten, dann deinen Vater, dann deinen Guru – und letztlich musst du auch Gott töten!« Dann lehnte er sich zurück und zeigte mir dieses Piraten-Trickster-Grinsen, was offenbar alle Leute aus seiner Gegend draufhaben, wenn sie mit dem, was sie gerade von sich gegeben haben, sehr zufrieden sind.

Was zuerst vielleicht ein wenig drastisch klingen mag und für Zartbesaitete unter Umständen inakzeptabel erscheint, ist jedoch eine kurze und dennoch ziemlich genaue Beschreibung des mystischen Wegs.

Zuallererst verabschieden wir uns von den Bildern, die unser Ego bestimmen. Das große »Mein, mich und mir«, das goldene Namensschild – unsere Rollen und Masken, die wir wie selbstverständlich tragen. Unser falscher Stolz, unser Hochmut, unsere Gedanken, die uns für etwas Besseres als die anderen halten. Unsere Identifikation mit unserem Bankkonto, unserem Ansehen, unserer gesellschaftlichen Position. Das alles hat auf dem Weg der Mystik keinerlei Bedeutung. Hier sind wir wie jeder andere ein Anfänger, der neugierig die ersten Schritte in eine größere Welt macht. Kein Etikett, keine Bezeichnung wird uns als ganzem Menschen gerecht – und daher können wir sie auch gleich vergessen. Wir legen unsere Kleidung, unsere Verkleidung ab wie Franziskus.

Das Loslösen von unserem Vater steht für die Tradition, aus der wir stammen und von der wir vielleicht meinen, sie sei die beste Tradition überhaupt, die allen anderen Wegen überlegen sei. Wir klettern vom Schoß dieser Tradition, verlassen die Sicherheit, nabeln uns ab und entdecken die Welt mit unseren eigenen Sinnen, unserem eigenen Empfinden und unserem eigenen Denken. Niemand kaut uns mehr etwas vor, wir selbst müssen uns um unser spirituelles Überleben kümmern. Den Vater zu töten bedeutet im mystischen Sinne, die Verantwortung zu übernehmen und selbst an der Welt teilzuhaben, anstatt behütet und in Watte gepackt ihr nur gegenüberzustehen. Franziskus hätte bei seinem Vater ein gutes Auskommen gehabt, hätte in Saus und Braus leben und sich darin vielleicht der Illusion hingeben können, er sei frei. Doch in Wirklichkeit wäre er abhängig geblieben, hätte seine eigene Meinung, seine eigene Sicht auf die Welt womöglich dem Vater, der sein Sicherheitsbedürfnis gewiss nicht selbstlos erfüllt hätte, immer wieder unterordnen müssen. Vermeintliche Sicherheit ist häufig an Bedingungen geknüpft: Wenn wir brav sind, werden wir gefüttert. Wenn wir aus der Reihe tanzen, erwarten uns Sanktionen. So einfach funktioniert die Welt leider oft, sowohl in Familien als auch in spirituellen Gemeinschaften jedweder Art. Wenn wir uns aus diesen Strukturen befreien, haben wir vielleicht für einige schmerzhafte Momente das Gefühl, wir verlören jede Beständigkeit, aber in Wirklichkeit ist es nur das bequeme Samtkissen unter unserem Hintern, das weggezogen wird. Und dann haben wir erstmals echten Bodenkontakt.

Eine ähnliche Abfolge hat unser dritter Mord, der an unserem Guru. (Zu diesem Zeitpunkt hat man schon ein bisschen Übung und wird geschickter mit dem Katana …) Dieses Loslassen bezieht sich auf die Lehrer, die wir haben und von denen wir glauben, dass sie uns weit voraus sind. Auch wenn wir einiges von ihnen gelernt haben, müssen wir sie irgendwann verlassen und uns selbst den Unwägbarkeiten des spirituellen Weges aussetzen. Wir können uns nicht zeit unseres Lebens darauf verlassen, dass sie wissen, was gut für uns ist. (Eine Überzeugung, die ich ohnehin sehr zweifelhaft finde.) Auch wenn der Prozess des Lernens niemals endet, kommt doch die Zeit, wo wir alleine losziehen müssen, um uns selbst auszuprobieren und zu sehen, ob das, was wir gelernt haben, auch in der Praxis (also unserem Alltag) etwas taugt und uns dadurch in neue Lernfelder führt. Es gehört zur Natur einer gesunden Lehrer-Schüler-Beziehung, dass man irgendwann getrennte Wege geht. Ein Lehrer kann einem Schüler immer nur ein paar Abschnitte des Pfades vermitteln, niemals kann er eine hundertprozentige Landkarte liefern, und ganz gewiss kann er den Weg nicht für uns gehen. Es erscheint tautologisch, ist aber dennoch eine korrekte Aussage: Nur unser eigener Zugang kann uns wahrhaft Zugang verschaffen und die Tür zum Mysterium aufstoßen.

Die Männer und Frauen, die vom 3. bis zum 6. Jahrhundert in die Wüste gingen, wollten ebenfalls sehen, wie ihr ganz eigener Zugang gestaltet sein könnte. Das Christentum war damals schon auf dem besten Weg von einer wahrhaft revolutionären Bewegung zu einer Mainstream-Religion zu werden,[42] und die Wüstenväter und -mütter wollten am eigenen Leib erfahren, wie die Radikalität der frühen Jesus-Bewegung auf sie, ihren Glauben und ihr Leben wirken würde.

Der Schüler muss irgendwann seinen Lehrer verlassen, seinen eigenen Weg gehen und sowohl seine innere Wüste als auch seinen inneren Dschungel erkunden – oder anders gesagt: Wer möchte schon für alle Zeiten das Karate Kid bleiben, wenn er auch Kwai Chang Caine sein kann?

Irgendwann geht es dann nicht mehr anders. Ego, Väter und Lehrer stellen keine besondere Herausforderung mehr dar, und wir wenden uns größeren Jagdobjekten zu. Zum Beispiel Gott – dem Mammut unter den spirituellen Kräften. Ich hatte ja schon Meister Eckhart erwähnt, der von seinen Vorstellungen bezüglich

Gott befreit werden wollte, um seine Augen für das wahre Mysterium öffnen zu können. Wenn wir von tradierten Bildern wie dem alten Mann auf der Wolke absehen lernen, können wir den Raum gewinnen, indem sich der unbeschreibliche Urgrund in seiner ganzen Unmittelbarkeit zeigen kann.

Franziskus ist beispielsweise mit dem Gottesbild der Romanik aufgewachsen: ein patriarchaler Gott als Weltenherrscher, fern von den Menschen, dem sinnlich erfahrbaren Leben entrückt und über allem thronend. Spätestens mit seiner Hinwendung zu den Aussätzigen erfährt Franziskus jedoch einen ganz anderen Gott, der den Menschen nah ist, der ihre Sorgen und Nöte teilt, der ein offenes Ohr und ein ebensolches Herz hat. Plötzlich ist Gott in der Welt, in Franziskus' Leben – und mit diesem neuen Gefühl öffnet sich ein neuer Weg, auf dem ein verwöhnter Kaufmannsbengel zu einem Freund der Armen wird und Jesu Aussage »Das Reich Gottes ist mitten unter euch«[43] auf seine ganz eigene Weise lebt.

Dieser Weg des spirituellen Serienkillers ist also ein Weg von der Sicherheit in die Unsicherheit, von der allgemein akzeptierten und durch Dogmen, Schriften und Konventionen handhabbar gemachten Religion in eine selbst erfahrene Spiritualität. Es ist ein Weg, der zeitweise Angst machen kann, denn alle Regeln werden plötzlich neu geschrieben beziehungsweise gänzlich aufgehoben. Was gestern sonnenklar war, ist heute im Nebel verborgen. Was wir gestern zu wissen meinten, ist heute nur eine Ahnung, eine Frage, ein Zweifel. Doch ebenso ist es heute etwas, das uns in aller Tiefe berührt, während es gestern nur ein Objekt unter anderen war.

Erst wenn alles Überflüssige von uns abfällt, wenn wir wie Franziskus gänzlich nackt und ungeschützt vor dem Mysterium stehen, kann es uns wirklich ergreifen. Wenn unsere Schutzmauern, die von Ego, Vater und Guru errichtet wurden, fallen, kann das Leben zu uns durchdringen. Unsere Vorstellungen, Konzepte und Ideen über Gott verschwinden, und das Geheimnis des Seins entfaltet sich ganz zart am Rande unseres Gesichtsfelds, zwinkert uns zu und lockt uns immer tiefer in eine Teilhabe an ihm hinein.

Es gibt sicher angenehmere Erfahrungen, als den Boden unter den Füßen zu verlieren, aber wer fliegen lernen will, dem bleibt wohl nichts anderes übrig. Irgendwann muss man die Flügel ausbreiten und hoffen, dass einen der Wind – der bekanntlich weht, wo er will[44] – tragen wird. Das Ziel ist absolut unklar, aber die Reise selbst ist der Knaller!

Unterwegs mit leichtem Gepäck

Diese Reise können wir wie gesagt nur selbst antreten. Wir müssen unsere Tür öffnen und losgehen. Und je weniger Gepäck wir dabei mit uns herumtragen, desto leichter wird diese Reise uns fallen. Wer je einen tonnenschweren Koffer von einem Ende des Frankfurter Flughafens zum anderen Ende geschleppt oder seinen eigenen Rucksack bei einer Trekkingtour verflucht hat, wird das sicher sofort unterschreiben können. Wenn wir weniger dabeihaben, was uns beschwert und jeden Schritt zur schweißtreibenden Anstrengung werden lässt, wird unser Blick frei für die Schönheiten der Reise: Wir können uns umschauen, Neues entdecken, staunen, unsere Mitreisenden betrachten, die Landschaft genießen und in Ruhe durchatmen. Diese Erfahrung können wir auch auf die spirituelle Reise übertragen: Je weniger Überzeugungen, Theorien, Vorstellungen und Konzepte wir uns aufladen, desto freier wird der Blick für das, was tatsächlich geschieht und uns begegnet. Je weniger wir mit unserem eigenen Selbstbild identifiziert sind, desto eher haben wir die Chance, uns von dem berühren zu lassen, was uns zur Veränderung einlädt. Wir sind dann nicht so belastet von dem, was wir schon über die Welt und das Leben zu wissen meinen, und können uns auf das einlassen, was sich in diesem Moment zeigt: ein einzigartiges Wunder, von dem wir mit ein wenig Glück etwas noch nie Dagewesenes lernen können. Noch nie da gewesen deshalb, weil sich das, was jetzt ist, in das ergießt, was Sie jetzt sind. Und das ist noch nie zuvor geschehen.

Aus diesem Grund spricht die Mystik oft von Demut oder Selbstaufgabe, was allerdings nicht gerade Vokabeln sind, mit denen man moderne Sucher hinter dem Ofen hervorlocken könnte. Gemeint ist aber einfach nur das Nacktsein vor dem Mysterium, wie wir es schon bei Franziskus gesehen haben. Es ist das pure Sein im Augenblick, die Offenheit, die sich nicht hinter Namen und Titeln, nicht hinter Meinungen und Besserwisserei versteckt, sondern die davon ausgeht, dass ein jeder Moment (und auch jedes andere Wesen) seine ganz eigene Qualität hat. Können wir in dieser Weite leben, dann verstehen wir auch Franziskus, der sagte:

»Ihr könnt eure Liebe zu den anderen zeigen,
indem ihr euch nicht wünscht, sie wären bessere Christen.«[45]

Demut bedeutet auch, den eigenen Weg für sich selbst zu gehen und nicht zu meinen, er wäre auch für andere der einzig richtige. Deshalb ist das »nicht« im oberen Zitat so wichtig – und auch der Grund dafür, dass diese Aussage, wie Richard Rohr in seinem exzellenten Buch über Franziskus[46] ausführt, über lange Zeit als unecht angesehen wurde.

Wenn wir davon überzeugt sind, dass wir die Weisheit mit verdammt großen Löffeln gefressen haben, und dabei auf unseren Doktortitel oder die Liste unserer Publikationen verweisen, dann wird es uns recht schwerfallen, das Wort eines Kindes, eines Greises, eines unsere Sprache nur schlecht sprechenden Fremden oder eines am Rande der Gesellschaft stehenden und offensichtlich wenig erfolgreichen Menschen ernst zu nehmen. Wenn wir uns als »Krone der Schöpfung« empfinden, wird es schwer sein, anderen

Wesen ihren Raum zuzugestehen, da wir wichtiger sind und uns dieser Überzeugung entsprechend die Ressourcen nehmen, die wir zu benötigen meinen. Wenn wir selbst unsere Meinung nie hinterfragen, wird es schwer sein, anderen dies zu gestatten. Wie der Zen-Lehrer Shunryu Suzuki so richtig sagt:

»Im Anfänger-Geist gibt es viele Möglichkeiten.
Im Geist des Experten nur wenige.«[47]

Leider können wir nicht einfach beschließen, Selbstbilder und haltlose Überzeugungen loszulassen. Zu sehr sind diese Dinge in unseren Geist eingeschliffen und haben Spurrillen hinterlassen, in die wir immer wieder zurückrutschen. Dieses Loslassen ist eine Übung, ein Teil unseres Weges, bei dem wir versuchen, uns weniger an das zu klammern, was wir über uns selbst denken.

Wir alle haben Selbstbilder, manche positiv, manche negativ. Der eine denkt, er sei der Allergrößte, der andere meint, er sei ein Nichtsnutz. Objektiv betrachtet, können wir sagen, dass beide Aussagen ganz bestimmt nicht wahr sind – aber wer kann schon objektiv sein, wenn es um ihn selbst geht?

Nützlich scheint mir da eine kleine Meditationsübung zu sein, die ich Ihnen hier gern vorstellen möchte. Es ist sozusagen eine vorbereitende Übung für weitere Meditationen, die ich in diesem Buch noch anführen werde und von denen ich hoffe, dass sich daraus für Sie vielleicht eine regelmäßige Praxis ergibt. Diese erste Übung ist jedoch nicht als tägliche Praxis gedacht, sondern nur für eine gewisse Zeit. Möglicherweise können Sie sie ein paar Wochen lang immer wieder einmal durchführen und beobachten, was sowohl während der Meditationszeit mit ihrem Geist geschieht, als auch, was die Übung für Auswirkungen auf Ihren Alltag hat.

Im Grunde geht es hierbei nur darum, die Selbstbilder beiseitezulassen oder sie, wie ein mystischer Text des 14. Jahrhunderts es ausdrückt, wenigstens eine Zeit lang unter die »Wolke des Vergessens«[48] zu bringen.

Unsere Selbstbilder äußern sich häufig in »Ich bin …«-Aussagen: *Ich bin Motorradfahrer, ich bin Rohköstler, ich bin St.-Pauli-Fan, ich bin Mutter, ich bin spirituell.* Und natürlich beschreibt keine dieser Aussagen unser ganzes Wesen, obwohl es manchmal geschieht, dass wir sie so vor uns hertragen, dass dieser Eindruck entstehen könnte. Die folgende Übung dient dazu, die »Ich bin …«-Aussage so zu gestalten, dass sie endlich einmal zutreffend ist, nicht mehr und nicht weniger. Und dies geschieht, wenn Sie hinter dem »Ich bin« einfach einen Punkt setzen. Denn das ist das, was wirklich sicher ist:

Sie sind. Sie existieren in diesem Augenblick. Und in diesem einfachen Sein gibt es – wie im Anfänger-Geist – jede Menge Möglichkeiten. Sie sind – und alles kann geschehen. Sie sind – und erfahren das, was ist.

Versuchen Sie es einfach mal …

Übung:

»Ich bin«-Meditation

Setzen Sie sich bequem auf einen Stuhl, ein Meditationskissen oder ein Meditationsbänkchen. Halten Sie sich so aufrecht, dass Ihr Atem ungehindert fließen kann und Sie sich nicht wie Darth Vader anhören – oder schlimmer noch: fühlen. Schließen Sie nun sanft die Augen und lassen Sie Ihre Aufmerksamkeit auf dem Atem ruhen. Beobachten Sie einfach Ihren Atem, wie er kommt und geht, wie er ganz von allein fließt, ohne dass Sie ihn kontrollieren müssten.

Lassen Sie bewusst etwaige Anspannungen in Ihrem Körper los: Entspannen Sie Ihre Füße, Ihre Beine, Ihr Becken, Ihren Rücken, Ihre Schultern. Entspannen Sie auch Ihren Bauch, lassen Sie ihn ganz weich werden. (Auch wenn Sie mächtig stolz auf Ihr Sixpack sind: Lassen Sie es weich werden!) Entspannen Sie Ihre Brust, Ihre Arme und Hände, Ihren Nacken, Ihr Gesicht, Ihre Stirn.

Verbinden Sie nun Ihren Geist mit zwei Worten, die Sie im Rhythmus Ihres Atems sagen beziehungsweise denken. Wenn Sie einatmen, sagen Sie innerlich »ich«. Wenn Sie ausatmen, sagen Sie innerlich »bin«. Einatmend »ich«, ausatmend »bin«. Lassen Sie die Worte auf dem Atem schweben. Konzentrieren Sie sich aber nicht zu sehr darauf. Fahren Sie für eine Weile mit dieser Übung fort.

Irgendwann werden die Worte vielleicht leiser oder verschwinden ganz. Vielleicht tauchen dann andere Gedanken auf, wie das immer so ist: die Einkaufsliste für das Wochenende, die Hausaufgaben der Kinder, der ärgerliche Vorfall von vorhin ... Kommen Sie dann ganz leicht zu den beiden Worten »ich bin« zurück. Sinken Sie in die Worte hinein. Spüren Sie, dass diese beiden Worte ausreichen, um die jetzige Erfahrung Ihrer selbst zu beschreiben.

Ich bin – ganz einfach hier. An diesem Ort, in diesem Moment. Ich bin – nicht mehr und nicht weniger. Ich bin – und werde von allem, was in diesem Augenblick ist, erfüllt.

Entscheiden Sie selbst, wie lange Sie diese Übung machen. Es gibt hierbei keinen anderen Maßstab als Ihre eigene Erfahrung.

Meist entsteht während dieser Übung ein Gefühl von Ruhe und Offenheit. Vielleicht ist sie aber auch einfach nur nervig, und Sie möchten Ihrem Meditationskissen mal gehörig die Faxen aus seinem flauschigen Inneren prügeln. Haben Sie Geduld mit sich und dem armen Kissen. Es gibt Tage, an denen man zu unruhig ist, um eine Zeit lang still dazusitzen (auch wenn es gerade dann hilfreich wäre). Keine große Sache! Probieren Sie es dann an einem anderen Tag, zu einer anderen Uhrzeit noch einmal aus. Lassen Sie sich darauf ein, in den Augenblicken der Übung nichts darstellen zu müssen, keine Anforderungen erfüllen zu müssen, nicht ein »Jemand« sein zu müssen, der dem »Ich bin …« wieder eine mehr oder weniger überflüssige Vokabel hinzufügt. Worum es in diesen Minuten der Übung geht, ist lediglich, als bloßes Sein, als bloße Anwesenheit genau hier zu sitzen. Punkt.

Sie sind ganz einfach derjenige, der Sie sind.

Und dazu auf Ihrem ganz eigenen Weg. Jesus, Buddha, Rabbi Sussja, Franziskus, Dave Gahan, Seán ÓLaoire, die Wüstenzau-sel – alle uninteressant. Sie sind auf diesem Weg: offen dafür, was Ihnen begegnen wird, und offen dafür, wie dieses Etwas, dieses große Unbekannte, in das Sie sich hineinwagen, in Ihnen wirken wird.

Und wenn die alle unrecht haben? –

Die positive Kraft des Zweifels

Es ist zu früh, es ist zu dunkel und vor allem ist es zu kalt. Ein Teil meines Gehirns windet sich ungemütlich und fragt sich, während meine Hände am Lenkrad festfrieren, warum Schule auch im Winter um 8.00 Uhr beginnen muss. Es wird mir wohl auf alle Ewigkeit ein Rätsel bleiben, weshalb der Mensch das einzige Säugetier ist, das sommers wie winters die gleiche Aktivitätsrate zu erreichen versucht. Auch die Kinder sind noch müde, schauen vor sich hin träumend aus dem Fenster, sehen Lichter, Schnee und Frost und fragen sich vielleicht, ob Kaninchen, die ganz hoch hüpfen, an einer anderen Stelle landen, weil die Erde sich doch unter ihnen dreht. Na ja, zumindest habe ich mich so etwas als Kind gefragt.

Meine Kinder haben aber zumindest heute noch etwas anderes im Sinn. Die Kleine ist von den Lichtern des Verkehrs wie hypnotisiert, aber die Große fragt plötzlich völlig unvermittelt: »Du, Papa … Weißt du, was ich komisch finde?«

»Nein, was denn?«

»Dass wir gar nicht wissen, was passiert, wenn wir sterben.«

Na großartig. Das fängt ja gut an. Früher konnte ich mich bei ähnlichen Fragen noch auf die allgemein übliche »Tante Agathe ist jetzt im Himmel«-Floskel zurückziehen. Wollte ich nie, aber was will man machen? Soll man einer Fünfjährigen erzählen, dass Tante Agathes Hirnfunktionen aufgehört haben, somit ihr Bewusstsein erloschen und ebendieses Gehirn nun Futter für die Würmer ist?! Da kommt der Himmel gerade recht. Aber jetzt ist sie älter und hat längst durchschaut, dass Erwachsene viel erzählen, wenn der Tag lang ist, und dass die Vorstellung vom »Himmel« ungefähr so stimmig ist wie der Weihnachtsmann, der durch den Kamin rutscht.

Also erkläre ich ihr, dass sie doch Menschen mit verschiedenen Glaubensrichtungen kennt, dass sie bei uns zu Hause schon christliche Mönche, tibetische Lamas und auch Schamanen und naturreligiöse Trommelfreunde getroffen hat. (Wenn man als spiritueller Autor von zu Hause aus arbeitet, bleiben solche Begegnungen nicht aus.) Und ich erkläre, dass die einen dies glauben, die anderen das. Die einen glauben an eine unsterbliche Seele, die eins mit Gott wird, die anderen glauben an die Wiedergeburt und so weiter.

Ich sehe meine Tochter im Rückspiegel nicken und höre sie mehr oder weniger zustimmend »Hmmm« machen. Doch als ich denke, die Kuh sei vom Eis, beugt sie sich vor und sagt mit verdächtig erwachsen gerunzelter Stirn: »Und was ist, wenn die alle unrecht haben?«

Was für ein kluges Kind! Mit vor Vaterstolz geschwellter Brust und ein paar kaum wegzublinzelnden Tränen der Rührung (Memo an mich selbst: Dringend emotionale Reaktionen in Bezug auf meine unglaublich zauberhaften Kinder überprüfen!) lenke ich den Wagen weiter zur Schule und lobe überschwänglich diese offene Geisteshaltung des Zweifels und des Hinterfragens, die ihr wahrscheinlich noch eine Menge Ärger einbrocken wird, um den ich mich aber erst später kümmern muss.

Was ist, wenn die alle unrecht haben? Wenn all die Thesen, all die großen Ideengebilde, all die Vorstellungen über die Welt nicht viel mit der wirklichen Welt zu tun haben? Wenn wir bei den wirklich wichtigen Fragen auf uns selbst zurückgeworfen sind?

Kodo Sawaki, der weise Verrückte des Zen, bringt es auf den Punkt:

> »Was ist das große Geheimnis,
> um das es in der Buddhalehre geht?
> Die Kunst, zu einem glücklichen Narren zu werden.
> Das bedeutet, dass du die Befreiung in dir selbst,
> in deiner Sichtweise der Dinge findest.«[49]

Das ist die Ausgangslage, die meine Tochter intuitiv erkannt hat. Genau dort stehen wir alle. Wir alle werden von unserem eigenen Leben befragt … Was sagst du? Was denkst du darüber? Niemand kann uns das Eintauchen in die großen Fragen des Lebens abnehmen, schon gar nicht jemand, der ernsthaft meint, eine Antwort gefunden zu haben. Antworten haben häufig einen recht illusionären Charakter und werfen dazu auch noch mehr Fragen auf, denn die meisten Theorien über die sogenannten letzten Dinge müssen mit Axiomen unterfüttert werden, die weitere Verwirrung stiften. Da wendet sich der glückliche Narr doch lieber angenehmeren Dingen zu und genießt ein nahezu rilkesches Nichtwissen.

»Leben Sie jetzt die Fragen. Vielleicht leben Sie dann allmählich, ohne es zu merken, eines fernen Tages in die Antwort hinein.«[50]

An der Schule angekommen, hat sie ihren riesigen Tornister geschultert, und ich küsse ihr zum Abschied auf den Kopf. (Ich registriere bei ihr einen leichten Peinlichkeitsanflug, während die dunklen Wolken der Pubertät sich bereits am Horizont zusammenballen.)

»Mach weiter so, mein Schatz! Es ist gut, sich solche Fragen zu stellen und nicht nur irgendetwas nachzuplappern.«

Ich wünsche ihr viel Spaß in der Schule. Und füge in Gedanken hinzu: »Und deinen Lehrern auch …«

Heilige Schriften und zementierte Strukturen

Nun, an Wegweisern mangelt es dieser Welt wahrlich nicht. Die Buchhandlungen und Bibliotheken sind voll mit Büchern, die uns erklären, wie wir in sieben Tagen erleuchtet werden, 25 Kilo abnehmen, zehn Jahre jünger aussehen oder ganz nebenbei 40 000 Euro verdienen. Es gibt eine Unmenge an Werken, die uns sagen möchten, wie wir in ihrem Sinne »richtig« leben, was wir essen, was wir denken, was wir glauben sollten. Und natürlich gibt es auch die Bücher – teils aus traditionell religiöser, teils aus eher esoterischer

Sicht –, die mit ihrer Überzeugung, was genau nach dem Tod mit uns geschieht, hausieren gehen. Dazu kommt noch eine der spannendsten Gattungen der Literatur: die sogenannten heiligen Schriften. Spannend nicht etwa deshalb, weil sie durch ihren packenden Erzählstil George R.R. Martins[51] Werke wie Schüleraufsätze wirken lassen, sondern weil das ihnen zugesprochene Adjektiv »heilig« impliziert, dass bei ihrem Inhalt kein Widerspruch geduldet ist. Respekt! Den Status muss man erst mal erlangen.

Verstehen Sie mich hier bitte nicht falsch: Ich möchte auf keinen Fall diese »heiligen Schriften« grundsätzlich schlechtmachen. Ich denke, dass sie Schätze der menschlichen Geistesgeschichte sind und auch als solche in Ehren gehalten werden sollten. Man findet in der Tat viel Weisheit in ihnen – aber leider auch etlichen Blödsinn, der skrupellose Menschen dazu animiert, diese Inhalte zu missbrauchen und aus Textsammlungen etwas Unantastbares zu machen, mit dem sie ihre Machtansprüche und fragwürdigen Taten rechtfertigen. Wie Seán ÓLaoire dazu meint:

»Eine Waffe mit verheerenderen Folgen, als sie die Traditionen heiliger Schriften des Planeten Erde haben, wurde in der Menschheitsgeschichte noch nie entdeckt, ausgenutzt und angewandt.«[52]

Der Mann, der das sagt, ist immerhin Priester, und die Bibel ist sozusagen fester (und geliebter) Bestandteil seines Werkzeug-gürtels. Aber er liest sie nicht als von Gott höchstpersönlich diktierte Handlungsanleitung, an die sich gefälligst *alle* zu halten haben, sondern als Sammlung von Erfahrungsberichten, symbolischen Erzählungen, Analogien und Geschichten einzelner Menschen, die ihren Weg in der Welt suchten und ihren persönlichen Zugang zum Göttlichen entdeckten. Wenn man sieht, was auf der Welt aufgrund von wörtlichen Interpretationen heiliger Schriften und dem Mangel an Textkritik so alles angerichtet wird, kann man gar nicht oft genug auf diese Lesart hinweisen.

Wir tun also gut daran, sogar »heilige Schriften« zu hinterfragen und sowohl ihren wörtlichen Wahrheitsgehalt als auch ihre Relevanz für uns in Zweifel zu ziehen. Das Gleiche gilt natürlich auch für alle anderen Bücher einschließlich demjenigen, das Sie gerade in Händen halten.

Was ist, wenn die alle unrecht haben?

Diese Frage meiner Tochter ist ein ziemlich gutes Mantra, einfach und effektiv. Hinter dieser Frage versteckt sich aber keine Skepsis um der Skepsis willen, die irgendwann in Zynismus mündet. Vielmehr ist in dieser Frage ein ganzer Katalog weiterer Fragen verborgen, die uns auf sinnvolle Weise auf unser eigenes Erfahren und unser eigenes Denkvermögen verweisen:

Ist das wirklich zu allen Zeiten und unter allen Bedingungen richtig? Ist das vielleicht nur ein überkommener Glaubenssatz, der mit meiner Realität nicht viel zu tun hat? Wäre es tatsächlich hilfreich und heilsam, wenn alle Menschen sich an diese Aussage hielten? Kann man über diesen Bereich der menschlichen Erfahrung überhaupt eine konkrete Aussage treffen? Rechtfertigt das unter Umständen nur gewisse Ungerechtigkeiten oder zementiert alte Strukturen, die eigentlich dringend einer Neubewertung bedürften? Ist diese Sache nicht viel zu individuell, um darüber solch eine allgemeine Feststellung zu treffen? Reicht unser Wissen tatsächlich für eine solche Beurteilung aus? Wird hier vielleicht Meinung mit Wissen verwechselt? Ist das nur ein gesellschaftliches Konstrukt oder schiere Bequemlichkeit, die uns auf diese Weise denken lässt?

Manchmal muss man sich von dem, was andere sagen und meinen, abwenden – und an Orte gehen, die üblicherweise gemieden werden. Es ist wohl so, wie der Dichter Robert Frost sagt:

»Zwei Wege trennten sich im Wald,
und ich – ich nahm dann den, der kaum begangen war,
das hat den ganzen Unterschied gemacht.«[53]

Es gibt – dem Himmel sei Dank – immer Menschen, die die Dinge anders machen, die anders denken und Wege einschlagen, die jenseits des Mainstreams liegen. Die Mystiker aller Traditionen gehörten (und gehören) auf jeden Fall dazu, denn sie verließen sich mehr auf ihre eigene Erfahrung als auf das, was in Tempeln, Moscheen oder Kirchen gepredigt wurde.

Ihnen war klar, dass Glaubenssätze ungefähr so ernst zu nehmen sind wie Diätratgeber: Für die einen mag es gut sein, sich ausschließlich von Kohlsuppe oder gedünsteten Brokkoliröschen zu ernähren, und für andere mag Low-Carb, High-Fat, Atkins, Paleo oder konsequent vegan gesund sein. Einmal wird behauptet, Eier seien total giftig, weil sie den Cholesterinspiegel in die Höhe treiben, während eine andere Studie besagt, dass sie das Gesündeste seien, was man überhaupt essen könne und die Cholesteringeschichte ein großer Irrtum sei. Für die einen ist der glykämische

Index das Nonplusultra, für andere liegt die Lösung aller Probleme im Thermomix oder Spiralschneider. Halleluja!

Wirklich beurteilen kann man all diese Meinungen – denn nichts anderes sind sie – erst, wenn man den Tisch mit allem deckt und ausprobiert, was einen nährt und was nicht, was einem guttut und womit man sich schlecht fühlt. Und wenn schon Körper so unterschiedlich sind (obwohl sie sich organisch betrachtet ja doch recht ähnlich sehen), dann sind es unsere Seelen allemal. Hinzu kommt: Wo es bei Ernährungsplänen immerhin verschiedene Studien gibt (wobei es auch immer darauf ankommt, wer diese Studien bezahlt hat und was derjenige damit belegen möchte), gibt es im Bereich des Glaubens, im Bereich der Religion und des Verhältnisses von Mensch und Gott doch eher wenig objektive Kriterien. Weil Glaube das Persönlichste überhaupt ist, kann es eigentlich nur verwundern, dass es Menschen gibt, die damit zufrieden sind, an dem festzuhalten, was andere ihnen erlauben zu glauben. Der Benediktinermönch David Steindl-Rast, für mich einer der ganz großen Mystiker unserer Zeit, bringt das ziemlich radikal auf den Punkt:

»Glaube ist Erfahrungssache oder er verdient diesen Namen nicht. Glaube aus zweiter Hand ist nicht wirklich Glaube.«[54]

Wir sind also schon fast gezwungen, uns die Frage meiner Tochter zu stellen. (Sie gibt übrigens keine Seminare, falls Sie sich da jetzt Hoffnungen gemacht hatten …)

Was ist, wenn die alle unrecht haben? Wie sehe ich diese Dinge selbst? Wie erfahre ich die Wirklichkeit, wenn ich alle Glaubenssätze, die mir im Laufe meines Lebens eingetrichtert wurden, beiseitelasse? Wie erlebe ich diesen Urgrund des Seins, den manche

Menschen auch Gott nennen? Was nehme ich wahr, wenn ich still werde und der Welt lausche?

Von Christian Morgenstern gibt es ein schönes Gedicht, das sich um dieses Thema dreht:

»Sieh nicht, was andere tun,
der andern sind so viel.
Du kommst nur in ein Spiel,
das nimmermehr wird ruhn.

Geh einfach Gottes Pfad,
lass nichts sonst Führer sein,
so gehst du recht und grad
und gingst du ganz allein.«[55]

Dieser Pfad Gottes, von dem Morgenstern spricht, ist der Weg unseres Allerinnersten, bei dem wir einem Leitstern folgen, der nur für uns ganz allein am Firmament unserer Seele steht. Wir brauchen niemanden, der uns seine Überzeugungen aufdrängen will, keinen Gruppendruck, der uns wieder »auf Linie« bringen soll, und niemanden, der uns erklärt, dass man diese oder jene Stelle einer »heiligen Schrift« nur auf eine einzige Art deuten kann (wenn Deutung überhaupt erlaubt ist). Wir können uns da eher auf uns selbst und unsere Erfahrung verlassen, um dann mit Angelus Silesius übereinzukommen:

»Die Schrift ist Schrift, sonst nichts. Mein Trost ist Wesenheit,
Und dass Gott in mir spricht das Wort der Ewigkeit.«[56]

Jedem seine eigene Offenbarung

Ich glaube nicht, dass es einen Weg in die Tiefe dieses Geheimnisses gibt, der für jeden Menschen auf gleiche Weise gangbar ist. Zwar können Menschen von ferne betrachtet in der Masse verschwinden, aber wenn man ihnen nahekommt und zulässt, dass sie einem selbst auch nahekommen, entdeckt man ihre Einzigartigkeit. Diese Einzigartigkeit erstreckt sich auch auf den spirituellen Weg, der geprägt ist durch das jeweils Erfahrene, durch Erlebnisse, Verletzungen, Hoffnungen und Nöte, durch die Momente, in denen unserer Seele Glück und Schönheit sowie Schmerz und Trauer begegnet sind, durch die Momente, die uns lebendig machen.

Genau das, dieses individuelle Lebendigsein, ist es, was uns ausmacht, was unser Verhältnis zum Göttlichen bestimmt, nicht vorgekaute Glaubensformeln oder Bilder, an denen wir selbst keinen einzigen Pinselstrich gemacht haben.

»Den, der in dir lebt und außerhalb,
der mit allen Händen wirkt,
mit allen Füßen geht, dessen Körper ihr alle seid –
den betet an! Zerbrecht alle anderen Bilder!

Den, der der Höchste und Niedrigste ist,
Sünder und Heiliger, Gott und Wurm zur gleichen Zeit –
den betet an! Den Sichtbaren, Erkennbaren,
den Wirklichen und Allgegenwärtigen.
Zerbrecht alle anderen Bilder!«[57]

Wenn wir diese »anderen Bilder«, von denen Swami Vivekananda hier in seinen Versen spricht, zerbrechen, wenn unser gesunder Zweifel an Vorgegebenem, an Traditionen und Konventionen uns befähigt, uns unvoreingenommen auf die Erfahrung des Lebens einzulassen, können wir nackt vor dem Mysterium stehen, wie die großen Mystiker es taten, und uns von dem erfüllen lassen, was jetzt ist. Das ist dann unsere persönliche Offenbarung, der Moment, in dem der Schleier von der Welt zurückgezogen wird und uns einen Blick in die Tiefe gewährt. Das Göttliche hat sich nicht nur zu biblischen Zeiten offenbart, es hat nicht nur zu Moses, den Propheten und Jesus gesprochen und sich dann ein Ferienhaus auf einer einsamen Insel zugelegt, um mit niemandem mehr etwas zu tun haben zu müssen. Es spricht auch heute noch, wie David Steindl-Rast betont:

»Offenbarung kommt ursprünglich von innen. Es muss uns also auch heute noch möglich sein, ihren Ursprung in unserem eigenen Inneren zu entdecken.«[58]

Vielleicht befreit uns der Zweifel an den vielen Stimmen, die alle meinen, *ES* zu wissen und zu kennen, so weit, dass wir unserer eigenen Wahrnehmung mehr vertrauen und uns auf eine persönliche Liebesbeziehung zur Welt einlassen können. Um diese Beziehung zu beginnen, zu vertiefen und das eigene Leben davon mehr und mehr erfüllen zu lassen, habe ich für mich die Meditation – um die sich das nächste Kapitel dreht – entdeckt. Sie hat mich davon enthoben, immer alles analysieren und definieren zu wollen, sodass ich das Leben als Mysterium genießen kann.

Niemand hat das besser in Worte gefasst als Rainer Maria Rilke:

»Du musst das Leben nicht verstehen, dann wird es werden wie ein Fest.«[59]

Wenn wir leer werden von all dem, was wir meinen, verstanden zu haben, entsteht Raum in uns, in dem das Göttliche sich selbst offenbaren kann. Möglicherweise hilft Ihnen die nächste Übung, sich diesem Leerwerden anzunähern.

Übung:

Prius vita quam doctrina

Den Titel dieser Übung habe ich dem großen Scholastiker Thomas von Aquin entlehnt. Die lateinischen Worte »prius vita quam doctrina«,[60] die er schrieb, fassen eine Geisteshaltung zusammen, die wir heute als »gesunden Zweifel« bezeichnen würden. Übersetzt bedeuten sie: »Das Leben steht vor der Lehre«. Denn auch wenn überlieferte Lehren dieses oder jenes behaupten, ist es doch an uns, dies in unserem Leben zu überprüfen (siehe auch das Paulus-Zitat, das ich diesem Buch vorangestellt habe) und für uns selbst zu entscheiden, ob die aufgestellten Behauptungen richtig (heilsam) oder falsch (nicht heilsam) sind.

Ich möchte Sie nun bitten, sich für die Übung ein wenig Zeit zu nehmen, sich zurückzuziehen und für eine Weile allein mit Ihren Gedanken zu sein.

Versuchen Sie aufzuschreiben, welche Überzeugungen zum Thema Glauben und Religion Ihnen in Ihrem Leben vermittelt wurden, welche Sie durch Ihre Kultur oder Ihre Erziehung aufgenommen haben. Dabei können Sätze entstehen wie

- Gott ist allmächtig
- Gott ist ein Mann
- Wer ein guter Mensch ist, kommt in den Himmel
- Sex ist eine Sünde
- Jesus ist für meine Fehler gestorben
- Wenn ich richtig bete, werden meine Wünsche erfüllt

und so weiter. Seien Sie ganz ehrlich zu sich selbst und schreiben Sie alle Sätze auf, die man Ihnen als stimmig vermittelt hat.

Nun denken Sie darüber nach, ob Sie irgendeinen dieser Sätze in Ihrem Leben verifizieren konnten. Haben Sie jemals erfahren, dass die Inhalte des einen oder anderen Satzes korrekt sind? Wenn nicht, nehmen Sie bitte den fettesten Rotstift, dessen Sie habhaft werden können, und streichen Sie diesen Satz!

Welche Lehren lassen sich durch Ihr eigenes Leben, durch Ihre Lebenserfahrung, Ihren Umgang mit den Wesen dieser Welt, widerlegen? Und wenn wir schon dabei sind: Das bezieht sich natürlich nicht nur auf römisch-katholische offensichtliche Schwachsinnigkeiten wie »Tiere haben keine Seele«, sondern auch auf vielleicht lieb gewonnene Glaubenssätze aus der freieren spirituellen Ecke:

- Es gibt keine Zufälle
- Was man in die Welt gibt, kommt immer zu einem zurück
- Schlechtes Karma führt zu einer schlechten Wiedergeburt
- Engel sind immer bei uns
- Dirk Grosser schreibt lustige Bücher
- Achtsamkeit ist als spiritueller Weg ausreichend
- Das Gesetz der Anziehung wirkt immer
- Oprah Winfrey ist Gott
- Nahtoderlebnisse sind der Beweis für ein Leben nach dem Tod

Und auch hier: und so weiter. Schreiben Sie auf, was Sie glauben oder was Sie meinen zu glauben. Schreiben Sie vielleicht auch auf, woher Sie diese Glaubenssätze haben. Und stellen Sie sich dann die Frage meiner Tochter: Was ist, wenn die alle unrecht haben?

Schauen Sie, was letztlich auf Ihrem Zettel übrig bleibt. Was ist als Arbeitshypothese wirklich brauchbar? Mit was können Sie weitergehen?

Schon volle fünf Minuten meditiert und noch immer nicht erleuchtet –

Geduld und das schöne Wort »Gelassenheit«

Schon oft in meinem Leben stand ich mir selbst im Weg – aber beim Thema Meditation habe ich wirklich den Vogel ab-geschossen …

Dabei fing alles so gut an: Meine erste Meditation fand an einem lauen Sommerabend auf einer griechischen Insel statt und war ein dermaßen erhebendes Erlebnis, dass selbst Albert Hofmann[61] blass vor Neid geworden wäre. Die Wellen plätscherten sanft an den Strand, die Luft roch nach Salz und wilden Blumen, und mein Geist versank nach wenigen Augenblicken in endlosen Weiten. Ich atmete die ganze Welt ein, und von meiner Kopfhaut breitete sich ein Prickeln aus, das irgendwann meinen ganzen Körper erfasste und mich Zeit und Raum vergessen ließ. Ich schwebte durch das Universum wie ein kleiner tätowierter Buddha auf Urlaub. Während meine Mitmeditierenden nach 20 Minuten den Strand verließen, saß ich noch stundenlang grenzdebil grinsend an Ort und Stelle, fühlte mich den Sternen, den Steinen und den Goldsardinen, die irgendwo da draußen im großen Blau herumschwammen, nah und dachte, dass die Erleuchtung nur noch einen Wimpernschlag entfernt sei. Wow, das ging ja schnell!

Daher konnte ich es auch am nächsten Tag kaum abwarten, bis wir uns wieder am Strand trafen und die ganze Meditationssache jetzt so richtig Fahrt aufnahm. Allerdings muss ich an diesem Tag wohl irgendetwas falsch gemacht haben, denn es passierte einfach gar nichts. Kein ozeanisches Gefühl, kein Prickeln, kein Schweben durch die Weiten des Alls. Es war furchtbar langweilig, der Hintern tat mir weh, und ich war echt frustriert. So hatte ich das nicht bestellt!

Von diesem Augenblick an bin ich der Erfahrung des Vortages hinterhergerannt – und zwar jahrelang. Ich habe Bücher gelesen, unterschiedliche Meditationsarten, Sitzhaltungen und Atemtechniken ausprobiert, Seminare besucht, und ich habe länger und irgendwie auch höher, schneller, weiter meditiert – immer auf der Suche nach diesem einen Gefühl, das ich mir ganz genau gemerkt hatte. Mit irgendeiner Technik musste das doch auszulösen sein! Insert coin and get enlightened!

Erst nach langer Zeit habe ich begriffen, dass Meditation keine punktuelle Wohlfühloase und kein Drogenersatz, sondern ein lebenslanger Praxisweg ist. Ein Weg, der vor allem auch bedeutet, sich mit sich selbst auseinanderzusetzen – und nicht auf irgendwelche besonderen Erfahrungen zu hoffen.

Ich gebe zu, dass »lebenslanger Praxisweg« in einer Welt, in der alles sofort verfügbar sein muss, nicht gerade werbewirksam klingt. Schließlich drehen wir heute schon durch, wenn eine E-Mail länger als fünf Sekunden braucht, um gesendet zu werden, obwohl wir früher noch Briefe zur Post trugen und voller

Vertrauen in das deutsche Beamtenwesen davon ausgingen, dass unsere Nachricht morgen oder übermorgen oder nach dem Ende der nächsten Eiszeit beim Empfänger eingehen würde. Und wir freuen uns alle schon riesig auf die Paketzustellung durch Drohnen, sodass wir unser Ego nicht der himmelschreienden Kränkung aussetzen müssen, bis morgen auf so elementare Dinge wie beispielsweise eine bananenförmige Frischhaltedose für Bananen zu warten. So ist unsere Welt – manchmal kann man darüber lachen, manchmal möchte man in unkontrollierte Heulkrämpfe ausbrechen.

Aber zurück zur Meditation, die offenbar Geduld fordert und Geduld lehrt. Was bedeutet es eigentlich zu meditieren – und warum scheint das in allen spirituellen Traditionen so wichtig zu sein? Die Wüstenväter taten es, Johannes Cassian tat es, die christlichen Mönchsorden, die Sufis, die Buddhisten und Taoisten, die jüdischen Rabbis (inklusive Yeshua ben Yosef, besser bekannt als Jesus von Nazareth) taten es, und auch heute wird diese Form der Geistesschulung überall auf der Welt betrieben. Still herumsitzen und nichts tun, sich zurückziehen wie eine müde Schildkröte – irgendwie scheint das einer Menge Leute zu gefallen, mich selbst eingeschlossen. Ist Meditation also Eskapismus in seiner reinsten Form? Ziehen wir uns wirklich in unseren Panzer zurück, damit uns niemand ärgert, und warten darauf, dass es Salatblätter und halbierte Weintrauben regnet, bevor wir wieder hervorkriechen? Abgesehen davon, dass wir mit solch einer Annahme den doch sehr freundlichen und der Außenwelt zugewandten Schildkröten unrecht tun, ist es auch in Bezug auf die Meditation grundfalsch gedacht.

Meditation ist eben keine Weltflucht, wie so oft angenommen, sondern im Gegenteil die äußerste Hinwendung zur Welt. Ich kann natürlich nur aus meiner eigenen Erfahrung sprechen (während Sie das hier Gesagte nur durch Ihre eigene Erfahrung für sich überprüfen können), und es mag Menschen geben, die die Meditation als eine Fluchtmöglichkeit begreifen, um vor der Realität die Augen zu verschließen. Aber genau das ist Meditation nicht oder sollte es nicht sein, auch wenn es in ein paar obskuren indischen Ashrams Menschen gibt, die so dermaßen »erleuchtet« sind, dass sie nichts mehr machen, außer entrückt in die Gegend zu starren, sodass man sie füttern und wickeln muss. Für mich hat das nichts mit Meditation, sondern eher mit einer freiwilligen Entnahme des Großhirns zu tun. Diese tragische Verwechslung kann einem wirklich nur leidtun!

Meditation ist einfach eine Übung, die uns hilft, mehr und mehr genau hier, in dieser Realität, anzukommen. Sie sagen, da seien Sie doch schon längst und hätten es darüber hinaus auch langsam ziemlich satt? Guter Einwand, den ich Ihnen hier in den Mund gelegt habe … Doch tatsächlich ist es so, dass wir nicht in der Realität leben, sondern in einer Fantasievorstellung, die aus unseren Theorien und Konzepten besteht. Wir haben eine gefärbte Brille auf, durch die wir alles in genau dieser Farbe wahrnehmen, und das kann entweder rosa sein, sodass wir nichts Schlechtes in der Welt entdecken können, oder aber dunkelgrau, sodass alles, auch das Gute, das uns widerfährt, düster und bedrohlich wirkt. Dazu gibt es diese Brille natürlich noch in allen möglichen anderen Farben, die die eine oder andere Wirkung haben. Festhalten kann man auf jeden Fall, dass es kaum einen größeren Kassenschlager gibt als diese Brille. (Besonders beliebt ist das Modell schwarz-weiß, das Stammtischpopulisten weltweit bevorzugen.) Wir meinen, wir brauchten diese Brille, müssten sie Tag und Nacht tragen, alles und jeden dadurch betrachten – und dann kommt so ein Meditationsfuzzi daher und sagt uns, dass wir die Brille auch einfach abnehmen können. Wir erklären ihn erst mal für verrückt, aber wenn wir es dann heimlich doch probieren, stellen wir fest, dass es noch eine Menge anderer Farben außer der von uns bevorzugten gibt oder der, an die wir uns gewöhnt haben. Wir sehen die Dinge plötzlich, wie sie sind, entdecken, wie bunt die Welt in Wirklichkeit ist, und merken, dass Vorstellungen deshalb Vorstellungen heißen, weil sie sich *vor* die Realität *stellen*. Genau dazu dient die Meditation: die Brille unserer Vorstellungen abzunehmen und in das sich entfaltende Sein des Augenblicks einzutauchen, wahrhaft still, frei und ungetrübt von jeder Art festgefahrener Überzeugungen. Meditation verlässt den vorgezeichneten Weg und führt uns auf eine Entdeckungsreise. Sie lässt uns hinter unsere Vorstellungen blicken, ändert unseren üblichen Blickwinkel, entfernt den Farbfilter, der uns so lieb und teuer geworden war.

Natürlich ist es auf gewisse Weise amüsant, eine Methode (die Meditation) anzuwenden, die systematisch jede Methode (des Denkens) hinterfragt und ad absurdum führt. Aber was bleibt einem übrig? Meiner Erfahrung nach entfaltet sich Freiheit nur in der Stille, oder um es mit Jiddu Krishnamurti auszudrücken:

»Nur in dem, was leer ist, kann etwas Neues stattfinden.«[62]

Meditation hilft uns, in einem positiven Sinne leer zu werden. Wir kippen all das bereits Gedachte, all das bereits Gesagte, all das immer wieder Durchgekaute, all das vermeintlich als zweifelsfrei richtig Erkannte, all das angesammelte Alte einfach über Bord und öffnen unseren Geist für die bloße Wahrnehmung dessen, was gerade geschieht, ganz gleich, was es sein mag.

Vielleicht passiert es in der Meditation zum ersten Mal, dass wir einen Moment unverstellt wahrnehmen. Vielleicht wird es zum ersten Mal in unserem Oberstübchen so leise, dass wir auf die Welt lauschen können. Dann können wir dieses schöne Paradox selbst erfahren: Ähnlich wie *myein* (der griechische Begriff, aus dem sich unser Wort Mystik gebildet hat) bedeutet, dass wir die Augen schließen, was in Wirklichkeit jedoch dazu führt, dass wir sie richtig öffnen, so führt auch die Meditation, die zuerst nur in einer Wendung nach innen zu bestehen scheint, dazu, dass wir uns der Welt wahrhaft zuwenden. Hier ist er wieder: der Zusammenfall der Gegensätze, von dem ich schon in der Einleitung sprach. Der Ort, an dem scheinbar Gegensätzliches sich vereint, um etwas zu vermitteln, das mit den normalen Parametern unserer Logik nicht wirklich zu erfassen ist, das sich jedem Dualismus verweigert und damit jedes Schwarz-Weiß-Denken unmöglich macht. Das große Sowohl-als-auch.

Das Schweigen der Mystik

Im nicht personalen Gottesbild der Mystik bedeutet Meditation dann auch, sich dem Unbekannten, dem Urgrund der Welt mittels Versenkung in sich selbst zu nähern. Das geschieht, indem wir die alten Bilder hinter uns lassen, sowohl den lieben Gott im Himmel als auch den rachsüchtigen Opa auf der Wolke, sowohl den ewig sanften Jesus als auch den angeblich für unsere Sünden gestorbenen Sohn Gottes. Wir lassen das Tao hinter uns, vergessen die Buddha-Natur, gönnen JHWH eine Ruhepause und lassen Krishna auf seinen kitschigen Postern allein mit den Gopis spielen. Oder um mit islamischen Bildern zu sprechen: Wir vergessen die 99 Namen Allahs und versinken ganz in den hundertsten Namen, den niemand kennt und niemand je kennen wird – den Namen, der alle Worte übersteigt.

Johannes Scheffler, der im 17. Jahrhundert in Schlesien lebte und unter dem Namen Angelus Silesius (der schlesische Engel) Berühmtheit erlangte, hat dieses Versinken im Bereich jenseits des diskursiven Denkens in vielen seiner Zweizeiler beschrieben:

»Wann du dich willst in Gott und seinen Abgrund senken,
So musst du nicht an Ihn, auch nicht an dich, gedenken.«[63]

Er nannte das nicht Meditation, sondern sprach eher von schweigenden Gebeten:

»Gott ist so über all's, dass man nichts sprechen kann,
Drum betest du ihn auch mit Schweigen besser an.«[64]

Was könnte besser sein als Schweigen, wenn Worte doch nicht ausreichen, um diesen Bereich der Erfahrung zu beschreiben? Vielleicht ist auch der Kabarettist Dieter Nuhr ein verkappter Mystiker, wenn er sagt: »Wenn man keine Ahnung hat – einfach mal die Fresse halten!« Und wirklich Ahnung hat niemand, alle Worte sind nur Annäherungen (ganz bestimmt auch meine), während Stille nahezu revolutionär ist. Zu schweigen, einfach dort zu sitzen und Teil dieser Welt zu sein, ohne sie definieren oder analysieren zu wollen, ist ein Akt der Revolution. Während »Gott« von den Theologen, Priestern, Rabbis und Imanen in klare Strukturen und Regeln zerbrochen wird, versteht der Mystiker, dass dieses Ansinnen hoffnungslos und auch anmaßend ist. Der Mystiker freut sich indes einfach über die Gegenwart des Göttlichen, das er in allem erkennen kann; er freut sich über die Gegenwart dieser vom Heiligen durchdrungenen Welt, ihrer Schönheit, ihrer Unfassbarkeit:

»Jetzt ist es an der Zeit, reglos mit dir dazusitzen,
von Angesicht zu Angesicht, und zur Weihe des Lebens zu singen,
in dieser stillen, überfließenden Muße.«[65]

Zur Weihe des Lebens zu singen, wie Tagore es in diesem Vers ausdrückt, ist dann schon der Schritt, der die Meditation in den Alltag führt, oder anders ausgedrückt: den Alltag in die Meditation mit hineinnimmt. Der Alltag entfaltet sich in der inneren Stille, die die Meditation in uns hervorruft, und offenbart dort seine Wunder.

Das heißt, dass wir zwar auf unserem Meditationskissen üben, aber dass diese Übung nicht vorbei ist, wenn wir unsere eingeschlafenen Beine strecken und unseren platt gesessenen Hintern hochwuchten. Gerade in diesem Augenblick fängt der viel wichtigere Teil der Übung erst an! Wir singen zur Weihe des Lebens, wenn wir das Meditative mit in den Alltag nehmen, wenn wir die Stille und die vorurteilsfreie Wahrnehmung in unserem ganz normalen Leben praktizieren.

Eine Viertelstunde oder 20 Minuten bewegungslos herumsitzen kann jeder, aber sich nach und nach von diesen Zeiten der

Stille verändern zu lassen und dadurch der Welt anders zu begegnen – das ist die große Kunst der Meditation.

Meditation lässt uns ganz HIER sein – hier, wo wir nicht von Engeln träumen müssen, sondern mit unserem Nachbarn sprechen können. Es ist, als würde die Meditation unser Herz in Einklang mit dem Rhythmus der Welt bringen. (Mit »hier« meine ich die Welt als natürliche Umgebung und nicht als gesellschaftliches Konstrukt.) Wir können uns ganz in die Welt einbringen, weil durch die Meditation unsere Augen für die verborgene Heiligkeit jedes Augenblicks geöffnet wurden. Wir üben auf dem Kissen einen neuen Blick – und lassen dann die formale Meditation zur Meditation der Welt werden. Wir betrachten das Geschehen anders, wacher, bewusster, mitfühlender. Aus diesem Blick erwächst auch eine neue Form des spontanen Handelns, was man vielleicht am besten anhand meiner liebsten Buddhaform – Chenrezig, dem Buddha des Mitgefühls – klarmachen kann. Chenrezig (die tibetische Form von Avalokiteshvara) wird als Statue oft auf eine sehr schöne Weise dargestellt: Er sitzt in Meditationshaltung und hat um sich herum seine tausend Arme[66] ausgebreitet, ähnlich wie ein Pfau ein Rad schlägt. In jeder Handfläche sitzt ein wachsames, achtsames Auge. Wenn Chenrezig Leid sieht, ist seine Hand sofort da, um zu helfen. Der Weg vom Sehen und Wahrnehmen zum aktiven Handeln ist extrem kurz. Chenrezig sieht nicht auf der Straße jemanden straucheln und lang hinschlagen und sagt sich dann, während er einen großen Schritt über denjenigen hinwegmacht: »Oh, nach meinem nächsten Mitgefühlsseminar werde ich solchen Leuten bestimmt helfen können …« Nein, er sieht und handelt gleichzeitig. Auge und Hand sind eins. Eine wunderschöne Symbolik!

Meditation öffnet also unser Herz, setzt spontan Energie frei und lässt uns tiefer in das einsinken, worum es letztlich doch geht: Liebe. Wir werden innerlich weiter, und mehr und mehr Erfahrungen haben in uns Platz. Wir werden offener für all die Schönheiten des Lebens, für all die unterschiedlichen Menschen und anderen Wesen, für alle Widersprüchlichkeiten, für alle Absurditäten, für all die großen Geheimnisse, die sich in ganz alltäglichen Momenten zeigen, für das Lachen und die Tränen anderer, für die Bruchteile von Sekunden, in denen wir kurz blinzeln und in unserem die Couch anknabbernden Hund das Göttliche entdecken, für alle Augenblicke, in denen die Welt uns auf eine zärtliche und wundersame Weise berührt.

Das ist die mystische Sichtweise, die durch Meditation immer tiefer wird und uns mehr und mehr erfüllt. In diesem Sinne ist die Meditation ein Sich-Bereitmachen, um mehr lieben zu können.

Keine Namen, keine Kriege

Diese Offenheit ist es auch, die dazu führt, dass Mystiker aus allen Traditionen sich untereinander verstehen. Ein buddhistischer Mönch aus Nepal und ein meditierender Benediktiner aus dem Allgäu blicken sich in die Augen und verstehen sich. Auch wenn die Konflikte zwischen den Religionen in unserer Welt nach wie vor augenfällig sind und ihre Auswirkungen auf oft erschreckende Weise in den Nachrichten erscheinen, gibt es diese mystische Ebene, auf der sich die unterschiedlichen Glaubensansichten auflösen und auf der Frieden nicht nur ein Lippenbekenntnis, sondern eine Tatsache ist. Mystiker verstehen, dass der Raum unseres

Herzens namenlos ist. Die Wege dorthin sind unterschiedlich und jeweils kulturell geprägt, aber gelangt man an eine der Türen, die in diesen Raum führen, und durchschreitet sie, bleiben die Wege zurück und werden weit weniger wichtig. Das, was in dem Raum erfahren wird, ist seiner Natur nach unbeschreibbar und grenzenlos. Unterschiedliche Methoden, die sich in unterschiedlichen Glaubenssystemen entwickelt haben, sind Türöffner – und jeder Meditierende betritt den Raum höchstwahrscheinlich durch eine andere, ganz individuelle Tür. Der Raum selbst ist jedoch eins, unteilbar, nicht diskutierbar. (Nicht im Sinne von »man *darf nicht* darüber diskutieren«, sondern im Sinne von »man *kann nicht* darüber diskutieren«)

Hier treffen sich Zen-Buddhisten und kontemplative Christen, hier schweigt der islamische Sufi gemeinsam mit dem Visionssucher aus einer indigenen Tradition.

Was sollte man sprechen? Worüber sollte man streiten?

Wenn die Schwerpunkte der Traditionen auch verschieden sein mögen, wenn manche von Gott sprechen, andere vom Tao, diese das wahre Selbst suchen und jene von ihren Göttern und Göttinnen inspiriert werden wollen, wenn die einen sich das Himmelreich wünschen und die anderen das Nirwana – sobald sie finden, was sie suchten, ist ihnen allen etwas Grundlegendes gemeinsam: In einem Moment befreiender Erkenntnis wird deutlich, dass das Gefundene jede Erwartung, die zuvor in unterschiedliche Begriffe gefasst wurde, bei Weitem übersteigt.

Wenn wir in diesen Bereich eintreten, erwarten wir nicht mehr, Wissen zu erlangen. Wir meinen nicht mehr, hier die Sozialversicherungsnummer von Jesus oder Laotse herauszubekommen oder die Worte sogenannter heiliger Schriften bestätigt zu finden. Stattdessen dringen wir zur tiefsten Ebene unseres Seins vor, auf der wir mit allen Wesen verbunden sind. Dort finden wir unsere Menschlichkeit ebenso wie unsere Göttlichkeit. Dort finden wir unsere Verletzlichkeit, unsere Stärke, unsere Sanftheit, unsere innere Wildnis und unsere tiefste Wahrheit. Wir finden unser pochendes Herz und begegnen dem lebendigen Mysterium unseres Daseins.

Der offene, klare Raum, der den Meditierenden gänzlich ausfüllt, ist pure Gegenwärtigkeit. Hier muss man nicht einmal mehr vom Jetzt reden, denn es ist nichts anderes als das Hier und Jetzt vorhanden, welches jeder Meditierende ungeachtet seiner religiösen Ausrichtung erfahren kann. Keine begriffliche Definition ist mehr vonnöten. Unser Geist fällt buchstäblich ins Nichts, welches das unendliche Potenzial des Lebens darstellt. Wie unser Kosmos mit seinen Abermillionen Phänomenen aus dem Nichts hervorgegangen ist, gehen auch wir aus der Erfahrung des Nichts mit neuen Augen hervor. Wir sind unsere eigene Hebamme und bringen die ursprüngliche Klarheit unseres Geistes zur Welt, machen uns dabei frei von Bezeichnungen und Definitionen und öffnen uns für die unverstellte Wirklichkeit. Fallen die Konzepte, lösen sich die Unterschiede auf. Das kontemplative Bewusstsein des staunenden Anfänger-Geistes ersetzt die vermeintliche Gewissheit religiöser Dogmen. Himmel und Hölle, Gläubige und Ungläubige, Würdige und Unwürdige existieren nur außerhalb des namenlosen Raums der Stille. In diesem Raum wird niemand verdammt und niemand heiliggesprochen – die goldene Harfe kann genauso gut warten wie der rot glühende Dreizack.

In diesem Raum ist Frieden möglich, denn hier zählt nur reines Dasein ohne die Adjektive christlich, muslimisch, buddhistisch, taoistisch, hinduistisch, jüdisch oder naturreligiös. Wir müssen unser Ego nicht mit irgendeinem Etikett versehen und haben somit nichts zu verlieren und nichts zu verteidigen. Mit unserer Meditation bauen wir eine Brücke zum anderen, den wir ebenso als menschliches Wesen wie uns selbst wahrnehmen, ohne ihn in irgendeine Schublade unseres religiösen Weltbildes einordnen zu müssen. Wir wissen, dass dieser Mensch vom gleichen Geheimnis des Lebens durchdrungen ist wie wir und dass dieses Geheimnis sich jeder Bezeichnung entzieht.

Hazrat Inayat Khan bringt diese freundlich zugewandte Toleranz auf den Punkt:

»Jeden Menschen als einen Tempel Gottes behandeln heißt, alle Religionen zu erfüllen.«[67]

Das, was das Leben wahrhaft lebendig macht, ist für unsere Alltags-Augen meist unsichtbar. Meditation dient dazu, dieses Unsichtbare erfahrbar zu machen. Diese Erfahrung lässt uns schweigend und leise lächelnd zurück. Dann können wir die Welt und unsere Mitmenschen mit einem frischen und unverstellten Geist betrachten, in dem jeder Moment neu ist, in dem jeder Moment eine Ewigkeit währt, in dem Frieden die einzige Option darstellt.

In diesem Bewusstsein kommt uns das Göttliche so nah, durchdringt uns so sehr, dass wir spüren, wie alles mit uns verwandt ist. Wir spüren die eigene Identität mit dem Heiligen ebenso wie die Identität eines jeden lebenden Wesens. Es ist so, als würden wir in der Meditation einer Empfehlung von Daniel von Czepko, einem Dichter und Zeitgenossen Angelus Silesius', nachkommen: »Mensch, kleide dich in Gott: Gott will sich in dich kleiden. So wird dich nichts von Ihm, auch Ihn von dir nicht scheiden.«[68]

Und – so möchte ich hinzufügen – auch andere werden sich nicht mehr von uns unterscheiden. Jedenfalls nicht, was ihr innerstes Wesen angeht.

Wir sehen also, dass ein meditativer Geist weit mehr ist als die Fähigkeit, auf einem Kissen zu sitzen, ruhig zu atmen und im Beisein anderer Meditierender anstandsweise die Darmwinde zu kontrollieren. Vielmehr lassen wir uns in die *unio mystica* fallen, die mystische Einheit, die uns mit uns selbst, mit der Welt und dem Göttlichen in ihr verbindet.

Mit einem Wort still werden

Ich möchte Ihnen an dieser Stelle nun eine Meditationsübung vorstellen, mit der ich selbst sehr gute Erfahrung gemacht habe und zu der ich auch viele positive Rückmeldungen von Klienten und Seminarteilnehmern bekommen habe. Sie hat ihre Ursprünge bei den Wüstenvätern und bei Johannes Cassian und bietet den Vorteil, dass sie den Gedanken, die während einer Meditation unweigerlich auftauchen und uns von dem gänzlichen Eintauchen abhalten, einen sanften Impuls entgegensetzt. Einen Impuls, der die Gedanken nicht unterdrückt und gewaltsam überwindet, sondern der sie sanft vorbeiziehen lässt. Es ist die Meditation mit einem Gebetswort. Dieses Gebetswort sagen Sie während Ihrer Meditationszeit in Gedanken vor sich hin, am besten verbunden mit dem Ausatmen. Sie wiederholen das aber nicht während ihrer ganzen Meditationszeit wie ein Mantra, sondern verbringen ein paar Minuten mit dem Wort, lassen es dann leiser werden (beziehungsweise lassen zu, dass es von selbst leiser wird) und gebrauchen es nur dann wieder, wenn Sie feststellen, dass Sie von Ihren Gedanken abgelenkt werden. Dann sprechen Sie das Wort wieder ein paar Mal, während Sie ausatmen, und kehren langsam zur inneren Stille zurück.

Das Gebetswort, das ich Ihnen empfehlen möchte, lautet *Abwûn* (im englischsprachigen Raum auch *Abwoon* geschrieben) und wird Abwun ausgesprochen, mit Betonung auf dem langen U-Laut. Zuerst einmal ist es ein sehr schöner und sehr weicher Klang, der sich fast von selbst mit der Ausatmung verbindet. Und darüber hinaus hat es eine recht interessante Bedeutung, die mir gerade in unserer Zeit wertvoll erscheint. Abwûn ist ein aramäisches Wort, das am Anfang des Vaterunsers steht, wenn man es aus dem griechischen Urtext des Neuen Testaments in die Sprache zurückübersetzt, die Jesus tatsächlich gesprochen hat. Das ist zugegebenermaßen wissenschaftlich etwas fragwürdig, aber wenn wir davon ausgehen, dass Jesus dieses Gebet gesprochen hat, dann hätte er es mit »Abwûn d'baschmâja« begonnen, »unser Vater im Himmel«. Was Abwûn so interessant macht, ist, dass es neben der Bedeutung »Vater« (sowohl im leiblichen als auch im spirituellen Sinn) auch noch Mutter (ebenso in zwei Bedeutungszusammenhängen), Kosmos, Urgrund, Leben und Atem bedeuten kann.[69] Man kann sich das Aramäische also ungefähr so vorstellen wie die westfälische Mundart, in der es auch für ein und denselben Begriff unterschiedlichste Bedeutungen gibt. Wenn wir hier zum Beispiel von einem kleinen an irgendetwas befestigten Gegenstand sprechen, den man kaum greifen kann und von dem auch der offizielle hochdeutsche Name mehrheitlich unbekannt ist, dann sprechen wir von einem »Pinnöckel« oder auch einem »Pinnörkel«. Der Schiebergriff an einem Reißverschluss (diesen Begriff musste ich wirklich erst einmal googeln) ist ein klassisches Beispiel für einen Pinnöckel. Aber auch der Drücker an einem Kugelschreiber oder die kleinen, knubbeligen Antennenfortsätze an Handys aus der Steinzeit sind Pinnöckel. Ich denke, Sie verstehen, was ich meine.

Genauso können wir uns das Wort Abwûn vorstellen: Ein Begriff für eine Vielzahl nicht genau fassbarer Aspekte der Wirklichkeit. Unsere Herkunft, unser Weg, unser Ziel, die Basis unseres Seins, das Eine, woraus sich alles entfaltet, das Leben selbst, Gott als Grundprinzip der Existenz, die heilige Verbindung aus Weiblichem und Männlichem, der Ursprung des Universums – all das ist Abwûn.

Und in dieses Abwûn geben wir uns in der Meditation vertrauensvoll mit jedem Atemzug hinein. Wir sinken hinab in das Abwûn, hinab in das Mysterium, immer mehr in die Tiefe der Welt und in unsere eigene Tiefe. Wir tauchen hinab in das Menschsein, dorthin, wo weder Masken noch Rollen, weder Konzepte noch Theorien eine Rolle spielen. Dorthin, wo wir einfach sein können – gemeinsam mit allem, was ist.

Diese Meditationsform ist nun etwas, mit der Sie durchaus eine regelmäßige Praxis aufbauen können, wenn Sie mögen. Vielleicht können Sie morgens, wenn noch alles still ist, eine Viertelstunde erübrigen, um der Welt auf diese Weise nahezukommen; vielleicht ist es abends für Sie einfacher, wenn Sie mit Ihren Aktivitäten langsam zur Ruhe kommen. Probieren Sie einfach aus, wann es für Sie passend ist, und meditieren Sie dann täglich zu ungefähr derselben Zeit eine Viertelstunde bis zu einer halben Stunde.

Übung:

Abwûn-Meditation

Setzen Sie sich aufrecht, aber bequem hin. Sie können ein Meditationskissen, ein Meditationsbänkchen oder einfach einen Küchenstuhl benutzen. Schließen Sie sanft Ihre Augen und lassen Sie mit ein paar tiefen und gern auch geräuschvollen Atemzügen alle Anspannungen in Ihrem Körper und Geist los. Atmen Sie dann ganz normal weiter, wobei es vollkommen wurscht ist, ob Ihr Atem schnell, langsam, tief oder flach geht. Beobachten Sie Ihren Atem einfach nur, folgen Sie ihm, ruhen Sie mit Ihrer Aufmerksamkeit ganz leicht auf dem Atem.

Stimmen Sie sich auf die Stille ein, lassen Sie mit und in der inneren Stille gleichsam Raum entstehen, in dem das Göttliche Platz hat.

Bei jedem Ausatmen lassen Sie nun gedanklich das Wort Abwûn erklingen, ganz so, als ob das Wort mit Ihrem Ausatmen entsteht. Einatmen, ausatmen: »Abwûn«, einatmen, ausatmen: »Abwûn« … und immer so weiter.

Wenn Sie spüren, dass Sie innerlich ruhiger, gelassener, offener werden, können Sie das Wort leiser werden (vielleicht wird es das auch ganz von selbst) und letztlich ganz verschwinden lassen. Wenn Gedanken, Gefühle oder auch körperliche Symptome wie schmerzende Beine oder ein schmerzender Rücken auftauchen, lassen Sie diese Erfahrungen und Empfindungen einfach wie Wolken an einem blauen Himmel an Ihnen vorüberziehen und kehren sanft zu Ihrem Wort »Abwûn« zurück.

Sie können ganz einfach sein – ohne sich selbst als irgendetwas oder irgendjemand bewerten zu müssen.

Einfach als Mensch da sein! Als Mensch, der in sich wertvoll und liebenswert ist, ohne dass er irgendeine Leistung erbringen müsste.

Sie können schlicht als der wertvolle und einzigartige Mensch, der Sie sind, in dieses tiefe, unergründliche Abwûn eintauchen, ein Teil von Abwûn sein, Abwûn atmen, Abwûn leben.

EINFACH SO.

Es wird Tage geben, da geschieht dieses Eintauchen fast von selbst, Ihre Übung führt Sie – um mit den klassischen Begriffen der christlichen Mystik zu sprechen – durch die Meditation (als aktive Passivität) zur Kontemplation (als reine Passivität und reines Geschehen-Lassen).

Es wird aber auch Tage geben, an denen das nicht so reibungslos funktioniert, weil Sie innerlich zu unruhig sind, der Nachbar gerade die Badezimmerfliesen von den Wänden drischt oder Sie immer wieder an die Rechnung von Ihrem Zahnarzt denken müssen. Bleiben Sie einfach geduldig. Niemand erwartet irgendetwas von Ihnen. Bis Meditation als olympische Disziplin anerkannt wird, werden wohl noch einige Jahrzehnte ins Land gehen.

Da ich mir ja selbst über lange Zeit mit meinen Erwartungen bezüglich der Meditation ein Bein gestellt habe, erfasst mich stets großes Mitgefühl mit denjenigen meiner Seminarteilnehmer, die mir zwei Wochen nach dem Kurs eine Mail schreiben und sagen: »Also, ich mache wirklich überhaupt keine Fortschritte!«

Ich erzähle dann gerne von Rowan Williams, dem ehemaligen Erzbischof von Canterbury, der sich der christlich-mystischen Meditationsgemeinschaft, in der ich damals aktiv war, verbunden fühlte und auch die dort übliche Meditationsmethode praktizierte. Williams wurde interviewt – ich weiß nicht mehr, ob es für eine Zeitung, das Radio oder das Fernsehen war –, und der Interviewer fragte irgendwann, wie lange er denn jeden Tag bete. Williams sagte ganz lapidar: »Eine Minute«, was den Interviewer vollkommen sprachlos machte. Er hatte wohl erwartet, dass der ehrwürdige Erzbischof von Canterbury mindestens acht Stunden am Tag in einer zugigen Kapelle auf Knien verbringen würde, um für das Seelenheil seiner zahlreichen Schäfchen zu beten. Während der Interviewer noch mit Schnappatmung zu kämpfen hatte, erläuterte Williams seine Antwort: »Aber ich brauche meist mindestens 29 Minuten, um zu dieser einen Minute des Gebets zu gelangen.«

Rowan Williams ist ein weiser und warmherziger Mann, dessen Mitgefühl auch sich selbst einschließt. Manchmal quälen wir uns unruhig durch unsere Meditationszeit, werden immer wieder abgelenkt und denken, dass das Ganze doch ohnehin keinen Sinn ergibt. Doch wenn wir uns bewusst machen, dass wir ja schon achtsam sind, wenn wir überhaupt bemerken, dass wir abgelenkt werden, können wir ein wenig sanfter uns selbst gegenüber sein. So kommen wir dann doch noch für einen kurzen Augenblick zur Ruhe. Und die Meditationszeit, auch die Zeit eingeschlossen, in der wir nur überlegten, wann wohl endlich unser Timer klingeln und uns von dieser Qual erlösen würde, ergibt eben doch Sinn und ist heilsam für uns.

Ich muss noch einmal auf die ungeliebte Aussage zurückkommen, dass Meditation ein lebenslanger Übungsweg sei. Wenn wir langsam immer weitergehen, jeden Tag, jede Woche, jeden Monat, jedes Jahr und beharrlich bei unserer Praxis bleiben, egal, ob wir diese gerade erfüllend oder grauenhaft langweilig finden, merken wir eines Tages, dass wir gar nicht mehr so oft abgelenkt sind, dass wir stiller werden, dass uns bestimmte Erlebnisse nicht mehr so schnell aufregen, wir die Welt insgesamt entspannter betrachten und in vielen kleinen Dingen das entdecken, dem wir früher als Ideal hinterhergejagt sind: Schönheit, Frieden, Ruhe, vielleicht auch Gott.

So dringen wir langsam zur Gelassenheit vor, eine Qualität, die wir erst richtig verstehen, wenn wir uns den Ursprung des Wortes näher anschauen. Vor Meister Eckhart gab es dieses Wort gar nicht. In seinem Ringen darum, das auszudrücken, was ihn innerlich bewegte, schuf er dieses Wort neu. Was er damit beschreiben wollte, war die Erfahrung, die sich einstellt, wenn wir uns selbst und alle Bilder loslassen. Wir lassen los, wie wir bislang meinten, sein zu müssen – lassen los, wie wir bislang meinten, Gott adäquat beschreiben zu können. So ist die Ge-lassen-heit die Entspannung des Herzens, hinein in einen Moment, der durch pures Potenzial gekennzeichnet ist. Aus diesem Moment kann alles entstehen.

Betende Rocker und ein Esel namens Harley –

Unsere Vorurteile und die Heiligen des Alltags

Meditation ist wie gesagt kein Instant-Rezept. Bis sie unser Herz so weit geöffnet hat, dass wir die Welt mit neuen Augen betrachten, kann eine gewisse Zeit vergehen (auch wenn es durchaus tiefe Erkenntnisgewinne gibt, die in Bruchteilen von Sekunden geschehen). Doch da das Universum ein freundlicher Ort ist, bekommen wir auf unserem Weg alle nur erdenkliche Unterstützung: Immer wieder kommen wir in Situationen, die unser gewohntes Denken herausfordern, uns unsere Vorurteile vor Augen führen und uns letztlich in ein neues Handeln führen.

Das ist wohl das, was man im Christentum Gnade nennt.

Vor einigen Jahren war ich am Ostersamstag in einer fremden Stadt unterwegs. Ich hatte Freunde besucht und wollte mich gerade auf den Rückweg machen, als ich an einem recht seltsamen Laden vorbeikam. Ein dunkler Schuppen, in den Schaufenstern

Südstaatenflaggen, kitschige Indianerbüsten, Motorradstiefel und jede Menge Silberschmuck mit Türkisen. Da ich eine Vorliebe für den abwegigen Einzelhandel hege (und musikalisch auch Southern Rock und gutem Country nicht abgeneigt bin), folgte ich meinem spontanen Impuls, parkte mit meinem Kleinwagen zwischen lauter aufgemotzten Motorrädern und betrat den Laden. Einfach so aus Neugier. Die Türklingel bimmelte, und augenblicklich kam ich mir vor, als hätte ich einen Western-Saloon betreten, in dem der Klavierspieler just im Augenblick zu klimpern aufgehört hat. Ich denke, ich war unzweifelhaft als Nicht-Rocker zu erkennen, was erst einmal für ein wenig Erstaunen bei den Anwesenden sorgte. Dann fiel mein Blick auf die beiden Typen hinter dem Tresen, die wohl die Besitzer waren. Sie sahen aus wie Grizzlybären in Lederhosen. Muskelbepackte Riesen mit ZZ-Top-Bärten und flächendeckenden Tätowierungen bis zu den Fingerknöcheln, dazu schwere Silberringe mit Totenkopfmotiven. Ich hatte immer gedacht, ich sei muskulär ganz gut in Schuss, doch gegenüber diesen Typen fühlte ich mich wie ein Fünftklässler, der zu seiner großen Überraschung beim Profi-Wrestling mitmachen darf.

Mittlerweile dachte ich im Stillen, dass es vielleicht doch keine so gute Idee gewesen war, meiner Neugier zu folgen. Vielleicht wollten die freundlichen Totschläger ja lieber unter sich bleiben, und ich sollte einfach machen, dass ich schleunigst wieder verschwand. Ich war schon auf dem Rückzug, als einer der beiden Grizzlys hinter dem Tresen hervortrat, mich in seinen lähmenden Axtmörder-Blick fasste und mich mit einer tief dröhnenden Bass-Stimme ansprach:

»Guten Morgen und frohe Ostern. Möchtest du ein Stück Kuchen? Wir haben gerade welchen gebacken …«

Was zum Henker …? Spielten mir meine Stresshormone einen Streich oder hatte er das tatsächlich gefragt? Er hatte. Und jetzt kam er mit einer Platte frisch aufgeschnittenem Marmorkuchen herüber und bot mir ein Stück an. Das Zeug war verdammt lecker – offenbar hatten die Herren nicht nur ein Händchen für das Herumgeschraube an Vergasern und Zylinderkopfdichtungen, sondern auch für feinste Rührkuchen.

Nachdem ich mich etwas gefangen hatte, kamen wir recht schnell ins Gespräch – und ich muss sagen, dass ich selten so liebe Leute getroffen habe. Ich machte aus meiner anfänglichen Befangenheit und meiner Überraschung ob der Backkünste keinen Hehl, was die beiden Grizzlys dazu veranlasste, in schallendes Gelächter auszubrechen. Sie freuten sich, dass es mir schmeckte, und wir unterhielten uns über Ostern, über Jesus, über Marmorkuchenrezepte und über das Bild, das viele Menschen (mich bis eben gerade noch eingeschlossen) sich über den Laden und seine Besitzer machten. Es war spannend, ihre Meinung zum Karfreitag und zum Ostergeschehen zu hören. (Man kann ja heute schon froh sein, wenn Menschen nicht denken, dass an Ostern ein eierlegender Hase gefeiert wird.) Für sie war Jesus einfach ein Rebell – und ich denke, sie hätten es durchaus plausibel gefunden, wenn der Esel, auf dem der Heiland nach Jerusalem eingeritten war, auf den Namen »Harley« gehört hätte. Der Karfreitag war für sie der Tag, an dem das System sich eines unbequemen Störenfrieds entledigt hatte, der durch seine bloße Anwesenheit die herrschende Machtpyramide auf den Kopf zu stellen versucht hatte. Ostern war dagegen das Symbol dafür, dass man eine Botschaft, deren Zeit gekommen ist, nicht mehr unterdrücken kann. Sie glaubten nicht an den auferstandenen »The Walking Dead«-

Jesus,[70] aber sie glaubten sehr fest daran, dass seine Botschaft der Nächstenliebe und des Reichs Gottes mitten unter uns unsterblich ist. Das alles war mir – neben dem Kuchen – sehr sympathisch, denn ich hatte der Vorstellung einer leiblichen Auferstehung noch nie viel abgewinnen können. Für mich ist die wahre Auferstehung der Moment, in dem Jesus sagen kann: »Ich und der Vater sind eins!«[71] Diese mystische Erkenntnis der Einheit mit allem, was ist, lässt uns alle auferstehen – zu dem, was wir wirklich sind: ein Teil dieser Welt! So wie jeder Mensch, jeder Baum, jedes Tier, jeder Berg, jeder Grashalm, jeder Stern und jede Wolke ein Ausdruck der göttlichen Gegenwart ist, so war das auch der Zimmermann aus Nazareth, nur war ihm das – im Unterschied zu den meisten Menschen – völlig bewusst. Deshalb ist sein Beispiel so wertvoll für uns, ganz gleich, ob wir spirituelle Autoren oder betende Rocker sind. Wenn die Einheit tatsächlich gespürt wird, dann wird das Wort »Gott« zu einer Beschreibung eines lebensverändernden Ereignisses. Eine echte Epiphanie!

Wie Rumi sagt:

»Gesegnete mögen äußerlich altern,
innerlich werden sie jung.
Sie *leben* die Auferstehung.

Ihr Innerstes
Ist die Liebe eines Seelenführers.
Dort lebt Gott.«[72]

Ein ähnliches Gespräch hatte ich mal mit Laurence Freeman, dem Leiter der *World Community for Christian Meditation* (WCCM), der mir ganz offen gestand, dass ihm als katholischem Priester vor allem die Inkarnation Gottes (das Leben Jesu) wichtig war und nicht Jesu Tod und Auferstehung. So sehe ich das auch. Wäre Jesus 85 geworden und friedlich im Kreis seiner Kinder und Enkel gestorben, würde das für mich die Bergpredigt nicht weniger wertvoll machen. Die in christlichen Kreisen gän-gige Sünde-und-Erlösungs-Theorie, die dazu geführt hat, dass Karfreitag (Folter und Tod) in manchen Gemeinden als höchster Feiertag begangen wird, und nicht etwa Weihnachten (Geburt des Lichts), ist für mich eine sehr seltsame Verzerrung, mit der ich mich gar nicht anfreunden kann.

Ein solches Gespräch mit Laurence Freeman zu führen, hatte ich durchaus erwartet, aber hier, mit ein paar Motorradfreaks, war ich doch recht überrascht darüber. Und gleichzeitig war ich leicht beschämt, mir eingestehen zu müssen, dass ich gewisse Vorurteile mit mir herumschleppte, während die bärtigen Riesen mich vorbehaltlos aufnahmen, ihren Glauben und sogar ihren Marmorkuchen mit mir teilten.

Hier hatte ich – im Gegensatz zu manchen Gemeinden, die ich im Verlauf meines Lebens kennengelernt hatte – den Eindruck, dass alles, was sie sagten, durch und durch echt war. Hier wurde nichts vor sich hergetragen, damit alle sehen konnten, wie heiligmäßig man war. Hier wurde auch nicht darüber debattiert, was man glauben dürfe, was man glauben müsse und was absolut nicht glaubenskonform sei. Hier war der Glaube authentisch und ungekünstelt – und jeder durfte so sein, wie er eben war. Selbst ich, der bei ZZ Top noch nicht einmal einen Job als Kabelträger bekäme.

Ein Gespür für das Echte

Oft scheint es so, als hätten besonders die Menschen, die eher am Rande unserer Gesellschaft stehen, ein Gespür für dieses Echte. Das mag daran liegen, dass sie dem üblichen Maskenball der Eitelkeiten skeptisch gegenüberstehen, vielleicht weil sie versucht haben mitzumachen, um dann irgendwann festzustellen, dass sie dabei nicht mithalten können oder wollen. Möglicherweise haben sie aber auch ein angeborenes Talent, sich fern des Unechten zu halten. Am wahrscheinlichsten ist, dass sie das Leben sowohl durch Leid als auch durch Liebe zu diesem Echten geführt hat, und sie nun wissen, dass man nicht wirklich lebt, wenn man sich versteckt. Vielleicht hatte Hafis ähnliche Erfahrungen im Sinn, als er im 14. Jahrhundert folgende Zeilen schrieb:

»Der Frömmler in seinem Hochmut fand nicht die rechte Bahn,
doch der Zecher in seiner Bedürftigkeit fand das Paradies!«[73]

Während meines Studiums habe ich viel nachts gearbeitet, vor allem in Kneipen und an Nachttankstellen, beides Orte, an denen man die verrücktesten Gestalten trifft. Eine Stammkundin an der Nachttankstelle war beispielsweise eine über 60-jährige Frau, die seit 40 Jahren auf den Straßenstrich ging. Als diese ältere Dame das erste Mal mit einer unfassbar rauen Stimme eine Flasche Korn, eine Großpackung Kippen und zwei Schachteln Kondome verlangte, fiel nicht nur mir die Kinnlade herunter, sondern auch allen anderen Kunden, die hinter ihr warteten. Bevor sie in ihrem geräumigen Ford auf dem Parkplatz des Gemüse-Großmarktes anschaffen ging, kam sie immer in der Tankstelle vorbei, und wir wechselten ein paar Worte. Wenn sie Feierabend machte, meist so gegen vier oder fünf Uhr morgens, kam sie noch einmal vorbei. So sahen wir uns ziemlich regelmäßig, und ich freute mich schon immer richtig auf ihre Kondom-Bestellung, denn die Gesichter der anderen Kunden waren einfach unbezahlbar. Sie wollte damit keineswegs provozieren, sondern stand einfach ganz zu sich und dem, was sie tat. Ich glaube, dass ich von ihr weit mehr gelernt habe, als die Universität mir zu dieser Zeit beibringen konnte.

Dieses Ehrliche und absolut Echte wurde mir nochmals in einem ganz anderen Zusammenhang vor Augen geführt, und zwar als ich meinen Kindern das Buch »Der kleine Kuschelhase« von Margery Williams vorlas. 1922 veröffentlicht, avancierte das Buch in den USA zu einem echten Klassiker, das seinen Widerhall in unzähligen Kindertheater-Aufführungen, aber auch im Radio und später im Fernsehen fand. Hierzulande ist es leider eher unbekannt, und ich glaube, momentan gibt es nicht einmal eine deutsche Ausgabe. Wirklich schade, denn das Buch ist eine sehr lehrreiche Geschichte, nicht nur für Kinder, sondern auch (oder vielleicht gerade) für Erwachsene. Es geht um einen kleinen Stoffhasen, der zu Weihnachten einem Kind geschenkt wird, doch erst einmal in Vergessenheit gerät, weil das mechanische Spielzeug so viel interessanter ist. Nach und nach ändert sich aber das Verhältnis des Kindes zu dem kleinen Hasen, und irgendwann ist er das Lieblingsspielzeug, das überall mit hingeschleppt wird. Eines Tages liegt der kleine Stoffhase im Kinderzimmer neben einem älteren Spielzeugpferd, das ihm das Geheimnis verrät, wie Stofftiere echt werden können … Es erzählt ihm vom »Kinderzimmerzauber«, der geschieht, wenn ein Kind ein Spielzeug wirklich liebt und in ihm mehr sieht als ein Objekt. Der kleine Hase macht sich Sorgen, ob das wehtue, und das Pferd bejaht. Manchmal tue das schon weh, denn wirklich echt würde ein Spielzeug meist nur, wenn es ganz alt, abgewetzt, kaputt geschmust und zerschunden sei. Wenn schon ein Ohr fehle oder ein Auge, wenn die Füllung ihm aus dem Fell quille oder seine Gelenke ganz ausgeleiert seien. Aber dann würde man echt. Und was einmal echt gewesen sei, könne nie wieder unecht werden.

Ein wunderbares Buch und eine großartige Metapher für das Leben. Manchmal tut es weh, echt zu sein! Wir werden vom Leben nicht geschont, werden hierhin und dorthin gezerrt, werden verletzt, zerbrochen, dann wieder geborgen und geliebt. Uns werden Narben zugefügt, wir werden ein bisschen zerbeult, es entstehen Risse in unserem Herzen – und dies alles macht uns echt. Es macht uns zu den Menschen, die wir sind.

Von der schottischen Band *Frightened Rabbit* gibt es einen Song namens »Holy«, der sich um Scheinheiligkeit und echte Heiligkeit dreht und in dem man folgende Zeilen findet:

»I don't mind being lonely - Leave me alone -
You're acting all holy - Me, I'm just full of holes ... I could dip
my head in the river - Cleanse my soul -
I'd still have the stomach of a sinner - Face like an un-holy ghost ...
Don't care if I'm lonely - It feels like home -
And I'll never be holy - Thank God I'm full of holes ...«[74]

(Es interessiert mich nicht, dass ich alleine bin. Lass mich nur alleine. Ihr benehmt euch so heilig. Und ich, ich bin einfach voller

Löcher. Ich könnte meinen Kopf in den Fluss halten, meine Seele reinigen. Ich hätte immer noch den Bauch eines Sünders, das Gesicht eines unheiligen Geistes. Es macht mir nichts aus, dass ich alleine bin. Es fühlt sich an wie ein Zuhause. Und ich werde niemals heilig sein. Gott sei Dank bin ich voller Löcher …)

Diese Löcher sind es, durch die das Heilige hindurchscheint. Das Stofftier wird kaputt geschmust und erhält zunehmend ein löchriges Äußeres. Wir werden vom Leben durch die Mangel gedreht und durchlöchert. Wenn wir uns gegen unsere eigene Echtheit wehren, dann versuchen wir diese Löcher auf die eine oder andere Weise zuzustopfen. Wenn wir zu unserer Echtheit stehen, dann lassen wir andere diese Löcher sehen, tragen sie mit Stolz. Wir sind dann freundlich gegenüber unserer Verletztheit, Einsamkeit, Verwirrtheit und der manchmal fehlenden Zugehörigkeit. Mit dieser Freundlichkeit können wir uns dann auch anderen zuwenden, denn wir werden nicht mehr nur von unseren Vorurteilen beherrscht – die nichts als Abwehrreaktionen gegen das Echte sind –, sondern können in unseren Mitmenschen die Alltagsheiligen entdecken, die sie tief in ihrem Inneren sind.

Die folgende Übung richtet den Fokus auf ebendiesen inneren Wert, den wir alle miteinander teilen, auf das echte, menschliche Sein in aller vollkommenen Unvollkommenheit – und ebenso auf die grundlegende *Verwandtschaft in Gott*, die uns mit allen anderen Wesen verbindet, deren Grundbedürfnisse sich gar nicht so sehr von den unsrigen unterscheiden.

Übung:

Tat Tvam Asi

Tat Tvam Asi ist eine Formulierung, die aus dem Hinduismus stammt. Im Wesentlichen bedeutet sie »Das bist du« oder deutlicher »Du bist *all das*«. Diese Worte beziehen sich darauf, dass unser Innerstes mit dem Innersten der Welt identisch ist. Das Wesen der Welt ist auch unser Wesen, oder anders ausgedrückt: Das Wesen Gottes findet sich in uns und in allem, was ist.

Wir können diese Worte vor uns hin sagen, wenn wir in Situationen geraten, in denen wir uns unwohl fühlen, wenn wir Menschen begegnen, mit denen wir üblicherweise keinen Umgang haben, oder mit diesen Worten auch unsere Meditationssitzungen abschließen, wobei wir uns bewusst machen, dass alles, was uns nun nach unserer

Meditation begegnet, in tiefstem Sinne mit uns verwandt ist. Wenn Ihnen das zu exotisch scheint, können Sie natürlich auch einfach in entsprechenden Situationen denken: »Genau wie ich!« Das kommt letztlich auf dasselbe heraus.

Genau wie ich möchte dieser Mensch seinen Lebensunterhalt verdienen.

Genau wie ich hat dieser Mensch Angst.

Genau wie ich möchte dieser Obdachlose seine Würde behalten.

Genau wie ich möchte dieser Flüchtling ein Dach über dem Kopf.

Genau wie ich möchte diese Prostituierte geliebt werden.

Genau wie ich möchte dieser Mensch seine Familie versorgen.

Genau wie ich möchte dieses Tier keinen Schmerz erleiden.

Genau wie ich möchte alles leben.

Probieren Sie in verschiedenen Alltagssituationen mit diesem Gedankenspiel (das eine tiefe Wahrheit ausdrückt) herum. Erkunden Sie Ihre innere Verwandtschaft zu allen Lebewesen und achten Sie auf die Ähnlichkeit unser aller Wünsche und Hoffnungen. Diese Verwandtschaft zu entdecken, bedeutet auch, uns selbst zu entdecken, uns in Beziehung zur Welt zu setzen, uns einzulassen und so auch auf diese Weise immer echter zu werden. Echt in Hinblick auf unsere tiefe Zugehörigkeit zur Welt. Echt als empfindungsfähiges Wesen inmitten eines Kreises weiterer empfindungsfähiger Wesen, die mit uns auf dieser großen Reise durch das Geheimnis des Lebens sind.

David Whyte legt in seinem Gedicht »Self-Portrait« den Schwerpunkt genau auf dieses Echte:

»Es interessiert mich nicht,
ob es nur einen Gott gibt, oder viele Götter.
Ich möchte wissen, ob du dazugehörst
oder dich verlassen fühlst.
Ob du Verzweiflung kennst
oder sie in anderen erkennen kannst.
Ich möchte wissen,
ob du bereit bist, in dieser Welt zu leben,
die so sehr deines Wandels bedarf.
Ob du mit festem Blick zurückschauen
und sagen kannst: Hier stehe ich.«[75]

Kneipen, Nachttankstellen, 24-Stunden-Kioske, Trinkhallen, Hauptbahnhöfe, Zwölf-Schritte-Programme, Notaufnahmen, Obdachlosenunterkünfte ... – manchmal glaube ich, dass Gott einen ziemlich eigenartigen Sinn für Humor hat, denn an diesen Orten scheint »er« sich für mich viel öfter zu zeigen als in Kirchen, Klöstern, Tempeln oder Moscheen. Vielleicht ist das für alle Zweifler ein Hinweis, wie wirklich Gott ist, wie sehr er die Wirklichkeit durchdringt: Er ist dort lebendig, wo das Echte nicht gefürchtet wird. Das ist wohl auch der Grund, warum so viele Menschen das Göttliche eher in der Natur wahrnehmen als in sakralen Gebäuden. Während Letztere errichtet wurden, um einem gewissen Zweck zu dienen, ist die Natur aus sich selbst heraus schon immer zweckfreies, liebendes und echtes Gebet, eine echte Verbindung gewesen.

Verrückte Hunde und das Buch der Natur –

Die große Zugehörigkeit entdecken

Für viele Menschen ist ein Heiliger jemand, der anderen selbstlos dient, sich aufopfert, sich selbst hintanstellt und dessen einziger Lohn die Liebe Gottes ist. Das mag alles zutreffen, aber für mich ist ein Heiliger vor allem eines: jemand, der auf das Wesentliche verweist! Auf das, was die Welt und uns im tiefsten Kern ausmacht. Das ist einer der Gründe, warum auch oft die Natur als heilig betrachtet wird. Nicht nur, weil sie als Schöpfung in sich wertvoll ist und unsere einzige Lebensgrundlage bildet, sondern auch, weil wir hier innerhalb kürzester Zeit zum Wesentlichen zurückgeführt werden. Zu diesem Echten, von dem ich schon im vorigen Kapitel sprach und was für uns meines Erachtens lebensnotwendig ist. Schon Henry David Thoreau schrieb 1862:

»Ich glaube, dass ich meine körperliche und geistige Gesundheit nur bewahre, indem ich täglich mindestens vier, gewöhnlich jedoch mehr Stunden damit verbringe, absolut frei von allen Forderungen der Welt durch den Wald und über Hügel und Felder zu schlendern.«[76]

Weil in der Natur nicht die Forderungen der Welt (hier verstanden als Gesellschaft) herrschen, kann der Mensch durchatmen und sich wieder in das Gefüge des Heiligen einfinden. Die Natur ist nicht verstellt, gekünstelt und auf Konventionen bedacht. Sie ist gnadenlos ehrlich, durch und durch echt – und offenbart dadurch in einer Weise das Geheimnis des Lebens, wie es selbst unsere größten Kunstwerke und Schriften nicht vermögen. Darauf wurde auch schon ein verblüffter Philosoph hingewiesen, der den Wüstenvater Abbas Antonius fragte, wie er so glücklich sein könne, wo er doch noch nicht einmal heilige Bücher besäße. Abbas Antonius war aber ein schlagfertiger alter Kauz und sagte zu ihm:

»Mein Buch ist die Natur der erschaffenen Dinge, und immer, wenn ich die Worte Gottes lesen möchte, liegt dieses Buch vor mir.«[77]

Leider ist nicht überliefert, wie der Philosoph darauf reagierte, ob er nur den Kopf schüttelte und sich wieder in seinen Elfenbeinturm der Gelehrsamkeit zurückzog oder ob er sich hinsetzte und die Landschaft wenigstens für ein paar Augenblicke auf sich wirken ließ. Wünschen wir ihm einfach Letzteres, denn wie John Muir, der amerikanische Autor, Naturschützer und Mitbegründer des Yosemite-Nationalparks, sagt:

»Wer den Segen eines Gebirgstages empfängt, (…) ist für immer reich, sei sein Leben nun lang oder kurz, stürmisch oder still.«[78]

Ich bin mir sicher, dass er das auch über einen Tag in der Sketischen Wüste[79] gesagt hätte. Oder mir zustimmen würde, wenn ich Ähnliches von Hundespaziergängen behauptete. Das ist ja das

Schöne am Hundehalterleben: Man kommt täglich für mehrere Stunden nach draußen und erlebt Natur. Ob man will oder nicht.

Da regnet es vielleicht schon seit Stunden, und man ist eigentlich froh, dass man ein Dach über dem Kopf hat, aber die Hunde werden langsam unruhig. Dann steht man auf, um sich ein Glas Saft, ein paar Kekse oder andere schreibfördernde Substanzen aus der Küche zu holen, und die Hunde denken: »Aha, es geht los. Ich stelle mich schon mal vor die Haustür und hüpfe auf und ab wie ein Flummi.« Daraufhin blickt man als Hundehalter entsetzt nach draußen und sagt vielleicht so dumme Sachen wie: »Gleich. Sobald es aufgehört hat zu regnen, gehen wir raus.« Wobei die Hunde natürlich nur verstehen: »Blah blah blah … raus!«, und noch wilder auf und ab hüpfen (denn das Wort kennen sie), sich dann aufs Hin- und Herrennen verlegen und einen schier verrückt machen, bis man sich dann doch die Regenjacke anzieht und mit ihnen eine Runde dreht. Und während man in den ersten Minuten des Spaziergangs noch innerlich flucht und sich fragt, warum man sich diese vierbeinigen Irren ins Haus geholt hat, merkt man ein paar Augenblicke später, dass das mit dem Regen doch gar nicht so schlimm ist, die Luft wunderbar duftet und es einfach guttut, draußen zu sein. Dann hört es vielleicht auf zu regnen, und der erste Sonnenstrahl berührt das Gesicht, das plötzlich ganz von allein lächelt.

Wenn man nun wach wird, leer wird und die Welt betrachtet, die sich einem mit grünen Hügeln, Bussarden und Milanen am Himmel, einem Reh am Waldrand, dem Rascheln von Herbstlaub unter den Füßen oder dem leisen Plätschern eines Baches präsentiert, kann man das Gefühl bekommen, Schönheit einatmen zu können. Es gibt kaum etwas Besseres, um zur Ruhe zu kommen und wieder den eigenen Rhythmus zu finden. (Übrigens kann man auch die

»Abwûn-Meditation« mit einem Spaziergang verbinden und so bei jedem Atemzug und jedem Schritt in das einen umgebende, alles durchdringende und belebende Abwûn hineinsinken.)

Das »grüne« Christentum der Kelten

Die meisten der großen Weltreligionen haben sich im Laufe ihrer Geschichte leider nicht sonderlich durch eine gute Beziehung zur Natur hervorgetan. Gerade was unseren Kulturkreis angeht, wird das Christentum eher verdächtigt, eine der Ursachen unseres destruktiven Umgangs mit unserem Planeten zu sein. Zurückgeführt wird dies im Besonderen auf ein bestimmtes Bibelwort und seine dem eigenen Macht- und Gewinnstreben dienliche Auslegung: »Füllet die Erde und machet sie euch untertan und herrschet.«[80]

Dass die Fehlinterpretation dieses Wortes oft zur Rechtfertigung eines gedankenlosen Umgangs mit der Natur und ihrer Ausbeutung herangezogen wurde und dass die Grundhaltung einer Erlöserreligion dazu neigt, die Welt, von der sie erlöst zu werden hofft, nicht wertzuschätzen, ist sicher unstrittig.

Dass es im Rahmen des Christentums aber noch einen gänzlich anderen Zweig gab und gibt, der eine schöpfungszentrierte Sicht lehrt und diese auch praktiziert, ist vielen leider unbekannt.

Die Worte von Abbas Antonius, die ich zu Beginn dieses Kapitels zitiert habe, sind nicht nur für mich eine Quelle der Inspiration. Sie waren es auch schon für den innerhalb des Christentums eingeschlagenen Sonderweg der keltischen Kirche, die sich ab dem späten 2. Jahrhundert in Irland, Schottland und Wales entwickelte und sich später von dort in das heutige Europa und darüber hinaus ausbreitete. Die Verbundenheit, die die keltischen Christen zu den Wüstenvätern verspürten, kann man an Ortsnamen wir Dysert O'Dea (County Clare), Dysart Tola (County Westmeath), Dysart Gallen oder Dysartenos (beide County Leix) und vielen weiteren ähnlich klingenden ablesen. *Dysert* oder *disert* ist ein gälisches Wort für Wüste – und wer jemals in Irland Urlaub gemacht und drei Wochen lang seine Regenjacke nicht mehr ausgezogen hat, wird wissen, dass es dort alles gibt, aber bestimmt keine Wüsten. Diese Ortsnamen gehen auf alte Klöster zurück, die den Wüstenvätern und ihrem Weg großen Respekt entgegenbrachten.

Das keltische Christentum ist im Gegensatz zum oben genannten Bibelwort in bestem Sinne »umweltfreundlich«, auch wenn dieser Begriff in der Entstehungszeit dieser Religion gänzlich unbekannt war und die Haltung eher aus einem ehrfürchtigen Wertschätzen der Schöpfung Gottes geboren wurde. Die positive Einstellung zur Natur resultierte aus einem Gefühl des Eingebundenseins in die Güte der Schöpfung, in die große Feier allen Seins.

So kennt das keltische Christentum zwei Bücher, auf die es sich bezieht: Die Bibel und das Buch der Schöpfung, die Welt der Natur, welche täglich aufgeschlagen und in voller Pracht vor uns liegt – ganz im Sinne von Abbas Antonius und seinen zotteligen Freunden aus der Wüste.

Gerade in Irland verbanden die frühen Mönche das Beste aus zwei Welten – ihrem heidnischen und naturverbundenen Erbe und der neuen Tradition des christlichen Weges – und machten sie wieder zu einer Welt, einer Welt Gottes. Dabei entwickelten sie eine sehr positive Theologie, die oft im Widerspruch zur römisch-katholischen Kirche stand und im Laufe der Jahrhunderte zu einigen Konflikten mit dieser führen sollte.

Jesus wurde nicht primär als Erlöser der Sünder angesehen, sondern als Vollender von Gottes Schöpfung und Vorbild menschlicher Entwicklung. Er war nicht ferner Herrscher, sondern Gefährte, Freund und Lehrer, der auch im Alltag ganz nah war.

Ein schönes Beispiel für diese Sichtweise ist ein Text, der als sogenanntes »Brustschild« von St. Patrick bekannt ist:

»Christus sei mit mir, Christus in mir,
Christus hinter mir, Christus vor mir,
Christus zu meiner Seite, Christus mich zu gewinnen,
Christus mich zu trösten und wiederherzustellen,
Christus unter mir, Christus über mir,
Christus in der Stille, Christus in der Gefahr,
Christus in den Herzen all derer, die mich lieben,
Christus im Munde von Freund oder Fremden.«[81]

»Christus« bezieht sich hier nicht nur auf Jesus von Nazareth als Heilsbringer, sondern auf seine viel elementarere Qualität des ganzen Menschen, der das Göttliche in sich trägt und verwirklicht hat. Eine Qualität, die grundsätzlich jedem Menschen innewohnt.

Betont wurde also die Immanenz Gottes, nicht die Transzendenz. Gott oder das Göttliche war eine inwendige Erfahrung, eine Stimme im Herzen jedes Wesens, die als Wegweiser und Richtschnur für ein gelingendes Leben fungierte. Gott war in seiner Schöpfung gegenwärtig und stand nicht außerhalb von ihr, wie diejenigen, die besonderen Wert auf die Transzendenz legten, annahmen.

Das Göttliche wurde als eine Kraft in allen Elementen, in Steinen, Pflanzen und Tieren wahrgenommen. In der Natur offenbarte sich die Schöpferkraft Gottes. Biblische Parallelen zu diesem heidnischen Erbe gibt es einige: So beschrieb der Prophet Ezechiel die Erscheinung von Engeln, die vier Gesichter trugen – ein Menschengesicht, ein Löwengesicht, ein Stiergesicht und ein Adlergesicht.[82] Auch in der Offenbarung des Johannes findet sich Ähnliches. Dort werden vier Wesen beschrieben, die um den Thron Gottes versammelt sind – ein Löwe, ein Stier, ein Mensch und ein Adler, jeweils mit sechs Flügeln versehen, die innen und außen mit unzähligen Augen besetzt sind.[83] Die, die Gott am nächsten stehen, sind also nicht nur menschenähnliche Wesen, sondern auch tiergleiche Engel! Darüber hinaus liebten die keltischen Mönche besonders die Psalmen. Hier springen die Berge wie Widder, Hügel hüpfen wie Schafe, die Bäume klatschen in die Hände vor Freude und zum Lob des Schöpfers, der alles mit seiner Energie belebt. Alles Geschaffene reflektiert diese nährende Liebe und gibt sie weiter!

Eines der bewegendsten Beispiele für den Glauben an eine aktive Gegenwärtigkeit Gottes in der Schöpfung finden wir wiederum bei St. Patrick:

»Unser Gott ist der Gott aller Menschen,
der Gott des Himmels und der Erde, der Meere und Flüsse,
der Sonne und des Mondes und der Sterne, der hochragenden
Berge und des tiefen Tals, der Gott über dem Himmel,
der Gott im Himmel, der Gott unter dem Himmel.
Er hat seine Wohnstatt überall in Himmel und Erde
und Meer und in all dem, was darinnen ist.

Er inspiriert alles, er regt alles an, er dominiert alles, er erhält alles. Er zündet das Licht der Sonne an; er liefert das Licht des Lichtes; er hat Quellen in das trockene Land gesetzt und Sterne in den Himmel, den größeren Lichtern zu Hilfe.«[84]

In Patricks Zeilen findet sich so viel, dass man ein ganzes Buch darüber schreiben könnte: Erstens ist hier vom Gott *aller Menschen* die Rede, nicht nur von meinem Gott, der deinem Gott überlegen ist und mir deshalb das Recht gibt, dich niederzumetzeln. Ebenso ist es der Gott, der überall ist, nicht nur in meiner Kirche und meiner heiligen Schrift, sondern in jedem Tal, auf jedem Berg, in jedem Fluss.

Was jedoch besonders auffällt, ist, dass alles im Präsens geschrieben ist. Gott hat nicht irgendwann in der Vergangenheit etwas geschaffen und sich danach auf dem Sonnendeck eines Kreuzfahrtschiffes zur Ruhe gesetzt, sondern sendet seine Schöpferkraft jeden Tag neu aus! Die Erde und alles, was auf ihr lebt, ist Ausdruck dieser Kraft. Das heißt, dass jeder kleine Vogel, jedes grunzende Schweinchen, jeder Orang-Utan und jeder Löwe, jeder Straßenköter und jedes Menschenkind ein Werk Gottes ist, eine Manifestation des Göttlichen. Sollte uns dies nicht dazu bringen, die Welt mit anderen Augen zu sehen und dementsprechend zu handeln?

George Herbert, ein anglikanischer Priester und Dichter des frühen 17. Jahrhunderts, fasste diese Sichtweise eines »grünen Christentums« in einem Gedicht wie folgt zusammen:

»Lehre mich, mein Gott und König, in allen Dingen dich zu sehen und alles, was ich tue, zu tun, als wäre es für dich.«[85]

Wenn man in allen Dingen das Göttliche zu erkennen vermag, wird es unmöglich, zerstörerisch oder rücksichtslos zu handeln. Wenn ich Gott liebe, liebe ich die Schöpfung Gottes ebenso. Mit dem, was ich liebe, gehe ich achtsam um. Ich ehre es und möchte es verstehen.

Manche keltischen Mönche sahen die Natur sogar als Gottesbeweis an, da sie glaubten, dass die Existenz Gottes durch die genaue Beobachtung der Ordnung und Schönheit seiner Schöpfung bestätigt werden könne. So schrieb der heilige Columban, der im 6. Jahrhundert das berühmte Kloster auf der Insel Iona gründete:

> »Verstehe die Schöpfung, wenn du den Schöpfer kennen willst … Denn diejenigen, die die weite Tiefe zu kennen wünschen, müssen zuerst die Natur überdenken.«[86]

Eine beseelte Schöpfung

Da das Göttliche in allen Wesen gegenwärtig ist, nimmt der Mensch auch keine Sonderstellung als »Krone der Schöpfung« ein. Auf die Idee, dass Tiere keine Seele haben, wie es die römisch-katholische Kirche immer noch propagiert, wäre ein keltischer Mönch niemals gekommen, denn wie sollte ein Wesen ohne Seele leben können?! Alles, was lebt, ist von Gott beseelt, hat von Gott den Lebensodem eingehaucht bekommen.

Der ehemalige Dominikanerpater Matthew Fox hat den Begriff »Schöpfungsspiritualität« wieder zurück in die kirchliche Debatte gebracht[87] (leider nicht sehr erfolgreich) und auch Seán ÓLaoire, dessen Großvater vielen Nachbarn noch als Druide galt, erkennt das Erbe seiner heidnischen Wurzeln an, das sich auf wunderbare

Weise mit den christlichen Lehren verbunden hat. Wie Sie sich vielleicht denken können, wurden sowohl Fox als auch ÓLaoire mehr oder weniger höflich gebeten, die katholische Kirche zu verlassen, da sich ihre Ansichten nicht mit der offiziellen Lehrmeinung decken.

Doch sogar in der modernen Physik gibt es vermehrt Stimmen, die den Erkenntnissen der Naturreligionen und des frühen keltischen Christentums Respekt zollen. Der amerikanische Physiker Brian Swimme, der selbst indianische Vorfahren hat und daher vielleicht ein wenig für die Belange der Natur sensibilisiert ist, weist nachdrücklich darauf hin, dass die Erkenntnis der Einheit allen Seins unser angestrebtes Ziel sein sollte:

»Die irdische Gemeinschaft als Ganzes muss als unsere Heimat begriffen werden, als Mutterschoß von Schöpferkraft und Leben.«[88]

Die keltische Spiritualität und später das keltische Christentum haben diesem Mutterschoß immer Hochachtung entgegengebracht, haben das Leben als einen Prozess verstanden, an dem *alles* beteiligt ist. Eine Ablehnung des Leibes und der Sinnlichkeit war ihnen fremd. Ebenso die Verteufelung des Weiblichen.

Im Gegenteil wurden Weibliches und Männliches integriert und als gleichwertig erkannt, was sich auch dergestalt auswirkte, dass die ersten keltisch-christlichen Klöster oft Frauen in Leitungsämter einsetzten und sowohl zölibatär lebende als auch verheiratete Geistliche zuließen. Eine Praxis, von der die römisch-katholische Kirche heute noch viel Positives lernen könnte. (Da würde ich doch direkt mein Bewerbungsschreiben fertigstellen.)

Als das römische Reich langsam in seine Bestandteile zerbröckelte, zogen keltische Mönche durch ganz Europa und verbreiteten für eine kurze Zwischenepisode unserer Geschichte ihr Verständnis des Christentums. Der heilige Columban gründete zum Beispiel in Bobbio (Norditalien) ein Kloster, das später einmal von Franz von Assisi besucht wurde und vielleicht Einfluss auf dessen Naturverständnis genommen hat. Schließlich begriff auch Franziskus die Natur als Buch Gottes, konnte der Legende nach sogar mit Tieren sprechen (was vielleicht einfach dafür steht, dass er sich ihnen zuwandte) und erblickte eine Welt voller Brüder und Schwestern. Manche von diesen Geschwistern hatten zwei Beine, andere aber auch vier, sechs oder acht. Und manche hatten auch gar keine Beine, sondern zischelten einfach so durchs Gras.

Franziskus legte ebenso Wert auf den inwendigen Jesus, der uns transformiert und der sich mit den Armen und Ausgestoßenen unserer Gesellschaft identifiziert. Der Super-Jesus, der die Welt wie ein weltlicher Herrscher regiert und in dessen Windschatten wir uns auf der »richtigen« Seite sehen können, interessierte ihn weniger – genauso wenig wie vor ihm schon die Wüstenväter und die keltischen Mönche und Nonnen.

Um diesen geschichtlichen Exkurs zum Abschluss zu bringen: Nach etlichen Querelen setzte sich letztlich doch das römisch-katholische System durch.

In England hielt sich das keltische Christentum bis zur Synode von Whitby im Jahr 664, in Wales überdauerte es bis ins 9. Jahrhundert und in Schottland sogar bis ins 12. Jahrhundert. Die Existenz der keltischen Kirche wurde offiziell 1172 beendet, als die Synode von Cashel das keltische Christentum unter das wieder erstarkte römische System brachte. Und das war's dann vorerst mit dem »grünen Christentum«.

Die Geisteswelt dieser Tradition ist aber weiterhin auffindbar. Mit den Texten der keltischen Mönche und mit den modernen Vertretern einer schöpfungsorientierten Spiritualität[89] können wir uns heute auf einen der sympathischsten Züge des Christentums besinnen: dass Gott Gutes schafft und dass all dies Gute in der Liebe miteinander verbunden ist.

Wir sind nicht allein. Tiere und Pflanzen, das Rauschen der Wälder, schneebedeckte Berggipfel und die Tiefen des Meeres sind Teil dieser durch und durch guten Schöpfung, die uns umgibt, durchdringt und uns zu ihresgleichen zählt.

Sich einlassen auf eine durch und durch gute Welt

Wir sind nun auf unserem kleinen Spaziergang ein wenig abgeschweift, haben aber dafür immerhin die grüne Insel gesehen, die stets einen Besuch wert ist. Und wenn wir jetzt gedanklich wieder zu den vor Freude herumhüpfenden Hunden zurückkehren, die ihre Nasen in westfälische Äcker drücken oder sich von einem vorbeifliegenden Schmetterling völlig aus dem Konzept bringen lassen (»Was? Das bunte Ding kann fliegen? Wieso kann ich das nicht?«), dann können wir uns umsehen, all das in uns aufnehmen, was sich in diesem Moment durch die Natur zeigt, und uns der Worte der *Carmina Gadelica,* einer Textsammlung aus dem 19. Jahrhundert, erinnern:

»Nicht eine Pflanze im Boden,
Die nicht voll Seiner Tugend,
Kein Wesen an Land

Das nicht voll Seines Segens.
Kein Leben in der See,
Kein Geschöpf im Fluss,
Nichts am Firmament,
Das nicht verkündet Seine Freundlichkeit.
Kein Vogel im Fluge,
Kein Stern am Himmel,
Nichts unter der Sonne,
Das nicht verkündet Seine Güte.«[90]

Bei einem meditativen Spaziergang (bei dem man aber auch Bälle werfen darf, damit die vierbeinigen Freunde nicht zu kurz kommen) können wir genau das mit allen Sinnen erfahren: die Güte, die in jedem lebendigen Aspekt der Schöpfung liegt.

Mystik bedeutet nicht etwa völlige Vergeistigung und Abkehr von der sinnlich erfahrbaren Welt, sondern im Gegenteil ein gänzliches Sich-Einlassen. Die Erde ist ein guter Ort und kein Sündenpfuhl, aus dem wir Befreiung anstreben müssten.

Hildegard von Bingen, eine der bekanntesten Gestalten des Mittelalters, von der heute fast ausschließlich Bücher mit ihrem Heilwissen in Buchhandlungen zu finden sind, während ihre mystischen Texte irgendwo verstauben, sagte:

»Der selige Mensch aber zieht sich alles Irdische an. (…)
Sie [die Erde] ist aller Mutter, weil alles, was nur immer Gestalt
und Leben irdischer Natur hat, sich aus ihr erhebt.«[91]

Da es die Erde ist, die für uns das Göttliche wie in einem riesigen Gemälde ausbreitet – in unseren Kindern, in verrückten Hunden, watschelnden Pinguinen, herumschwirrenden Kolibris, in Herden von Gnus und Zebras, im Mount Everest ebenso wie im dänischen Himmelberg, im Pazifik und an den Stränden der Nordsee, in den flinken Blaumeisen, in der Wüste und in so erstaunlichen Wesen wie Seepferdchen oder Oma Kasulke von nebenan – ist sie mit allem, was zu ihr gehört, ein guter Ort. Und ebenso gut ist unser Sinnesapparat, der uns all diese Wunder wahrnehmen lässt.

Wenn wir spazierengehen und den Wind spüren, den Regen oder die wärmende Sonne; wenn wir das Harz der Bäume riechen, die Moospolster befühlen und die pfeilschnellen Eichhörnchen beobachten (während unsere Hunde abermals durchdrehen), dann können wir dankbar sein: für die Welt und für unseren Körper. Stellen Sie sich vor, wir wären reine Geistwesen (es soll ja Leute geben, die so etwas anstreben) ... Kein Geruchssinn, kein Geschmack, kein Gespür, kein Fühlen, keine Küsse, kein Sex, keine Songs von Chris Stapleton,[92] kein Sonntagsessen bei Tante Erna. Wir wären taub für John O'Donohues Worte:

»Möge der Eros der Erde dich segnen.«[93]

Wir wären nicht wirklich, nicht faktisch berührt von den Wundern dieser Welt – und somit weniger gesegnet. Wir könnten nicht einmal mit Hunden durch den Wald rennen, was doch wohl Gottes Entschuldigung für Steuererklärungen und Windows-Updates ist. Wir wüssten den Reichtum, der sich in Abbas Antonius' Lieblingsbuch offenbart, nicht wirklich zu schätzen. Wir wären arm an Erfahrungen, arm an unserer Seele. Wir würden nur schwerlich unseren Platz entdecken und die große Zugehörigkeit erforschen können.

Übung:
Teil des Kreises sein

Gönnen Sie sich einen freien Tag, um eine längere Wanderung in der Natur zu unternehmen. Lassen Sie sich Zeit und schweifen Sie umher, lassen Sie den »Eros der Erde« auf sich wirken. Sammeln Sie dabei ein paar Steine, ein paar Tannenzapfen oder auch kleine Äste, Holz- oder Rindenstücke, die Ihnen auffallen und Sie in irgendeiner Weise ansprechen. Vielleicht finden Sie auch die eine oder andere Vogelfeder oder ein Stück Horn. Suchen Sie sich einen ungestörten Platz in der Natur und legen Sie die gesammelten Gegenstände vor sich in einen Kreis, wobei Sie eine etwa 40 bis 50 cm große Lücke direkt vor sich offen lassen. Setzen Sie sich nun außerhalb dieses

Kreises vor die Lücke und betrachten Sie in Ruhe die vor Ihnen ausgebreiteten Dinge der Natur. Lassen Sie Ihrer Vorstellungskraft freien Lauf. Sehen Sie in dem einen Stein die Welt der Mineralien, die Welt des Festen und Beständigen, die Welt der ruhenden Berge. Sehen Sie in einem anderen Stein ein Symbol für die menschliche Vergangenheit der Steinzeit – versuchen Sie sich die damaligen Menschen vorzustellen, ihren Blick auf die Wunder des Nachthimmels, ihre Ehrfurcht vor den großen Raubtieren dieser Epoche, ihre Kunstfertigkeit, aus Steinen Pfeilspitzen und andere Dinge des täglichen Lebens herzustellen. Vielleicht stellt ein anderer Stein für Sie ein bestimmtes Tier dar oder auch unseren ganzen Planeten. Möglicherweise ist ein Holzstück so geformt wie ein Fisch, ein anderes vielleicht wie ein Vogel oder ein Eichhörnchen. Ein Stück Rinde mag wie ein Bär aussehen, ein Tannenzapfen wie eine Eule. Vielleicht haben Sie eine Eichel oder eine Kastanie in Ihrem Kreis, bei der Sie sich jetzt schon vorstellen können, wie aus ihr eines Tages ein riesiger Baum wird. Seien Sie sich bewusst, dass alle diese Wesen, die in Ihrer Imagination zusammenkommen, verschiedene Ausdrucksformen des einen Lebens sind – oder wenn Sie so wollen: Ausdrucksformen Gottes, Ausdrucksformen des schöpferischen Urgrundes, der nun direkt zu Ihnen spricht, Sie berührt und Verbindung zu Ihnen aufnimmt.

Was auch immer Sie in Ihrem Kreis zusammengetragen haben, was auch immer diese Dinge in Ihnen für Vorstellungen wecken, lassen Sie alles so lebendig wie möglich vor Ihren Augen erscheinen. Vertiefen Sie sich gedanklich und emotional in den Kreis, und dann stehen Sie auf und treten ganz bewusst in die Lücke, die Sie beim Legen des Kreises freigelassen haben. Treten Sie ein in den Kreis des Lebens und fühlen Sie sich willkommen. Setzen Sie sich, als ob Sie mit all diesen Wesen um ein Lagerfeuer sitzen und Geschichten miteinander austauschen würden. Was könnte ein Berg Ihnen erzählen? Was hätte ein Mensch vergangener Epochen Ihnen zu sagen, was ein Bär oder eine Eule? Wie erlebt ein Baum seine Existenz? Und was haben Sie zu berichten? Wie empfinden Sie Ihr Leben?

Seien Sie sich bewusst, dass Sie zu diesem Kreis dazugehören, dass Sie eine ebenso einzigartige Ausdrucksform des Göttlichen sind wie alle anderen Wesen. Verweilen Sie so lange in diesem Rund, wie es sich für Sie gut anfühlt. Befreien Sie dann die gesammelten Gegenstände von den symbolischen Aufladungen, mit denen Sie sie versehen haben, und treten Sie wieder aus dem Kreis heraus. Der Tannenzapfen ist nun wieder einfach ein Tannenzapfen, der Stein ein Stein, das Stück Holz ein Stück Holz. Machen Sie sich bewusst, dass die Gegenstände deshalb nicht weniger wert sind, sondern dass ihr Wert in dem liegt, was sie von Natur aus sind. Legen Sie nun in die Lücke einen weiteren Gegenstand, sodass der Kreis wieder geschlossen ist, und gehen Sie Ihres Weges. Vielleicht wird der nächste Wanderer, der hier vorbeikommt und den Kreis sieht, auf ganz eigene Weise davon berührt und inspiriert werden.

Glückskekse, der verdammte Wandel und andere Unvollkommenheiten –

Zufriedenheit inmitten des Chaos finden

Manchmal scheint das Leben ganz eigene Vorstellungen davon zu haben, was gut für mich ist, ganz gleich, ob das meinen Plänen entspricht oder nicht.

So sitze ich zum Beispiel frohgemut an meinem Schreibtisch, Zeile um Zeile fließt mir aus den Fingern, und ich bin sicher, heute das eine oder andere Kapitel abschließen zu können. Da klingelt es an der Tür, die Hunde flippen vollständig aus (der Große, weil er jede Störung in seinem Königreich persönlich nimmt, und die Kleine, weil sie zwar keine Ahnung hat, worum es geht, aber fröhlich jeden Blödsinn mitmacht), und der Postbote überreicht mit freudestrahlend einen Brief vom Finanzamt. Kann ich jetzt noch »Fass!« sagen – und würde das etwas bringen? Wohl eher nicht.

Also nehme ich den Brief entgegen, öffne ihn, und mein Magen wird aufgrund des Gedankens, dass ich wieder einmal ganz alleine die Bundesrepublik finanzieren soll, zu einem glühenden Klumpen. Eben noch inspiriert wie Charles Bukowski bei einem Brauerei-Besuch, fühle ich mich jetzt wie ein Galeerensklave, der sich zum Takt eines unbarmherzigen Finanzbeamten die Seele aus dem Leib schuftet. Unter Umständen kennen Sie dieses Gefühl (und ich bin doch nicht der Einzige, der die Bundesrepublik finanziert) und können nachvollziehen, dass mein Tag nun gelaufen ist.

Da sitze ich also und überlege fieberhaft, wie ich die lächerlich hohe und völlig ungerechtfertigte Summe aufbringen könnte, aber das einzige Geld, das in den nächsten Wochen auf meinem Konto landen wird, ist das Honorar eines Verlages, das ich schon für einen kleinen Urlaub verplant habe. Ich tue noch einige Minuten mehr oder weniger überzeugend so, als würde ich mir Alternativen überlegen, weiß aber jetzt schon ganz genau, dass es diese nicht gibt. Den Urlaub kann ich also vergessen und werde stattdessen das Geld lieber in Bankenrettungen und Bundeswehreinsätze am Hindukusch investieren. Warum auch nicht?!

Trübsinnig schlurfe ich durchs Haus und bin überzeugt, nie wieder auch nur eine Zeile schreiben zu können. Die Luft ist raus, das war's. Dabei trete ich aus Versehen (obwohl ich mich bemühe, die Füße nicht allzu weit vom Boden zu heben, um meiner Niedergeschlagenheit auch entsprechend Ausdruck zu verleihen) auf den Quietsche-Igel meines Hundes, was für ihn die ultimative Aufforderung darstellt, erneut durchzudrehen und spielen zu wollen. Ein 38 Kilo schweres Raubtier mit Zähnen, die so groß wie mein kleiner Finger sind, der aber völlig hin und weg ist, wenn er seinen kleinen Plastik-Igel mit sich herumträgt, ihn liebevoll sauber macht oder ihn mir vor die Füße wirft und dann aufgeregt hin und her trippelt wie eine sehr haarige Ballerina. Es gibt kaum etwas auf der Welt, was mich regelmäßiger zum Lachen bringt als sein schief gelegter Kopf und seine Ohren, die sich in alle Rich-tun-gen drehen, wenn er das Quietschen seines Igels vernimmt.

Und nach 20 Minuten, in denen ich das Ding durch die Gegend gekickt und mit eifriger Hilfe der Vierbeiner den Garten verwüstet habe, ist mir das Geld für das Finanzamt scheißegal. Ich hatte etwas anderes damit vor, aber daraus wird nichts. Der Steuer kann man nun einmal nicht entkommen, und Kindergärten, Schulen, Universitäten müssen ja von irgendwas bezahlt werden.

Ich weiß, es gibt auch Menschen, die solche Dinge besser planen, die ihre Finanzen ebenso im Griff haben wie den Rest ihres Lebens. Aber die meisten von uns leben mit einer Struktur, die man üblicherweise mit dem psychologischen Fachterminus »durchwurschteln« bezeichnet. Irgendwie geht es immer, irgendwie findet sich eine Lösung – und auch wenn man hin und wieder haarscharf an der Katastrophe vorbeischlittert, findet sich immer noch die Zeit, verwegen in den Rückspiegel zu grinsen und weiterzumachen wie bisher.

Manchmal bin ich natürlich neidisch auf die Menschen, die minutiös ihrem Fünf- oder Zehn-Jahres-Plan folgen, einen Karriereschritt nach dem anderen machen, genau wissen, dass sie in zweieinhalb Jahren ein Kind in die Welt setzen werden (das schon im Kindergarten mit Englisch- und Chinesisch-Unterricht malträtiert werden wird) und ihren Aktienfonds so gestaltet haben, dass sie mit 55 in den Ruhestand gehen können. Allerdings benötige ich meist drei bis vier Dosen Red Bull, um bei Gesprächen mit diesen Leuten wach zu bleiben. Leben, die keinen Raum für Überraschungen bieten, wirken meist ein wenig einschläfernd auf mich.

Da ist mir das normale Tohuwabohu, das wohl schon zu Beginn unserer Welt geherrscht[94] und sich nie so ganz hat beseitigen lassen, schon lieber. Auch wenn ich (in chronologischer Reihenfolge) eher daran gedacht hatte, Rennfahrer, Indianerhäuptling, Astronaut, Geheimagent oder Rockstar zu werden, hat mich das Leben letztlich doch an diesen Schreibtisch geführt, an dem ich nun Bücher über die manchmal seltsamen Wendungen der Existenz schreibe. Wie Sie an der Auflistung meiner Berufswünsche sehen können, hat mich jedoch nie der klassische Weg gereizt – aber wenn mir jemand erzählen würde, sein Lebenstraum sei es, BWL zu studieren und im mittleren Management eines Büroartikelherstellers zu landen, würde ich mich auch sehr wundern. Solche Dinge passieren eher, als dass wir sie planen.

Unsere Pläne und Gottes Lachen

Schauen wir uns doch einfach mal unsere Pläne der vergangenen Jahre an … Was hat sich genauso verwirklicht, wie wir uns das gedacht haben? Was hat sich völlig anders entwickelt, sich aber im Nachhinein als viel besser herausgestellt als unser ursprüngliches Gedankenkonstrukt? Welche Erwartungen wurden erfüllt? Und welche unserer Erwartungen sind niemals Wirklichkeit geworden, sondern wurden von ebendieser auf viel passendere Weise abgeändert oder gar bei Weitem übertroffen?

Wir haben vielleicht immer wieder vergeblich beim Universum Bestellungen aufgegeben und sind an dem doch eher unzuverlässigen Lieferservice verzweifelt. Und auch bei der zuständigen Reklamationsstelle fanden wir stets das Schild »Lassen Sie sich am Nebenschalter bedienen!« vor, bei dem aber schon längst die Rollläden unten waren. Unser Leben erschien uns unvollkommen, weil wir dachten, dass unser Masterplan doch eine prima Idee sei, wir aber leider feststellen mussten, dass er den lieben Gott, die

Nornen, die Moiren oder wen auch immer doch nicht so recht zu überzeugen schien. Und weil uns Erwartungen manchmal einfach die Sicht versperren, haben wir dann mitunter die Geschenke übersehen, die uns das Leben anstelle der von uns herbeigesehn-ten Dinge überreicht hat.

Vielleicht erwarten Sie jetzt, dass ich die zuvor geäußerten Thesen mit Zitaten der großen Mystiker aus den letzten Jahrhunderten untermauere, aber auch diese Erwartung wird sich nicht erfüllen. Stattdessen habe ich etwas viel Besseres auf Lager und möchte Sie an den großen Philosophen Mick Jagger verweisen, dessen Zeilen *»You can't always get what you want«*[95] Ihnen vielleicht morgens unter der Dusche in den Sinn kommen. Einfache Worte, verbunden mit einer Melodie, die uns nie wieder aus dem Kopf geht. Ein paar Gitarrenakkorde und eine ewige Weisheit, die uns am Ende des Refrains noch ein schunkelndes *»You get what you need«*[96] mit auf den Weg gibt.

Das ist die Wirklichkeit, die nicht viel mit *The Secret* oder irgendwelchem Quantengedöns zu tun hat. Die Wirklichkeit, die uns das schenkt, was wir entweder in diesem Augenblick oder auf lange Sicht brauchen (auch wenn uns das manchmal nicht passt) und damit das Beste und Menschlichste in uns hervorbringt.

Wenn wir unsere eigenen Erwartungen mal kritisch unter die Lupe nehmen und erkennen, dass unser Ego tatsächlich meint, dass das ganze Universum ihm zu Diensten sein soll, können wir vielleicht kurz auflachen und den Kopf schütteln. Dann können wir aufhören, unser Leben als unvollkommen zu betrachten … Wir können unsere Beziehung und unseren Partner, unsere Eltern und den Rest der buckligen Verwandtschaft, unseren Job, unsere Kinder und unseren im Mülleimer wühlenden Hund einfach mit dem Gleichmut der 80er-Jahre-Haarspray-Kapelle Poison betrachten und in einer Mischung aus Freude und Melancholie ihren einzigen Hit mitsummen: *»Every rose has its thorn just like every night has its dawn«*[97]. Hier und da stechen wir uns, holen uns blutige Finger und können trotzdem den Duft und die Schönheit dieser einzigartigen Blume genießen. So sind die Dinge! Dinge, mit denen wir glücklich sein können, obwohl sie nicht ganz so sind, wie unser Ego sie gerne hätte. Poison, die Zen-Mönche in Spandex-Hosen, haben das verinnerlicht. So heißt es in ihrem Song weiter: *»Just like every cowboy sings his sad, sad song every rose has its thorn«*[98]…

Wenn wir meinen, dass wir nur glücklich sein können, wenn alles vollkommen ist und wenn wir bekommen, was wir wollen, dann haben wir ein echtes Problem! Schon das Wort »Glück« kann an Erwartungen gekoppelt sein, die uns zwangsläufig enttäuschen müssen. Glück – dieses Wort ist in den letzten Jahren so dermaßen inflationär benutzt worden, dass wir mehr und mehr das Verhältnis dazu verlieren. Jeder will glücklich sein und vor allem glücklich wirken, weil unglücklich sein total out ist und der Karriere schadet. Es gab mal diesen Werbespot eines bekannten Kafferösters, der eine (natürlich gertenschlanke und bildhübsche) Frau zeigte, die morgens als mordsmäßig erfolgreiche Anwältin arbeitete, mittags einen kleinen Salat ohne Dressing aß, bevor sie sich wie irre grinsend im Fitnessstudio verausgabte, dann noch ein paar Business-Meetings mit ihrer bestechenden Persönlichkeit bereicherte, sich anschließend um ihre zwei vor Gesundheit strotzenden Kinder kümmerte (offenbar hatte sie auch Zugang zu einer Zeitmaschine, denn zumindest mir sind keine Kinder bekannt, die abends um halb neun aus der Kita kommen, während draußen noch die Sonne scheint), ein phänomenales Drei-Gänge-Menü für ihren phänomenal erfolgreichen Göttergatten zubereitete, um danach noch ins Theater zu gehen (ein Hoch auf die Nanny!) und abschließend in eine ultra-hippe In-Bar einzukehren. Zwischendurch schüttete sie natürlich zwei oder drei Liter des beworbenen Koffeingebräus in sich hinein, ohne das so ein wundervolles Leben ja auch kaum denkbar wäre.

Das mag ein klein wenig übertrieben klingen (obwohl ich darauf hinweisen möchte, dass ich mir diesen Murks nicht ausgedacht habe), aber im Grunde genommen sind das die üblichen Erwartungen, die wir an das Leben haben. Das jüdische »Buch der Sitten« sagte schon vor langer Zeit:

»Es gibt auf der Welt keinen noch so glücklichen Menschen, der nicht glaubt, es gebe einen noch glücklicheren.«[99]

Und deshalb sind so viele Menschen unglücklich. Weil sich ihre Ansprüche, ihre Vorstellungen, wie das Leben erfahren werden sollte, nicht verwirklichen lassen. Weil sie das ganz große, rosafarbene Glück mit Glitzersternchen suchen, dessen Intensität niemals nachlässt, und dabei das übersehen, was sie wirklich zufrieden machen könnte. Jeder möchte 24 Stunden am Tag ein Feuerwerk der guten Laune, aber natürlich ist das Leben so nicht, auch wenn wir uns das noch so sehr wünschen.

Das Leben ist ein Fluss mit einer ganz eigenen Strömung, die uns manchmal zu Orten mitreißt, die wir uns nicht einmal vorzustellen vermochten, und manchmal in einen Seitenarm spült, in dem wir eine Weile herumdümpeln und uns über uns selbst klar werden können, bis die Reise dann weitergeht. Worauf wir definitiv vertrauen können, ist, dass dieser Fluss letztlich ins Meer führen wird und dass wir unterwegs alle Möglichkeiten haben werden zu lernen, was immer zu lernen für uns wichtig ist.

Menschsein ist keine Übung in Perfektion, sondern eine lebenslange Lektion darin, das Unvollkommene mit ganzem Herzen zu lieben.

Abenteuer gibt's gratis dazu …

Vor ein paar Jahren habe ich in einem China-Restaurant ein faszinierendes Geschenk zum Abschied bekommen: einen Glückskeks. Woraus auch immer diese Dinger gebacken werden (wahrscheinlich Pappe und Klebstoff), die Weisheiten, die auf den kleinen Papierfetzen im Inneren zu finden sind, haben es in sich. Auf meinem stand in kühnster Missachtung aller Grammatikregeln: »Sie werde spannende Begegnungen hat.«

Absolut korrekt! Genau das ist eingetreten. Ich bin sicher, dass all die Zettel, die man in Glückskeksen finden kann, von einem 900 Jahre alten taoistischen Mönch in den Wudang-Bergen beschrieben werden, der ganz genau weiß, was er da tut.

Tatsächlich hatte ich seit diesem Tag *nur noch* spannende Begegnungen! Begegnungen mit Menschen, die ich mochte, und auch mit solchen, die mir nicht sonderlich sympathisch waren.

Begegnungen mit Menschen, die mich beeindruckten, die durch ihre Narben, Scharten und Verletzungen hindurch leuchteten und die mir klarmachten, dass Unvollkommenheit einfach menschlich und damit wunderschön ist. Begegnungen mit Situationen, die sich ganz anders entwickelten, als ich dachte, und mit Situationen, die mich herausforderten und mir alles abverlangten (die aber seltsamerweise niemals mehr forderten, als ich geben konnte). Und natürlich auch Begegnungen mit Tiefen, die sich im Nachhinein als Höhen entpuppten und umgekehrt.

Aus dem Land der Glückskekse stammt eine alte Weisheitsgeschichte, die sich mit der Relativität von Glück und Unglück, von Vollkommenheit und Unvollkommenheit beschäftigt. Meist wird sie so erzählt, dass sie von Pferden, noch mehr Pferden und gebrochenen Beinen handelt. Doch da dieses Buch sich ja um unseren Alltag drehen soll, habe ich mir erlaubt, sie ein klein wenig zu modernisieren. Weisheit reloaded sozusagen …

Es war einmal ein junger Mann, der dicht über sein Smartphone gebeugt eine belebte Straße entlangging. Umgeben von Hunderten anderer Smombies schlurfte er an diesem Morgen seinem Arbeitsplatz entgegen. Völlig absorbiert von den neuesten Posts seiner 1378 virtuellen »Freunde«, stolperte der junge Mann über einen weggeworfenen Starbucks-Styroporbecher, sein Handy rutschte ihm aus der Hand, schlug auf den Gehsteig auf und wurde von seinem linken Fuß, den er nicht mehr rechtzeitig in seiner gewohnten Bewegung stoppen konnte, zertrümmert.

»Oh, so ein Pech«, sagten die Menschen um ihn herum, während sie kichernd seine Misere filmten und auf Facebook und youtube hochluden. Der junge Mann zuckte die Schultern: »Glück oder Pech, wer weiß das schon?«

Als das virale Video am nächsten Tag die Eine-Million-Download-Grenze überschritt, wurde ein bekannter Technologie-Konzern auf den jungen Mann aufmerksam und bot ihm nach Rücksprache mit der Marketing-Abteilung ein kostenloses neues Handy an, welches gerade entwickelt worden war. »Was für ein Glück«, sagten die Leute, »die allerneueste Generation!«, doch der junge Mann zuckte abermals mit seinen Schultern: »Glück oder Pech, wer weiß das schon?«

Zwei Tage später wurde bekannt, dass die neu entwickelte Software des Gratis-Handys fehlerhaft war (man kann schließlich nicht immer alles testen, bevor man es in Umlauf bringt!) und es Hackern leicht machte, auf das Handy zuzugreifen und alle privaten Daten online zu stellen. »Ach, du dickes Ei. Was für ein Pech!«, sagten die Leute, aber der junge Mann wollte abermals das Geschehen nicht werten.

Die peinlichen Daten wurden im Netz verbreitet, das Konto wurde geleert (es war ohnehin nicht viel zu holen), und die Menschen machten sich über die seltsamen Vorlieben des jungen Mannes lustig, doch eine immens berühmte und wunderschöne Schauspielerin erkannte in unserem Protagonisten ihren Seelenverwandten und lud ihn in ihre Villa nach Beverly Hills ein. »Was für ein Glück!«, ächzten die sozialen Netzwerke, als der junge Mann und die Schauspielerin heirateten. Auch hier zuckte der junge Mann nur mit den Schultern – allerdings heimlich und nicht vor laufenden Kameras.

So ging das Leben weiter: gute und weniger gute Jahre, Misstrauen und Betrug, Scheidung, riesige Abfindung, öffentlicher Absturz, gut bezahlte Reality-Soap, Privatinsolvenz und Vergessenwerden, doch danach eine einfache Hütte im schönsten Wald der Welt. Der junge Mann, inzwischen jedoch alt und grau geworden, blickte zurück auf das, was das Leben ihm gegönnt hatte, zuckte immer noch mit den Schultern und war ganz einfach mit alldem … zufrieden.

Geht es uns nicht allen so, dass wir in Dinge hineinschlittern, deren Sinn wir nicht erkennen und deren Folgen wir kaum absehen können?

Wenn wir das Leben als Abenteuerreise auf einem großen Fluss begreifen und unsere Erwartungen loslassen können, entsteht aus solchen Erfahrungen jedoch eine Weite, in der die Wunder unseres Alltags Raum finden. Wir können die Suche nach dem perfekten Leben aufgeben, die Schönheit in all den vermeintlichen Unvollkommenheiten und die größten Weisheiten in simplen Rocksongs entdecken, die wir seit Ewigkeiten mehr schlecht als recht unter der Dusche trällern. Wir können still werden und das Leben sich von selbst entfalten lassen, während es uns zu immer neuen Erfahrungen führt, die uns reifen, wachsen und zu dem werden lassen, der wir sein können.

»Nur in der tiefsten Stille der Nacht flüstern die Sterne sich lächelnd zu: Vergeblich ist dieses Suchen! Überall herrscht ungebrochene Vollkommenheit!«[100]

Ein Ja zur Stille, in der wir unseren Vorstellungen zulächeln und sie ziehen lassen können, ist ein Ja zum Wandel. Es ist auch ein Ja zum Göttlichen, das sich stets dort offenbart, wo wir es am wenigsten erwarten, nämlich genau *in dem, was ist.*

Ein Augenblick. Und dann noch einer …

Ebenfalls aus dem Land der Glückskekse kommt eine Geschichte, die auch heutzutage noch auf populären Rollbildern zu finden ist: die Essigkoster. Da geht es um das Dreigestirn chinesischer Spiritualität: Konfuzius, Buddha und Laotse, die sich alle aus irgendwelchen schleierhaft bleibenden Gründen um ein Essigfass versammelt haben. Konfuzius steckt als Erster seinen Finger in das Fass und probiert die Flüssigkeit. (Wahrscheinlich war Essigkosten im alten China so eine Art Mutprobe wie heute S-Bahn-Surfen.) »Bäh, pfui Deibel!«, ruft er aus und verzieht das Gesicht. »Total sauer. Da müssen wir gleich ein paar Regeln und Gesetze erlassen, damit der Essig demnächst besser schmeckt.« (Deshalb mag die chinesische Regierung Konfuzius so sehr: Alles zu regeln und vor allem jeden zu maßregeln ist einfach eine tolle Freizeitbeschäftigung.)

Als Nächster probiert der Buddha, der auch nicht wirklich glücklich mit dem Essig wird: »Alter Schwede, ist das Zeug bitter!« An dieser Stelle der Geschichte kommt die (meines Erachtens fälschliche) Auffassung zum Tragen, dass der Buddhismus eine eher pessimistische Philosophie sei, die das Leben als bitter betrachtet – als einen endlosen Kreislauf leidvoller Wiedergeburten, aus dem es sich zu befreien gilt.

Dann kommt derjenige an die Reihe, um den es in dieser Geschichte eigentlich geht: Laotse, der Jedi-Meister unter den spirituellen Lehrern. Laotse probiert – und lächelt. »Interessant. Ungewöhnlich, aber interessant.« Für ihn ist der Essig, also das Leben, nichts, was reglementiert werden müsste. (Das ist der Grund, warum die chinesische Regierung Laotse gar nicht mag.) Ebenso wie das Leben nichts ist, aus dem man sich befreien müsste. In dem Augenblick des Probierens gibt es für Laotse nichts, was anders sein müsste. Laotse ist zufrieden mit dem, was er bekommt – und das ist heute nun einmal Essig. Das ist weder gut noch schlecht, deckt sich weder mit seinen Erwartungen noch enttäuscht es sie – weil er gar keine gehabt hat.

Ich glaube, das ist ein ganz brauchbares Rezept für ein zufriedenes Leben: Es als ein Aufeinanderfolgen von Augenblicken des unvoreingenommenen Probierens zu betrachten. Die Augen und den Geist offen zu halten, Erfahrungen zuzulassen und jedem Moment, jeder Situation, jedem Menschen mit einem gesunden Anfänger-Geist zu begegnen.

Oder um es mit der Benediktinerin Joan Chittister in christlichen Begriffen auszudrücken:

»Spiritualität bedeutet, sich jeden Tag aufs Neue daran zu erinnern, den Alltag in eine Zeit mit Gott zu verwandeln.«[101]

Wenn wir das Chaos, das uns manchmal zu umgeben scheint, mit neuen Augen betrachten (auch wenn ich mir sehr, sehr viel Mühe geben muss, das auch bei Begegnungen mit dem Finanzamt zu tun), dann können wir in der Unvollkommenheit die verborgene Vollkommenheit entdecken. Und dann – das wage ich einfach mal vollmundig zu versprechen – wird auch für Sie der Glückskeks zum unfehlbaren Orakel und »Sie werde spannende Begegnungen hat«. Dann probieren Sie Laotses Essig, zucken mit den Schultern und denken:

»Okay. Warum eigentlich nicht?!«

Trunken tiefer taumeln –

Sich neu in die Welt und unser Leben verlieben

Es gibt Momente, da fühlt es sich so an, als sei mein Körper zu klein für mein Herz. Es sind Momente, in denen ich die ganze Welt umarmen könnte, in denen ich mich auflöse und in die Welt hineinfließe, in denen irgendetwas in meinem Herzen überschwappt und mich gänzlich erfüllt. Meist hängen diese Momente mit meinen Kindern zusammen, die sich immer wieder nicht nur als die wunderbarsten Menschen überhaupt, sondern auch als große Philosophen und Mystiker entpuppen. Es gibt nur sehr wenige Menschen, von denen ich so viel über die Welt und das Leben gelernt habe. Zwar ist es auch meine Aufgabe als Vater, ihnen etwas beizubringen – und ich gebe mir redliche Mühe –, doch ich habe stets das Gefühl, dass sie die wirklich wichtigen Dinge längst wissen und dieses Wissen großzügig mit mir teilen. Ihre Einsichten sind dabei oft so fundamental und gleichzeitig so ungekünstelt, dass ich mir immer denke, man sollte Kindern doch generell mehr zuhören, statt sie mit unserer Sicht der Welt zuzuschütten.

Neulich stand ich zum Beispiel mit den beiden im Flur, und mir fiel – wie das wohl allen Eltern von Zeit zu Zeit geht – auf, wie groß die beiden geworden waren. Sie zogen sich ihre Schuhe und Jacken an, die gar nicht mehr so winzig waren wie noch vor ein paar Jahren. Mit gespieltem Ernst sagte ich: »Meine Güte, ihr seid ja riesig. Wie alt seid ihr denn?«

Die Große antwortete leicht genervt: »Ach, Papa … Ich werde bald zwölf.« Und die Kleine meinte: »Ich glaube acht.« (Sie interessiert sich nicht sonderlich für Formalien und weiß auch nie, wann die Schule anfängt oder wie viele Stunden sie heute hat. Völlig unbekümmert und stets über das ganze Gesicht strahlend, verkündet sie meistens: »Keine Ahnung!« Das ist mir so was von sympathisch …)

Jedenfalls sagte ich dann: »Das gibt's doch gar nicht. Dann habe ich euch ja schön zwölf und acht Jahre lang lieb!« Beide grinsten, denn noch ist ihnen das nicht peinlich, was aber wohl unweigerlich noch kommen wird. Jetzt jedoch fanden das beide schön, und die Kleine fühlte sich ermutigt, es mir gleichzutun. »Wie alt bist du denn, Papa?« Mit hängenden Schultern gestand ich: »45.« Beide lachten, weil sie sich wohl nicht vorstellen konnten, wie ein Mensch überhaupt ein solch biblisches Alter erreichen konnte. Und dann sagte die Kleine, ihrem ursprünglichen Plan folgend: »Dann habe ich dich ja schon 45 Jahre lang lieb!«, woraufhin die Große nicht umhinkonnte, ihre Schwester in die Schranken zu weisen: »Das geht doch überhaupt gar nicht. Du bist doch erst acht, und als Papa geboren wurde, gab es dich noch gar nicht.« Die Kurze drehte sich zu ihr um und hatte diesen Ausdruck im Gesicht, den sie auch an den Tag legt, wenn wir mit allem, was unsere Karate-, Kung-Fu- und Jedi-Fähigkeiten so hergeben, auf einer

Shiatsu-Matte gegeneinander Scheinkämpfe vollführen. Ihre Augen wurden zu kleinen Schlitzen, und sie meinte leicht schnippisch: »Na und? Vor meiner Geburt habe ich die ganze Welt lieb gehabt!« Dann stapfte sie wutentbrannt hinaus und knallte die Tür hinter sich zu.

Das sind diese Momente, von denen ich sprach: Ich schaute ihr hinterher und spürte mit wild schlagendem Herzen und mühsam zurückgehaltenen Tränen der Rührung, wie sehr ich diesen kleinen Menschen liebe. Ich wollte sie in den Arm nehmen und nie wieder loslassen, sie drücken und an ihrer Weisheit teilhaben. Zusammen mit der Großen und mit den Hunden im Schlepptau ging ich ihr nach und holte sie ein. Ich dachte, dass sie heute vielleicht die ganze Welt lieb haben, bei ihrer Schwester aber eine Ausnahme machen würde, doch sie hatte sich schon wieder beruhigt und fing gut gelaunt an, ein Pferd zu spielen, das um uns herumgaloppierte. Länger als zwei Minuten kann sie nicht wütend sein – ein weiteres Zeichen ihrer großen Weisheit.

Uns verzaubern lassen

Kinder haben etwas Einzigartiges an sich. Ihre Zuneigung ist so rein und klar – ob sie sich nun auf uns als Eltern bezieht, auf die Hunde, mit denen sie aufwachsen, auf die nervösen 600-kg-Pferde, mit denen sie ganz unbefangen umgehen, oder auch auf ihre Stofftiere –, dass man sich wünscht, die ganze Welt möge etwas kindlicher sein. Ich kann Brian Swimmes Worte gut nachvollziehen:

»Manchmal denke ich, die wichtigste Aufgabe für Eltern ist es, die Schönheit und Anmut ihrer Kinder zu entdecken. Kinder sind herrlich, so wundervoll, dass es einem die Worte raubt. Sie selbst haben keine Ahnung davon, welche Schönheit sie verkörpern.«[102]

Die ganze Welt lieb haben – das traut man nur einem Kind zu. Einem Kind, das noch nicht viel vom Leben weiß, das noch keine schlechten Erfahrungen gemacht hat, noch nicht erlebt hat, wie verabscheuungswürdig sich Menschen manchmal verhalten können. Gerade deshalb ist das, was meine Tochter sagte, so bedeutsam für mich: »Vor meiner Geburt habe ich die ganze Welt lieb gehabt.« Ich möchte nun keine Theorien entwickeln, wie unsere Seelen vor unserer Geburt gestaltet sind oder ob es diese Zeit als Erfahrungsbereich überhaupt gibt. Ich möchte auch nicht darüber debattieren, woran Kinder sich vielleicht noch erinnern, während wir es längst vergessen haben. Das sind alles Spekulationen, mit denen sich gern andere abmühen sollen.

Aber wenn ich diese Aussage auch nur rein symbolisch betrachte, berührt sie mich dennoch tief: Bevor wir geboren werden, wenn unser Geist noch ganz frisch, unverbildet, unbeeindruckt ist; wenn wir ohne Ängste, ohne Sorgen, ohne Argwohn im Herzen auf die Welt blicken, ist etwas in uns noch offen. Mit einem Geist, der in der Stille ruht, mit Augen, die ohne Filter und Vorurteile *einfach sehen*, können wir die unermessliche Schönheit erblicken, die sich um uns herum ausbreitet. Wir können unseren Geist in die Schönheit hineinfallen lassen, wir können in der Beobachtung versinken und unser Herz in seiner tiefsten Tiefe berühren lassen. Es ist der Moment der wirklichen Kontemplation, der uns in diesen Zustand versetzt, der Moment, in dem sich die Summe aller Mystik zu einer Erfahrung verdichtet. Der Moment des Verliebens, der dafür sorgt, dass wir uns noch mehr verlieben, noch mehr öffnen können. In der indischen Brihadaranyaka Upanishad gibt es einen Vers, der dieses wechselseitige Entstehen, dieses verliebte Sich-Aufschaukeln aus einer inneren Weite heraus, das uns abermals in eine noch größere Weite führt, in kurze Worte fasst:

»Fülle geht aus der Fülle hervor.«[103]

Die Fülle der Welt gießt sich in uns hinein, ihre Schönheit füllt uns an mit einem inneren Reichtum, aus dem heraus selbst Fülle entsteht, die auf vielerlei Arten (kreativ, musisch, kontemplativ, liebend) zurückfließt und die Schönheit der Welt noch schöner macht. Und wieder einmal geht es um Loslassen und Zulassen. Die eigenen Vorstellungen, die bereits fertigen Bilder loslassen und zulassen, dass sich die Welt so zeigt, wie sie ist. Das Abschätzen und Bewerten loslassen und es zulassen, verzaubert zu werden.

Kinder sind Meister in dieser Kunst. Sie verlieben sich so schnell, wobei die Offenheit ihrer kleinen, großen Herzen ihrerseits dafür sorgt, dass wir uns in sie verlieben. Mit Kindern zusammen zu sein macht die Worte von Hazrat Inayat Khan auf ganz einfache Weise erfahrbar:

»Unsere Seele lebt von der Liebe – der Liebe, die wir empfangen, und der Liebe, die wir geben.«[104]

Kontemplativ zu leben heißt in gewissem Sinne, die Welt ein wenig durch die Augen eines Kindes zu betrachten: Marienkäfer, Gänseblümchen, Mammutbäume, die Nachbarn und die Bilder des Hubble-Teleskopes wie zum ersten Mal zu sehen. Kinder sind der personifizierte Anfänger-Geist. Anders und auf religiösere Weise ausgedrückt, blicken sie wie Gott auf die Welt: Stets bereit, sich neu zu verlieben, sich in die Welt hineinzubegeben, die Welt zu werden. Und das ist in einfachen Worten der Weg der Mystik!

»Wer Gott will sehn, der muss in Gottes Wesen steigen:
Denn Gott will sich bloß Gott, sonst keinem Dinge zeigen.«[105]

Mit der Welt im Dialog sein

Gottes Wesen ist die Liebe – ich glaube, das ist eine der wenigen Aussagen, auf die sich nicht nur die verschiedenen mystischen Traditionen, sondern sogar die verschiedenen Religionen einigen können, die sich sonst wegen allen möglichen Begrifflichkeiten gegenseitig die Köpfe einschlagen. Und ein Einlassen auf dieses Wesen (also auf die Welt, auf das Leben) besteht im mystischen Sinne darin, selbst zur Liebe zu werden. Auf diesem Weg werden wir niemals ankommen, wir werden »es« nie geschafft haben. Es gibt keine Perfektion, keine Meisterschaft, kein endgültiges Verstehen, keine Erleuchtung, keine Abschlussprüfung. (Zum Glück können die Menschen, die bei mir ein Seminar besuchen, irgendwann gemeinsam mit mir darüber lachen, dass sie gern irgendein Zertifikat gehabt hätten …)

Es ist ein Prozess des Sich-Einlassens auf das Geheimnis des Lebens selbst. Ein Weg, der auf keiner Landkarte verzeichnet ist, sondern der sich erst im eigenen Gehen erschließt und der als Erstes die Bereitschaft erfordert, immer wieder neu zu beginnen, immer wieder einen Fuß vor den anderen zu setzen. Er führt uns in das Mysterium des Göttlichen (zugleich in den Kern unserer selbst) und stiftet in uns eine große innere Ruhe, gepaart mit einer Neugier darauf, sich verzaubern zu lassen. Chandidas, ein Brahmane, der im 15. Jahrhundert in Bengalen lebte und aus Liebe zu einer Frau aus einer niederen Kaste mit vielen Traditionen brach, ließ sich ganz auf diese Verzauberung ein:

»Ich werde im Land der Liebe wohnen
und ein Haus der Liebe bauen.
Liebe wird mein Nachbar sein, Liebe mein Begleiter.
Das Dach wird aus Liebe gezimmert
und die Türen meiner Hütte auch.
In der Hoffnung der Liebe werde ich leben
Und in Liebe meine Stunden verbringen.
(...) Liebe ist meine Tat, sie ist mein Glaube.«[106]

Liebe verlangt nicht von uns, dass wir perfekt sein müssten, denn Perfektion würde unsere Menschlichkeit und unsere Fehlbarkeit leugnen. Das Reich Gottes (was die Liebe wohl unzweifelhaft ist) dürfen nicht nur die betreten, die ohne Fehl und Tadel sind, oder die, die sich mit besonderem Eifer an der Befüllung des sonntäglichen Klingelbeutels beteiligen. Wir können dieses inwendige Reich entdecken, wenn wir mutig genug sind, uns zu öffnen, wenn wir davon absehen können, stets Bestätigung für das finden zu wollen, was wir meinen, schon zu wissen. Wenn wir »wie die Kinder«[107] werden und damit dieser göttlichen (und somit zutiefst menschlichen) Liebe Ausdruck verschaffen. Dann erkennen wir, dass der Kern unseres Selbst, der göttliche Funke in uns, ebenso

Liebe ist wie das, was wir Gott nennen. Liebe zu geben ist, wie diesem Kern zur Geburt in der Welt zu verhelfen.

So bringen wir eine immer wahrere Version unseres Selbst in die Welt, vervollkommnen unseren Ausdruck, bis wir schließlich Gott selbst und sein Reich gebären. Der Dichter Hafis ist sich sicher:

»Nie wird sterben, wer Leben durch die Liebe empfing …«[108]

Nie wird sterben, nie wird gänzlich zugrunde gehen und zerstört werden, wer wirklich zu lieben gelernt hat. Er mag verletzt werden, sein Blick mag sich trüben, sein Herz schwer werden, aber er wird dennoch irgendwann wieder die Schönheit in den kleinsten Dingen des Alltags entdecken und sich erneut in die Welt verlieben. Wie ein Kind, das hinfällt und wieder aufsteht, weil das Laufen eine zu aufregende Sache ist, um es einfach bleiben zu lassen.

Wenn wir uns der Schönheit verschließen, wenn wir nicht auf sie achten, weil wir meinen, Besseres zu tun zu haben, bricht einer der wunderbarsten und befruchtendsten Dialoge ab, den ich mir nur denken kann. Es ist traurig, Schönheit nicht sehen zu können, sich nicht verlieben zu können – sowohl für denjenigen, der nicht liebt, als auch für denjenigen, der nicht geliebt wird.

»Spürst du die Tragik eines Kindes, wenn niemand da ist,
der seine Schönheit spürt und beschützt? Niemand,
der sich in ein so großartiges Geschöpf verliebt? Niemand,
der seine Herrlichkeit feiert? Genauso ist es mit dem Kosmos:
Die Menschen können die ungeheure Schönheit der Erde,
des Lebens und des Universums beherbergen.
Wir können sie würdigen und ihre Erhabenheit spüren.«[109]

Die Herrlichkeit feiern – das ist wohl eine der schönsten Beschreibungen des Verliebtseins. Ich bin froh, dass Brian Swimme dieses recht religiöse Bild auf den ganzen Kosmos bezieht, dass er ebenso wie ich und meine achtjährige Tochter davon ausgeht, dass wir uns in die ganze Welt verlieben können. Wir können tatsächlich die Herrlichkeit eines Kindes ebenso feiern wie die Herrlichkeit des Pferdekopfnebels im Sternbild Orion. Wir können sowohl die Herrlichkeit unseres Partners oder unserer Partnerin feiern, der oder die an unserer Seite ist, als auch die Herrlichkeit eines Lavendelfelds oder eines dreibeinigen Hundes, der sich seines Lebens freut. Wir können die Herrlichkeit feiern, dass es überhaupt Leben und Empfindung gibt – wir können immer wieder staunen und die Tiefe dessen spüren, wovon alle Mystik zu sprechen versucht. Hildegard von Bingen empfindet dies so:

»Von der Tiefe bis hoch zu den Sternen
überflutet die Liebe das All,
liebend ist sie zugetan allem.«[110]

Wir können trunken werden von einer Welt, die kleine und überaus weise Mädchen hervorbringt, mit denen wir um die Wette galoppieren, für die wir uns in ein Sternenstaub pupsendes Regenbogen-Einhorn oder einen trötenden Kampfelefanten verwandeln, auch wenn aus dem Fenster schauende Nachbarn uns für verrückt halten. Wer liebt, wird zum Narren Gottes – und dadurch frei, noch mehr zu lieben. Wer liebt, versteht Hafis: »Deine Zärtlichkeit reichte Liebenden Wein so seltner Art, dass Kenntnis zu Unwissenheit und Verstand zu Possen ward!«[111]

Übung:

Den Segen spüren

Die folgende Übung besteht aus zwei Teilen, die eng miteinander verknüpft sind und die in ihrer Kombination dazu führen, überall ein Gefühl der Dankbarkeit und der Zugehörigkeit zu entwickeln. Suchen Sie sich zunächst einen Platz, an dem Sie für eine Weile ungestört sind. Vielleicht ist es Ihnen ja möglich, diese Meditation draußen zu machen, unter einem Baum oder auf einer Wiese. Wenn das nicht möglich sein sollte, weil Sie zum Beispiel panische Angst vor Regentropfen haben, können Sie die Meditation aber auch drinnen durchführen.

Setzen Sie sich bequem auf den Boden. Schließen Sie sanft die Augen und werden Sie sich Ihres Atems bewusst. Beobachten Sie einfach, wie der Atem kommt und geht. Bleiben Sie für einige Momente bei Ihrem Atem und lassen Sie ihn frei fließen.

Entspannen Sie Ihren Körper. Lassen Sie ganz bewusst Anspannungen in den Füßen, den Beinen, im Becken, im Rücken, in Schultern und Nacken los. Entspannen Sie auch Ihr Gesicht und Ihren Kiefer.

Spüren Sie die Erde unter sich. Die Erde, die Sie trägt und nährt, die Sie großzügig mit allem versorgt, was Sie brauchen. Lauschen Sie auf mögliche Geräusche von Tieren, vielleicht dem Singen eines Vogels oder auch dem Bellen eines Hundes in der Ferne. (Falls Sie das Schnauben eines Bären in unmittelbarer Nähe hören, stehen Sie ganz langsam auf und bewegen Sie sich vorsichtig und leise etwa 25 Meter von Ihrer Position fort. Fangen Sie dann an zu rennen! Rennen Sie sehr schnell! Hören Sie keinen Bären, bleiben Sie ruhig sitzen und entspannen sich weiter.)

Spüren Sie auch den Himmel über sich. Versuchen Sie, sich bewusst zu machen, welchen Raum Ihnen der Himmel bietet, um zu wachsen. Lauschen Sie den Geräuschen des Windes, hören Sie, wie die Luft die Blätter der Bäume berührt und bewegt. Spüren Sie sich selbst zwischen Himmel und Erde.

Lassen Sie zu, dass Ihr Herz von dem Wunder des Lebens erfüllt wird. Spüren Sie, wie sowohl der Bereich des Festen und Erdigen als auch der Bereich des Geistigen und Luftigen Sie segnet. Atmen Sie die Luft ein, die von Meeren und Bäumen gereinigt und mit Sauerstoff versehen wird. Spüren Sie der Feuchtigkeit im Boden nach, die alles wachsen lässt, was Sie und alle anderen Wesen ernährt. Stellen

Sie sich die Mikroorganismen im Boden vor, die unermüdlich graben und buddeln und so die Erde fruchtbar machen. Stellen Sie sich die Wolken am Himmel vor, die den kostbaren Regen mit sich bringen, die Bienen, die mit ihrer Arbeit so viele Pflanzen bestäuben. Lassen Sie mit jedem Atemzug ein Gefühl der allumfassenden Schönheit in sich aufsteigen, atmen Sie die Schönheit der Welt ein und wieder aus.

Beenden Sie dann Ihre Meditation mit drei besonders tiefen Atemzügen, bei denen Sie jeweils »Danke« sagen. Öffnen Sie langsam Ihre Augen und betrachten Sie das Wunder der Welt, das Sie umgibt und von dem Sie ein Teil sind.

Suchen Sie sich für den zweiten Teil der Übung einen Platz, an dem von »ungestört« nicht die Rede sein kann: Der Vorplatz eines Bahnhofs, ein belebtes Einkaufszentrum oder ähnliche Orte eignen sich hervorragend. Nun geht es nicht darum, im eigentlichen Sinne zu meditieren. Bewegen Sie sich einfach ganz normal durch die Menschenmenge und versuchen Sie, Ihr Gefühl aus der Meditation wiederzubeleben, es zu spüren, während Sie all die Menschen betrachten, die hier durcheinanderwuseln. Versuchen Sie ihre Schönheit zu sehen, die manchmal vielleicht nicht sofort erkennbar ist. Dabei müssen Sie nicht jeden Menschen, dem Sie begegnen, lieblich lächelnd rosa Sternenstaub ins verdutzte Gesicht pusten. Wagen Sie es, jeden Menschen als einen Ausdruck Gottes zu sehen, wie Sie ihn eben in jedem Grashalm, jedem Stein, jedem Baum, jeder Wolke und jedem Zwitschern eines Vogels erkannt haben. Versuchen Sie nicht zu werten und den Wald für einen besseren oder spirituelleren Ort zu halten. Nehmen Sie in beiden Umgebungen alles als Emanation des Göttlichen wahr, spüren Sie die Schönheit und sagen Sie »Danke!« dafür, dies erleben zu dürfen.

Gott ist ein Sprengstoffexperte –

Vom Leiden, notwendigen Abschieden und dem wunderbaren Aufbrechen

Eine ähnliche Panzerknacker-Kraft wie die Liebe, die uns unerwartet ergreifen und ordentlich durchschütteln kann, hat leider nur noch eine weitere Erfahrungsebene: das Leiden. Für Menschen, die stets ihr Inneres verschlossen halten, die nichts an sich herankommen lassen und zwischen sich und ihrem Leben eine zentimeterdicke, kugelsichere Glasscheibe eingezogen haben, ist das Leiden oftmals der einzige Weg, wieder Zugang zu sich selbst und der Welt zu finden. Ich denke, wir alle kennen solche Menschen – und vielleicht haben wir auch bei uns selbst schon Aspekte des Sich-Abkapselns entdecken können. Wurden wir oft verletzt und enttäuscht – ob in der Kindheit oder in späteren Beziehungen –, neigen wir manchmal dazu, uns zurückzuziehen. Die simple Logik, der diese Bewegung folgt, lautet: *Wenn ich nichts an mich heranlasse, kann mich auch nichts verletzen!* Natürlich ist das meist keine bewusste Entscheidung. Solche Entwicklungen geschehen ganz von selbst, indem eine Erfahrung zur anderen kommt und sich Abwehrreaktionen verselbstständigen.

Wenn wir uns dann in unserem kleinen, kugelsicheren Aquarium gemütlich eingerichtet haben, können wir das zarte Klopfen des Lebens erfolgreich ignorieren. Dann braucht es die Liebe, die zum Beispiel unseren Partner, unsere Kinder oder auch unsere Tiere mit einem Diamantschneider ausrüstet, damit sie ein kleines Loch ins Aquarium sägen, durch das das Leben zu uns durchdringen kann. Lassen wir uns darauf ein, wird dieses Loch schnell größer. Wenn unser Aquarium aber schon so stabil ist, unsere Trennscheibe so dick, dass gar nichts mehr zu uns durchdringen kann und wir die Welt auch kaum noch wahrnehmen können, weil alles ausgesperrt bleibt, dann greift das Leben gern zu drastischeren Mitteln. Dann rückt die göttliche Panzerknacker-Bande mit Vorschlaghammer und Dynamit an. Und dann wird es unangenehm.

Um gleich etwaigen Missverständnissen vorzubeugen, möchte ich hier betonen, dass nicht jedes Leid seine Ursache in unserer Verschlossenheit hat. Dem in manchen Teilen der spirituellen Szene vorherrschenden Drang, allem und jedem eine herbeifantasierte Bedeutsamkeit hinzuzufügen, trete ich damit entschieden entgegen. Wenn ich fröhlich spazieren gehe und mich ein besoffener Trottel auf dem Bürgersteig über den Haufen fährt, weil sowohl er als auch sein SUV einfach zu breit für die Straße sind, hat das nichts mit mir zu tun. Da kann ich noch so sehr rätseln, was mir das Leben damit sagen möchte, zu einer weiterführenden Antwort als »zur falschen Zeit am falschen Ort« wird es nicht langen. Ebenso möchte ich davor warnen, das hier Gesagte auf andere Menschen als sich selbst zu beziehen und von nun an jedem Krebskranken zuzuflöten: »Ach, ich freue mich ja so für dich. Das wird dir bestimmt guttun!«

Wir können unser eigenes Leid als sinnvoll interpretieren – bei anderen Menschen sollten wir uns da tunlichst zurückhalten, außer sie möchten mit uns ein solches Gespräch führen. Manchmal neigen wir dazu, unsere Theorien ungefragt herauszuposaunen, womit wir anderen Menschen aber gehörig vor den Kopf stoßen können – entweder indem wir ihnen weismachen wollen, dass ihre Erkrankung doch »eine wahnsinnig tolle Chance« darstelle, oder aber indem wir suggerieren, dass sie mit ihrer seelischen Verschlossenheit diese Krankheit ja selbst heraufbeschworen haben, also »selbst schuld« sind. Beide Varianten zeugen weder von Achtsamkeit und Mitgefühl noch von Einfühlsamkeit und Intelligenz!

Nachdem wir das geklärt haben, zurück zum Leid selbst und zu Gott, der mit rauchendem Zigarrenstumpen im Mundwinkel und Dynamitstange in der Hand bereitsteht, sich uns mit liebevoller Gewalttätigkeit zuzuwenden, wenn es mit unserem Kontakt zur Welt mal nicht zum Besten steht. Vielleicht erzähle ich Ihnen hierzu einfach eine Geschichte, die sich in meinem nahen Umfeld zugetragen hat:

Der Vater einer guten Freundin hatte zeit seines Lebens alles alleine gemacht. Schon als Kind musste er sehr selbstständig sein, worauf er auch mächtig stolz war. Niemals aufgeben, immer unabhängig sein. Wäre er im Besitz eines Familienwappens gewesen, so hätte dieses gewiss einen stählernen Kopf gezeigt, der durch eine Ziegelmauer bricht. Er hatte gelernt, dass er sich nur auf sich selbst verlassen konnte, was ihm einerseits Stärke verlieh, ihn andererseits aber auch einsam und nicht selten depressiv machte. Je älter er wurde, desto mehr zog er sich zurück – und für meine Freundin war es zunehmend schwieriger, an ihn heranzukommen.

Dann fühlte er sich körperlich immer unwohler und ließ sich eines Tages dazu überreden, einen dieser »überbezahlten Quacksalber« aufzusuchen, der bei ihm Krebs diagnostizierte. Mit fortschreitendem Verlauf der Krankheit wurde er schwächer, versuchte aber weiterhin, sich nicht das Heft aus der Hand nehmen zu lassen. Das war teilweise beeindruckend, teilweise aber auch mehr als absurd. Als beispielsweise irgendein mechanisches Teil an seinem Krankenhausbett nicht richtig funktionierte, organisierte er sich vom Hausmeister Werkzeug, und seine Tochter fand ihn wie einen Kfz-Mechaniker unter dem Bett liegend. Ein anderes Mal wollte er sich aus einem Toilettenwagen einen Rollator bauen und fing schon an, alles auseinanderzuschrauben, bevor er davon abgehalten und darauf hingewiesen werden konnte, dass er auch einfach einen Rollator (der zu diesem Zweck gebaut worden war) vom Krankenhauspersonal bekommen könnte.

Seine Sturheit war nahezu grenzenlos: Nach mehreren aggressiven Chemotherapien war er so schwach, dass er kaum noch laufen konnte, aber auf die Idee, sich im Rollstuhl herumfahren zu lassen, wäre er nie gekommen. Also ging er selbstständig, auch wenn er für zwei Meter eine halbe Stunde brauchte. (Da musste ein Besuch auf dem Klo schon einmal wie ein umfangreicher Feldzug geplant werden.)

Seine Tochter verzweifelte langsam an ihm, bis sich die Dinge irgendwann zu wandeln begannen. Als ihm das Leben alle Kraft genommen hatte, wurde dem Mann plötzlich klar, dass es gar nicht so schlimm war, Hilfe anzunehmen. Er ließ seine Tochter an sich heran und begriff, dass sein unbeugsamer Wille auch einen Aspekt von Verzweiflung in sich trug. Die beiden begannen zu reden – und wie so oft, wenn das Leben Übergänge vorbereitet, Schwellenerfahrungen gemacht werden und alles auf das Wesentliche reduziert wird, waren diese letzten gemeinsamen Monate eine Zeit der intensiven Begegnung: Vater und Tochter erlebten eine neue Form von Nähe – eine Nähe, die vom Dahinschwinden, aber auch von Zugehörigkeit geprägt war. Und als klar wurde, dass eine Genesung auszuschließen war, wurde die Nähe noch intensiver, und die Gespräche wurden noch intimer.

Ich bekam diese Zeit nur indirekt mit, hörte meine Freundin darüber berichten, wenn wir uns abends trafen, wenn wir mal ausgingen oder gemeinsam aßen. Als ihr Vater dann starb, hielt ich die Trauerrede, wofür wir noch einmal lange über ihn und die Zeit des Abschieds sprachen. Ich hörte von Dingen, über die sie staunte, über die sie lachend den Kopf schüttelte, die sie traurig machten, die sie wieder eintauchen ließen in diese Unmittelbarkeit der letzten Begegnungen, in denen sie vielleicht mehr über ihn erfahren hatte als jemals zuvor. Ich hörte von Nächten im Krankenhaus, in denen Vater und Tochter mit ein paar Dosen Bier auf der Bettkante gesessen hatten, ich hörte von Schmerzen und Freude, von Lachen und Tränen. Vor allem aber hörte ich etwas von Nähe, die sich in den letzten Monaten gezeigt hatte, die Vater und Tochter auf eine neue Weise in Momenten zusammengebracht hatte, die trotz aller Traurigkeit auch eine gewisse Freude beinhaltete. Eine Freude an dem gemeinsam erlebten Augenblick, der aufgrund seiner Vergänglichkeit so unglaublich kostbar war.

Desmond Tutu, der ehemalige Erzbischof von Kapstadt, hat etwas sehr Wahres gesagt:

> »Wir sind zerbrechliche Geschöpfe, und wir können zur wahren Freude finden – nicht trotz, sondern wegen dieser Schwäche.«[112]

Liebe und Leid können uns diese wundervolle Schwäche vor Augen führen, diese Zerbrechlichkeit, die es zulässt, dass wir berührt werden. Wenn wir lieben oder großem Leid ausgesetzt sind, streckt sich unsere Menschlichkeit in die Welt hinein, wir werden frei, unser Inneres mit anderen zu teilen und Raum in unserem Herzen zu schaffen.

Die Illusion der Kontrolle

Manchmal brauchen wir vielleicht ein gewisses Maß an Leid, um unsere Menschlichkeit in ihrer ganzen Tragweite annehmen zu können, um unsere Endlichkeit zu verstehen und den gegenwärtigen Augenblick wertzuschätzen. (Wie gesagt: Das ist eine Erkenntnis *für uns selbst*, nicht etwas, womit wir bei anderen Menschen hausieren gehen sollten!) Bei jedem bewusst erlebten Abschied zerbricht die Illusion unserer Kontrolle über das Leben, wir können uns nicht mehr vorgaukeln, dass ausgerechnet wir unsterblich seien, und müssen uns mit unserer eigenen Begrenzung auseinandersetzen. Das untergräbt die Machtansprüche unseres Ego und lässt uns demütig werden. (Demut im Sinne des lateinischen Wortes *humilitas:* zur Erde gehörend, also durch und durch menschlich.) Mechthild von Magdeburg, eine deutsche Mystikerin, die im 13. Jahrhundert als junge Frau ihr wohlhabendes Elternhaus verließ, um sich einer Gemeinschaft freier Beginen anzuschließen, meint genau diese Form der Demut und Egolosigkeit, wenn sie sagt:

»Du sollst minnen das Nicht, du sollst fliehen das Icht.«[113]

Leiden ist der Hinweis auf das Nicht, was unser Ich (als Ego, das denkt, alles kontrollieren zu können) in die richtige Relation zur Welt setzt. Manchmal müssen wir von außen aufgebrochen werden, damit wir in unser Innerstes sehen können. In dieser Weise versucht auch das bereits erwähnte Thomas-Evangelium dem Leiden einen Sinn abzugewinnen. Dort sagt Jesus:

»Selig ist der Mensch, der gelitten hat.
Er hat das Leben gefunden.«[114]

Das Leiden, so meint Jesus hier, führt uns zum Wesentlichen, weil im Angesicht des Leidens nichts anderes mehr wichtig ist. Dort finden wir das Leben, dort erhalten wir Zugang zur Quelle, die stets sprudelt. So ging es im 13. Jahrhundert auch dem berühmten Dschalaluddin Rumi, der ein eher konventioneller, wenn auch guter Theologe war, bevor ihn die Begegnung mit seinem Freund Schams e-tabrizi (und der Verlust desselbigen) aus dem Gleichgewicht warf und er sich der Liebe in seinem Herzen gewahr wurde.

Erst dann wurde er zu dem Dichter, als den ihn die Welt heute kennt und ehrt. Erst als sein Herz gebrochen war und er sich leidenschaftlich nach der Liebe verzehrte, die er nicht mehr von Schams e-tabrizi oder vom Göttlichen selbst unterschied, fand er seine ganz eigene Sprache.

»Der ist kein Liebender, der nicht bewegt ist wie der Geist, der nicht bei Nacht wie ein Gestirn den schönen Mond umkreist. Beherzige von mir dies Wort, das keine Torheit ist: Die Fahne kann nicht tanzen, wenn an ihr kein Sturmwind reißt.«[115]

Etwas moderner drückt das Leonard Cohen aus, wenn er singt: »There's a crack in everything, that's how the light gets in«[116] (Da ist ein Riss in allem, dort fällt das Licht herein). Das Leben (und das Leiden, was es manchmal mit sich bringt) reißt wie ein Sturmwind an uns, rüttelt uns durch, zerrt uns hierhin und dorthin – und führt uns doch in einen Tanz, der seine und unsere zerbrechliche Schönheit feiert. In uns entsteht ein Riss, etwas bricht in uns auf – und genau dort wird sichtbar, was uns ausmacht, unser Wesenskern, unsere Form der Liebe, die wir in die Welt bringen können. Dieser Riss ist auch die Sehnsucht, die uns der Spiritualität zuwenden lässt, die uns nach Gott (gedacht als ewigem Geliebten) suchen lässt. Mechthild von Magdeburg sagt dazu:

»Wird ein Mensch zu einer Stund
Von wahrer Liebe gänzlich wund,
So wird er nie mehr recht gesund,
er küsse denn denselben Mund,
der seine Seele machte wund.«[117]

Durch Liebe oder Leid öffnen wir unser Herz für das Wesentliche – und fortan möchten wir nichts anderes mehr als dieses Wesentliche. Das Licht ist durch unseren inneren Riss gefallen und hat uns sehend gemacht. Freiwillig wieder blind zu werden ist keine sehr verlockende Alternative, und darum richten wir unser ganzes Leben auf dieses Licht, auf dieses Wesentliche, auf das Göttliche, auf die Bierdose am Bett eines Sterbenden oder auf irgendeine andere Metapher aus, die das versinnbildlicht, worum es für uns im Leben geht.

Louis de Funès und der Herzkasper –

Wie wir uns von der Hektik befreien und Überforderung vermeiden

In einem wohlbekannten Online-Warenhaus ist seit einiger Zeit die Louis-de-Funès-Collection erhältlich: 16 DVDs für knappe 50 Euro. Was mich dabei wundert, ist die Tatsache, dass auf derselben Seite unter »Kunden, die dies gekauft haben, kauften auch …« nicht gleich Betablocker mit angeboten werden. Wer 16 Filme mit Louis de Funès sieht, wird danach doch garantiert unter hohem Blutdruck leiden. Das ewige Herumgespringe, das Haareraufen und Zetern, das Aufregen über jede Kleinigkeit, das Gestammel und die Wutanfälle … – wer kann das ohne entsprechende medikamentöse Versorgung ertragen?

Vielleicht ist es aber auch einfach so, dass die meisten Menschen ohnehin Betablocker nehmen und man ihnen diese nicht noch extra anpreisen muss. Stress scheint das zentrale Problem der westlichen Welt zu sein – nicht umsonst haben die meisten größeren Zeitschriften dieses Wort auf zumindest jeder dritten Ausgabe prangen.

Wir eilen von einer Sache zur anderen, wollen dies oder jenes erreichen und setzen uns selbst so lange unter Druck, bis wir unter diesem Druck zusammenzubrechen drohen. Ich weiß noch, wie ich in meinem früheren Job immer brav To-do-Listen angefertigt habe. Darauf standen dann 20 oder 30 Dinge, die ich dringend erledigen musste, die keinen Aufschub duldeten und von denen mindestens der Weltfrieden abhing. Ich tat dies und das und jenes, sprang von einem Projekt ins andere und kam mit nichts wirklich zu Ende. Abends war ich dann immer ganz stolz, wenn ich zehn von diesen Punkten als erledigt abhaken konnte, nur um direkt im Anschluss mindestens zwölf Punkte dazuzuschreiben, die ich am nächsten Tag abzuarbeiten hatte. Auch der größte Mathemagier kann sich ausrechnen, dass diese Liste niemals erledigt war, sondern wie ein Manifest des Unheils auf meinem Schreibtisch lauerte. Wenn ich morgens ins Büro kam, war die Liste schon da, hatte sich fein ausgeruht und hielt mir ihre hässliche Fratze zur Begrüßung hin. Besonders heimtückisch wurde sie an meinem letzten Arbeitstag vor dem Urlaub. Da drehte sie richtig auf, ließ weitere Punkte wie von Geisterhand erscheinen und spielte irgendwo im Hintergrund eine tickende, stetig anschwellende Drama-Musik, wie man sie von Quizsendungen kennt, wenn es für den Kandidaten um die Wurst geht. Wenn dieser letzte Arbeitstag hinter mir lag, lagen meine Nerven blank, und das Wissen darum, wieder einmal nicht alles geschafft zu haben, gab mir den Rest. War der Urlaub vorher noch eine nette Option gewesen, auf die ich mich gefreut hatte, war er nach diesem Tag stets eine absolute Notwendigkeit. Und so wurde ich im Laufe der Jahre von einem Stück Papier in die Verzweiflung getrieben. Ein mieses, hinterhältiges Stück Papier, das es eines Tages aber endgültig überreizt hatte. In einem Anflug von geistiger Klarheit und Entschlossenheit betrat ich eines Morgens das Büro, lächelte das Papier kaltherzig an, schoss ihm die Kniescheiben weg, verpasste ihm Betonschuhe und versenkte es an einer dunklen, schäbigen Hafenecke im Hudson River. Na gut, ich zerknüllte es und warf es in den Papierkorb – aber immerhin mit einer Überzeugung, die jedem Mafia-Killer gut zu Gesicht gestanden hätte.

Von diesem denkwürdigen Tag an ging ich die Dinge ruhiger an. Ich sprang nicht mehr wie Louis de Funès zwischen acht verschiedenen Projekten gleichzeitig umher, um dabei über mich selbst zu stolpern, sondern nahm mir eine Sache und brachte sie zu Ende. Dann machte ich eine Pause und widmete mich danach einem neuen Projekt. Und siehe da: Ich erledigte nicht weniger Dinge (aber auch nicht mehr – solche Versprechungen finden sich eher in amerikanischen Motivationsbüchern), sondern machte meine Arbeit mit dem gleichen Ergebnis, aber mit einer erheblichen Schonung meiner Herzkranzgefäße und vor allem meiner Seele. Stress – ob selbst gemacht oder durch Dritte erzeugt – macht nämlich vor allem eines: unglücklich! Wer immer das Gefühl hat, seiner Aufgabe nicht gerecht zu werden und sozusagen täglich zu versagen, wird kaum ein entspanntes Lächeln auf dem Gesicht haben, wenn er abends von der Arbeit nach Hause kommt.

Ebenso unglücklich wird aber auch derjenige, der den ganzen Tag gar nichts macht. Auch wenn wir uns manchmal vorstellen mögen, dass ein Leben in der Hängematte – mit einer Piña Colada in der einen Hand und einem kleinen Glöckchen zum Rufen unserer Bediensteten in der anderen – ein angenehmer Zustand wäre, können wir ziemlich sicher sein, dass uns ein solches Dasein auf Dauer in den Irrsinn triebe. Zwei Wochen? Okay. Drei Monate? Warum nicht. Aber ein ganzes Leben? Wohl kaum.

Die Kunst liegt also wie bei so vielen Dingen des Alltags im richtigen Maß. Und da kriegen wir auch wieder die Kurve zur Mystik, denn sowohl die Wüstenväter als auch die Mönche des Mittelalters waren Meister im Maßhalten. Sie wussten: Wer pausenlos im Hamsterrad herumflitzt und seinen inneren Rhythmus von billigem Kirmestechno bestimmen lässt, fällt irgendwann vor Erschöpfung um. Und wer den ganzen Tag im Bademantel durch die Gegend schlurft, weil Anziehen schon einen zu großen Einsatz erfordert, riecht sehr bald unangenehm. Beides keine sonderlich erstrebenswerten Optionen.

Der mittlere Weg der natürlichen Entfaltung

Benedikt von Nursia, dessen Ordensregel wohl als eines der prägendsten Schriftwerke Europas gelten darf, legte sehr viel Wert darauf, dass das Leben in seinem Kloster vom richtigen Maß bestimmt war. Vom Abt verlangt seine Regel vor allem, genau hinzuschauen, genau zu unterscheiden und Maß zu halten.[118]

»Er denke daran, dass man das geknickte Rohr nicht zerbrechen darf.«[119] In seiner Regel, die immerhin schon im 6. Jahrhundert entstand, fordert er nicht, alle gleich zu behandeln, wie man vermuten könnte. Stattdessen nimmt er die persönlichen Eigenheiten jedes Einzelnen ernst und geht auf sie ein, auf dass »die Starken finden, wonach sie verlangen, und die Schwachen nicht davonlaufen«.[120] Er weiß sich dabei in biblischer Gesellschaft, wenn er sich auf das 33. Kapitel der Genesis und den heiligen Jakob bezieht: »Wenn ich meine Herden unterwegs überanstrenge, werden alle an einem Tage zugrunde gehen.«[121]

Schon der alte Wüstenfuchs Abbas Antonius vertrat diese Haltung des Maßhaltens, als er eines Tages von einem Jäger angegangen wurde. Dieser lief schwitzend durch die Gegend, um Beute zu machen, und sah dabei, wie sich Antonius und seine Brüder ausruhten. Der Jäger war eine dieser typischen Arbeitsmaschinen, die immer verdammt schlechte Laune bekommen, sobald sie mitbekommen, dass jemand auch nur entspannt Luft holt. Da fühlen sie sich in ihrem Arbeitsethos – eigentlich aber in ihrem Ego, was sich gänzlich mit Anstrengung identifiziert (»Ich rackere, also bin ich!«) – verletzt und werden fies. Der Jäger baute sich also vor Abbas Antonius und seinen Wüstenkumpels auf und moserte herum, dass sie es sich ja sehr gut gehen ließen, während er (Subtext: als einziger Mensch auf der ganzen Welt) arbeiten müsse. Abbas Antonius bat ihn daraufhin, seinen Bogen zu spannen und einen Pfeil abzuschießen. Und dann noch einen und noch einen. Als Antonius den Jäger immer wieder aufforderte, weitere Pfeile abzuschießen, erwiderte dieser, dass der Bogen brechen werde, wenn er ihn dauernd spanne. »Siehst du«, meinte da der alte Antonius, »genauso brechen Menschen, wenn sie die ganze Zeit nur gefordert werden.«[122]

Lustigerweise bezog Abbas Antonius sich bei seinem Beispiel auch auf das spirituelle Leben, denn der Überlieferung zufolge sagte er: »So ist es auch mit dem Werk Gottes. Wenn wir uns über alle Maßen anstrengen, werden die Brüder bald zusammenbrechen.«[123]

Selbst ein spiritueller Weg kann zu neuer Hetze führen, wenn wir meinen, uns auf diesem Weg verbessern zu müssen, etwas erreichen zu müssen, uns selbst optimieren zu müssen. Wer sich Louis de Funès als Meditationslehrer aussucht, muss damit rechnen, dass er schon vor dem Frühstück das komplette Mahabharata[124] auswendig herunterhaspeln muss, um schneller und besser als die anderen zu sein. Es gibt jede Menge Bücher, die diesen Selbstoptimierungszwang in blumige Worte fassen und sich auf den ersten Blick wie Spiritualität lesen. Diese Werke haben meist Titel wie »Sieben spirituelle Strategien für ein erfolgreiches Leben« oder »Reich, schön und gesund in drei Tagen« oder auch »Wie du Gott dazu zwingst, dir zuzuhören und dir jeden verdammten Wunsch zu erfüllen«.

All diese Konzepte, die in solchen Büchern verbreitet werden, haben eins gemeinsam: Sie funktionieren ungefähr so gut wie meine To-do-Liste. Und am Ende fragt sich der Leser, was nur falsch an ihm sei, dass das alles bei ihm nicht funktioniere, während doch Bob, Sue, Jeremy und Karen in jedem dieser Bücher ausführlich darüber berichten, wie ungemein positiv sich ihr Leben mit der angepriesenen Methode verändert habe und wie »amazing« jetzt alles sei.

Vorbei ist es da mit der natürlichen Entfaltung unseres Potenzials, vorbei mit dem »In-die-Welt-hinein-Wachsen«, das die Mystik in allen Traditionen lehrt. Wenn wir uns erst mal in den Klauen der Selbstoptimierung befinden, kommen wir so schnell nicht wieder von ihr los. Während uns die Gesellschaft tagtäglich mit der Angst versorgt, nicht gut genug zu sein, nicht schlank genug, nicht klug genug, nicht reich genug, hilft uns diese Form der Spiritualität (wobei ich wirklich bezweifele, dass man sie so nennen sollte) nicht dabei, diese Ansprüche loszulassen, sondern verspricht uns, genau diese Ansprüche erfüllen zu helfen. Wir können dann hin und her flitzen, hier und dort suchen und immer darauf bedacht sein, die beste Meditationsmethode, die beste Gebetsform, die effektivste Yoga-Praxis oder den transformierndsten Transformationsprozess zu ergattern, aber schon der Kirchenvater Augustinus erkannte: »Ruhelos ist unser Herz, bis es ruhet in dir.«[125] Wobei sich das »in dir« natürlich auf Gott bezieht, worunter wir die tiefste Dimension des Lebens verstehen müssen, das Wesentliche, worum es geht. In den letzten dreitausend Jahren gab es immer Menschen, die verlernt hatten, sich auf dieses Wesentliche einzulassen, die nicht mehr wussten, wie sie mit Gott oder dem Leben mitfließen konnten. Angelus Silesius rief ihnen zu:

»Halt an, wo läufst du hin? Der Himmel ist in dir;
Suchst du Gott anderswo, du fehlst ihn für und für.«[126]

Oft hatten und haben diese Menschen Schwierigkeiten, sich selbst als ein natürliches Wesen zu betrachten, das ebenso keiner von außen erteilten Daseinsberechtigung bedarf wie ein Baum, ein Strauch, ein Vogel oder ein Berg. Weil sie ihren Selbstwert nicht als gegeben – oder besser noch als geschenkt – betrachten, meinen sie, ihn sich verdienen zu müssen. Und diese traurige Vorstellung kann sich dann in exzessiver Arbeit oder in einem weit über die eigenen Kräfte gehenden Einsatz für andere äußern. Krankenhäuser und andere soziale Einrichtungen werden oft von Menschen getragen, die sich selbst zu viel zumuten, und auch die Zahl der Priester und Seelsorger, die unter einem Burn-out leiden, nimmt jedes Jahr zu. Man gibt und vergisst sich dabei selbst. Vor diesem Effekt warnte schon Bernhard von Clairvaux, als er vor etwa 900 Jahren diese Zeilen schrieb:

»Wenn du vernünftig bist,
erweise dich als Schale und nicht als Kanal,
der fast gleichzeitig empfängt und weitergibt,
während jene wartet, bis sie gefüllt ist.
Auf diese Weise gibt sie das,
was bei ihr überfließt,
ohne eigenen Schaden weiter.

Lerne auch du,
nur aus der Fülle auszugießen,
und habe nicht den Wunsch,
freigiebiger zu sein als Gott.
Die Schale ahmt die Quelle nach.
Erst wenn sie mit Wasser gesättigt ist,
strömt sie zum Fluss, wird sie zur See.

Du tue das Gleiche!
Zuerst anfüllen und dann ausgießen.
Die gütige und kluge Liebe ist gewohnt
überzuströmen, nicht auszuströmen.

Ich möchte nicht reich werden,
wenn du dabei leer wirst.
Wenn du nämlich mit dir selber schlecht umgehst,
wem bist du dann gut?
Wenn du kannst, hilf mir aus deiner Fülle;
wenn nicht, schone dich.«[127]

Die Vorstellung, sich den eigenen Wert verdienen zu müssen, schöpft nicht aus dieser Fülle, sondern im Gegenteil aus einem Mangel. Und dieser innere Mangel kann ebenso in eine Anhäufung von Reichtümern oder auch in religiöse Verkrampfung münden.[128] Gerade Letzteres kann uns unter erheblichen Druck setzen, unser Leben zu einer einzigen verzweifelten Suche werden lassen, wovon unser schlesischer Freund, Angelus Silesius, dringend abrät:

> »Gott ist ein lauter Nichts, Ihn rührt kein Nun noch Hier:
> Je mehr du nach Ihm greifst, je mehr entwird er dir.«[129]

Jeder von uns wird schon Momente erlebt haben, in denen er verstanden hat, dass je mehr er sich anstrengt, desto weniger dabei herauskommt. Manchmal hilft nur loslassen.

Darum ist für mich einer der schönsten Gedanken der Mystik (und gleichzeitig auch eine wirksame Stressbewältigung) die Überzeugung, dass wir unseren Wert nicht unter Beweis stellen müssen. Niemals. Ebenso wie der Baum oder der Vogel sich nicht anstrengen müssen, sie selbst zu sein (und dafür von der Welt geliebt zu werden), kann es auch uns gelingen, uns in unserem Leben zu entspannen. Die Programme der Selbstoptimierung fußen meist auf bloßen Ideen, wie wir sein *sollten*. Und in den meisten Fällen sind das nicht einmal unsere eigenen Ideen. Doch wie wir in den vorherigen Kapiteln schon gesehen haben, dienen wir dem Leben am besten damit, zu sein, wer wir sind, und in diesen einzigartigen, vielleicht 70 oder 80 oder 90 Jahren unsere Menschlichkeit zu entfalten.

»Lass mein Leben einfach und gerade sein, wie eine Flöte aus Schilfrohr, die du mit Musik erfüllst.«[130]

Ganz von selbst erklingt diese Musik der Menschlichkeit, diese Musik unseres wahren Wesens in uns, wenn wir unsere eigenen Ansprüche und die anderer loslassen können. Wenn wir leer sind wie eine Flöte, kann der Wind (der Heilige Geist) in uns fahren und dort durch uns tönen. Meist wird dieses Lied eher ruhig erklingen, wird immer wieder neue, überraschende Melodien hervorbringen, die vom großen Rhythmus des Lebens getragen werden. Sehr selten wird unser innerer Louis de Funès dazu seinen Veitstanz aufführen wollen.

Übung:

Ein neues Rhythmusgefühl entwickeln

Mönche und Nonnen waren seit jeher Meister und Meisterinnen des Maßhaltens, auch wenn Sie jetzt vielleicht an den dicken Bauch von Bruder Tuck denken oder an die feisten Wangen irgendeines Mönches in der Bierwerbung. Worum es in dieser Übung geht, ist vor allem das Maß der Zeit. Wenn ich in christlichen Klöstern zu Gast bin, beeindruckt mich immer wieder die Prioritätensetzung der Mönche. Gott steht an erster Stelle, und alles andere ordnet sich diesem höchsten Ziel unter. Wenn die Glocke zum Gebet ruft, soll ein Mönch mitten im Satz aufhören zu schreiben, seinen Stift beiseitelegen und sich zum gemeinsamen Psalmensingen einfinden. In der Benediktsregel heißt es:

»So seien die Mönche stets bereit:
Auf das Zeichen hin sollen sie
ohne Zögern aufstehen und sich beeilen,
einander zum Gottesdienst
zuvorzukommen.«[131]

Der Tag ist durch einen Wechsel von Beten und Arbeiten (ora et labora) gekennzeichnet, sodass niemand sich totschuftet und immer Zeit für das geistige Leben bleibt und somit die seelischen Bedürfnisse nicht zu kurz kommen.

Sicherlich können wir in unserem Alltag mit Acht-Stunden-Job, Haushalt und Kindern keine fünf oder sechs längeren Gebetszeiten einrichten, wie es heute in den meisten benediktinischen Klöstern üblich ist. Aber vielleicht können wir uns dennoch von diesem Rhythmusgefühl, das die Mönche an den Tag legen, inspirieren lassen. Manchmal kann eine Struktur, die wir unserem Tag selbst geben, dazu beitragen, in ein neues Rhythmusgefühl hineinzukommen und dadurch den Tag insgesamt entspannter zu gestalten beziehungsweise sich auch Zeit für die wirklich wichtigen Dinge zu nehmen. Dazu hilft es schon enorm, unseren Tag beispielsweise mit zwei kurzen Meditationszeiten »einzurahmen«, morgens nach dem Aufstehen als Erstes die Stille zu genießen und abends unseren Tag mit dieser Stille abzuschließen, ihn zu einem guten Ende zu bringen.

Mir hilft es auch, dass ich an meiner Armbanduhr ein Alarmsignal habe, das jeden Mittag um Punkt zwölf erklingt. Dann nehme ich mir ein paar wenige Minuten, in denen ich mich auf meinen Atem konzentriere und das ruhen lasse, was ich ansonsten gerade tue. Es ist einfach ein Moment der bewussten Pause:

Ich atme.

Ich bin lebendig.

Ich bin ein Mensch und keine Schreibmaschine.

Auch eine bewusste Pause zwischen Arbeit und Familienleben kann hilfreich sein. Als ich noch im Verlagswesen gearbeitet habe, bin ich nach Feierabend sehr oft für fünf Minuten in die Kirche gegangen, die auf meinem Nachhauseweg lag. Dort habe ich die Arbeit hinter mir gelassen, um mich dann einem anderen Teil meines Lebens zu widmen. Beruf und Freizeit bewusst voneinander zu trennen kann helfen, sich von den beruflichen Anforderungen zu lösen und sie nicht gedanklich mit in unser Familienleben zu schleppen.

Ich bin sicher, Ihnen fallen noch ein paar andere Möglichkeiten ein, mit denen Sie Ihren Tag auf gesunde und praktikable Art strukturieren können.

Der Hulk in uns allen –

Der Unterschied zwischen Zorn und Engagement

Dr. Bruce Banner ist eigentlich ein netter Kerl. Nuklear- und Biophysiker, pfiffig, hilfsbereit und von den meisten seiner Kollegen geachtet und respektiert. Nachdem er jedoch bei einem missglückten Versuch im Labor einer hohen Dosis Gammastrahlung ausgesetzt war, ändert sich sein Leben auf dramatische Weise. Immer wenn er sich nun aufregt, verwandelt er sich in ein grünhäutiges Ungetüm mit enormen Kräften, der alles um sich herum in Schutt und Asche legt: der Hulk!

Ursprünglich in den 60er-Jahren als Comicserie von Stan Lee (wem sonst?) und Jack Kirby konzipiert, erfreut sich der Hulk seitdem stetiger Beliebtheit, was wohl daran liegt, dass wir uns alle in ihm und seinen Ausrastern wiedererkennen. Und so hat der Hulk in unserer Popkultur schon einige Inkarnationen erlebt: In der Fernsehserie »The Incredible Hulk«, die von Ende der 70er- bis Anfang der 80er-Jahre produziert wurde, musste sich noch Bill Bixby in Lou Ferrigno verwandeln, der sich dann in stets Oscar-verdächtiger Weise das Hemd zerriss und alles platt walzte, was ihm nicht in den Kram passte. Heute sorgen die im modernen Kino allgegenwärtigen CGI-Effekte dafür, dass sich Eric Bana, Mark Ruffalo und sogar so ein hühnerbrüstiger Typ wie Edward Norton in ein tobendes Monster verwandeln können.

Aber Moment mal … Völlig ausflippen, grün vor Wut werden und ohne Rücksicht auf Verluste alles niedermähen, was im Weg steht? Wer braucht denn dafür ein ganzes Team an CGI-Tüftlern? Lächerlich! Das können wir auch ohne computeranimierte Tricks. Uns reicht schon jemand, der uns den vermeintlich letzten Parkplatz vor dem Einkaufszentrum wegschnappt. Kennen Sie das nicht auch? Da kurven Sie immer wieder herum und regen sich schon ziemlich über die SUV-Fahrer auf, die für ihre Karren immer zwei Parkplätze zu brauchen scheinen, sehen dann endlich einen freien Platz – und kurz bevor Sie Ihr Jagdinstinkt zum Erfolg führt, kommt ein Smart angebummelt, der ja auch gut am Fahrradständer Platz fände, und huscht in die Lücke. *Ihre* Lücke! Da kommen Sie sich entweder vor wie Mr. Bean, der von seinem Erzfeind im hellblauen Reliant Regal Supervan III verfolgt wird, oder eben wie der Hulk. Meist entscheiden wir uns für die Variante Hulk: aussteigen, herumbrüllen, zumindest aber im Auto sitzen und aufs Lenkrad dreschen, die Augen verdrehen, um dem Fahrer des Smart unsere Mordabsichten mitzuteilen (schließlich hatten wir *schon geblinkt!*), den Unterkiefer vorschieben und mit Neandertaler-Visage entnervt weiterfahren. Wenn dann noch die Kinder im Auto quengeln, ist endgültig Feierabend: »Eis? ICH GEB DIR GLEICH EIN EIS!!!«

Sagen Sie nicht, Sie würden solche Situationen nicht kennen. Vielleicht mögen Sie bei der Parkplatzsuche oder überhaupt im Straßenverkehr wie ein buddhistischer Mönch auf Valium reagieren (was ich bezweifele!), doch irgendetwas gibt es immer, was uns innerlich zur Weißglut treibt und leider oft genug die Contenance verlieren lässt.

Wie oft habe ich schon geschnaubt wie ein erschöpftes Rennpferd, wenn ich gefühlt seit Stunden in der Kassenschlange des Supermarkts stand, nur um dann festzustellen, dass der Kunde direkt vor mir vergessen hat, sein Obst abzuwiegen und nun mitten im Kassiervorgang erst einmal losrennen muss, um das nachzuholen. Und natürlich sind das immer Leute, denen man während des Gehens die Schuhe besohlen kann.

Das Schnauben ist vielleicht nicht so wirklich Hulk-mäßig, aber es möchte doch dem Obst-Abwiege-Vergesser signalisieren: »Wenn es keine gesellschaftlichen Regeln gäbe, würde ich dich dafür töten!« Die Schicht der Zivilisation ist ähnlich dünn wie Bruce Banners Hemden!

Vielleicht können Sie sich auch noch an den letzten kleinlichen Streit mit ihrem Partner oder ihrer Partnerin erinnern. Nach ein paar Minuten war der eigentliche Grund schon vergessen, und es ging nur noch darum, sich gegenseitig lang gehütete verbale Brandbomben an den Schädel zu werfen. Irgendetwas reißt uns mit, und wenn wir erst mal angefangen haben, ist es schwer, wieder aufzuhören. Wie der Hulk, wenn er losbrüllt und mit Lkws oder Panzern um sich wirft, hauen wir anderen Menschen unsere ganze gebündelte Unzufriedenheit um die Ohren. Und genau wie der Hulk, der am nächsten Morgen etwas derangiert als ganz normaler Mensch aufwacht und sich fragt: »Huch, welche Kleinstadt habe ich denn diesmal dem Erdboden gleichgemacht?«, kommen auch wir wieder zu uns, schauen uns verwirrt das emotionale

Trümmerfeld um uns herum an und gehen kleinlaut pfeifend unserer Wege – hoffend, dass uns niemand dabei gesehen hat.

Auf entwaffnend ehrliche und selbstironische Weise schildert die buddhistische Nonne Pema Chödrön diese Angst vor dem Erwischtwerden, diesen Moment, wenn uns klar wird, dass unser Verhalten so gar nicht zu unserem üblichen Selbstbild passt. Sie erzählt von einer Reise mit ihrer sechsjährigen Enkelin, deren Verhalten immer wieder ihre Geduld auf die Probe stellte. Eine Probe, die sie des Öfteren verlor. Irgendwann beugte sie sich zu ihrer Enkelin herunter und sagte: »Hör mal, Alexandria, das ist eine Sache nur zwischen der Oma und dir – in Ordnung? Du wirst niemandem erzählen, was hier vorgefallen ist. Du hast doch die Bilder von Oma auf dem Umschlag von Büchern gesehen, nicht wahr? Wenn du jemanden siehst, der so ein Buch bei sich hat, dem erzählst du auf keinen Fall, was hier los war!«[132]

Ich liebe Pema Chödrön – und ich kann mir beim besten Willen nicht vorstellen, wie sie wegen irgendetwas ausflippt. Aber offensichtlich tut sie es doch. Auch in ihr wohnt irgendwo ein Hulk. Ein kleiner, eher niedlicher Hulk, aber ein Hulk!

Es tröstet ein bisschen über die eigene Unzulänglichkeit hinweg, wenn eine buddhistische Nonne, die seit mehr als 40 Jahren regelmäßig meditiert, noch ab und an die Fassung verliert …

Wenn uns der Zorn packt, sind wir unfähig, einen klaren Gedanken zu fassen. Schauen Sie sich mal den Gesichtsausdruck des Hulk an. Wenn Sie richtig wütend sind, sehen Sie ganz genauso aus. Diese Vorstellung lässt einen erschaudern, ändert aber nichts daran, dass wir immer wieder in diese Abwärtsspirale hineingeraten. Wie oft habe ich schon in dieser »Unordnung der Seele«[133]

den Couchtisch verflucht, weil er sich offenbar im letzten Moment meinem kleinen Zeh in den Weg gestellt hat! Da nützt mir auch die gut gemeinte Mahnung des Propheten Habakuk herzlich wenig: »Auch wenn du zürnst, denk an dein Erbarmen!«[134] Ja, klar! Sobald ich die Axt aus dem Keller geholt und den verdammten Tisch zu Brennholz verarbeitet habe …

Auch der Hinweis aus dem Buch der Prediger hilft mir nicht unbedingt weiter, weil ich das längst weiß: »Zürne nicht zu rasch, denn der Zorn ruht in der Brust der Narren.«[135] Im Club der Narren habe ich doch schon vor Jahren meinen goldenen Mitgliedsausweis bekommen!

Vor Zorn warnen kann jeder, denn jeder Mensch versteht, dass Raserei zu (Selbst-)Zerstörung führt – für diese Erkenntnis muss man nicht einmal den Hulk kennen.

Deshalb mag ich die Wüstenväter so sehr, denn sie waren recht praktisch veranlagt, dazu sehr gute Beobachter ihres eigenen Innenlebens und kannten alle Emotionen aus erster Hand. Was sie in der Einsamkeit der Sketis so sehr aufgeregt hat, dass sie auch ab und an ausflippten, ist mir ein Rätsel. Vielleicht hatte jemand mal die letzte Sonnencreme verbraucht und keine neue besorgt, oder ein Mitbruder hatte unanständige Muster in seine Körbe eingeflochten – ich weiß es nicht. Aber auf jeden Fall kannten sie das Gefühl, vom Zorn übermannt zu werden, und erwiesen sich bei diesen Gelegenheiten als gute Psychologen.

Sie bemerkten – nebenbei gesagt ohne Studium der buddhistischen Schriften, die zu einem ähnlichen Ergebnis kamen –, dass den tobenden Gefühlen ebensolche Gedanken zugrunde liegen. Gedanken, die mich selbst sehr wichtig nehmen, verengen meine Weltsicht: *Das ist mein Parkplatz! Warum muss der Depp, der sein*

Obst nicht abwiegen kann, ausgerechnet vor mir in der Schlange stehen? Wie kannst du es wagen, mich zu kritisieren? Mich, den spirituellen Autor und Großmeister der inneren Ausgeglichenheit! Und natürlich: *Warum steht dieser Tisch mir im Weg? Weiß das Universum denn nicht, dass ich mich auf einer lebenswichtigen und weltverändernden Mission befinde, die mich vom Wohnzimmer in die Küche führen soll, um mir eine Tüte Chips zu holen?*

Die Gefühle sind nicht das eigentliche Problem. Schon Säuglinge erleben Wut. Wenn Mama nicht rechtzeitig die Milchbar öffnet, wird losgebrüllt. Doch diese Wut verraucht schnell, weil sie nicht weiter von Gedanken genährt wird. In dieser Kunst werden wir erst später zum Spezialisten, wenn wir gelernt haben, dass wir mit unserem Denken in der Lage sind, beständig um uns selbst zu kreisen, dabei das Gefühl eines von der Welt getrennten Ichs immer weiter zu nähren, und die Worte *mein, mir* und *mich* uns in Fleisch und Blut übergegangen sind.

Die Wüstenväter waren wie gesagt auch so manches Mal genervt. Irgendetwas geschah, was dem ruhigen Versunkensein in die Quere kam, und schon lief auch der Eremit grün an und begann, sich die Kutte zu zerreißen. Doch dann merkte er, dass er wütend wurde, hielt inne und fragte sich, warum dem so ist: *Was ist so wichtig an mir, dass die Welt mir jeden Wunsch erfüllen soll? Warum sollte Gott ausgerechnet mich mit Prüfungen verschonen? Ist es wirklich so schlimm, dass Bruder Makarius seine Dattelkerne immer neben meine Hütte spuckt?*

Die Wüstenväter waren Meister der achtsamen Beobachtung, da wäre selbst Jon Kabat-Zinn[136] vor Neid erblasst. Und wenn einer von ihnen sich mal beklagte, dass es ja in der Sketis verdammt heiß sei und dass Gott ihn offenbar mit dieser mörderischen Hitze strafen wolle, dann fiel ihm bestimmt auch bald ein, dass er sich den Quatsch ja selbst ausgesucht hatte, und vor allem, dass Hitze nicht bedeutet, dass Gott sich auf seinem Thorn scheckig lacht, weil Bruder Hilarions Kutte vor Schweiß stinkt wie ein Iltiskäfig, sondern dass es eben einfach heiß *IST*. Punkt. Da gibt es weder eine böse Absicht noch einen hämischen Plan, um Bruder Hilarion in den Wahnsinn zu treiben.

Wie alle Mystiker waren die Wüstenväter eher kontemplative Charaktere. Und Kontemplation heißt in letzter Konsequenz auch immer, die Dinge so zu sehen, wie sie sind. Wirklich in Kontakt zu sein mit der Realität. Auch mit der inneren Realität. Ich erfahre mich selbst und sehe den Grund für meinen Zorn. Ich sehe meine generelle Unzufriedenheit, sehe die Verbote, die ich mir selbst auferlege, weil ich denke, so oder so müsse man sein Leben führen. Wenn mir dann andere begegnen, die sich mehr Freiheiten gönnen, schwelt der Zorn in mir. Eigentlich bin ich aber nicht auf sie zornig, sondern auf mich selbst. Ich entdecke das Unerlöste in mir, das, was ich noch nicht annehmen kann. Und anstatt genauer hinzusehen … Genau, Sie ahnen es schon: grün anlaufen, Hemd zerreißen, Lehmhütten umwerfen, Couchtische zerhacken …

Emotionen und die Kunst der Balance

Richtigerweise heißt es ja im Deutschen »sich ärgern«. Da ist Ärger – und dann machen wir ihn schlimmer, indem wir »uns ärgern«, das heißt, uns immer weiter in den Ärger hineindenken.

Und natürlich können wir uns auch darüber ärgern, dass wir uns ärgern. So geraten wir mehr und mehr aus dem Gleichgewicht und verlieren unsere innere Ruhe, die wir brauchten, um uns selbst urteilsfrei zu beobachten.

Niemand ist davor gefeit, ab und an aus der Fassung zu geraten. Denken Sie nur an Pema Chödrön. Oder lauschen Sie einem bewährten Altvater aus der ägyptischen Wüste, der deutlich aufzeigt, dass wir Emotionen niemals ganz hinter uns lassen werden:

> »Vierzehn Jahre habe ich in der Wüste verbracht und habe Tag und Nacht Gott gebeten, er möge mir die Gnade gewähren, den Zorn zu überwinden.«[137]

Zu solchen Bitten sagt Gott aber ganz einfach: »Nö.« Weil Menschen Menschen bleiben sollten – und zu denen gehören Emotionen und die mit ihnen verbundenen Herausforderungen einfach dazu. Wir wachsen daran, mit diesen Gefühlen umzugehen. Das heißt nicht, dass wir diese Emotionen einfach ausleben sollen, wie es oft genug empfohlen wird, damit wir uns kein Magengeschwür zuziehen. (Eine tolle Empfehlung! »Lieber Hulk, das ist alles völlig in Ordnung. Kein Mensch braucht New York. Hauptsache, du unterdrückst deine Gefühle nicht. Das ist nämlich voll ungesund!«) Der Dalai-Lama sagt ganz richtig:

> »Generell glaube ich (…), dass Zorn und Hass zu den Gefühlen gehören, die sich verschlimmern und verstärken, wenn wir sie nicht beachten und kontrollieren. Gewöhnen wir uns einfach daran, ihnen freien Lauf zu lassen, werden sie in der Regel nicht ab-, sondern zunehmen. Deshalb meine ich:

Je öfter es uns gelingt, eine vorsichtige Haltung zu beziehen und durch aktives Bemühen die Intensität von Hass und Zorn zu verringern, desto besser.«[138]

Diese »vorsichtige Haltung«, von der der Dalai-Lama spricht, ist die Beobachtung unserer Reaktionen und inneren Muster. Woher kommen diese Gefühle? Was liegt ihnen in Wirklichkeit zugrunde? Warum übermannen sie mich so?

Ein mir ganz besonders am Herzen liegender Mystiker hat in aller Kürze eine plausible Herleitung parat. Er ist auch grün, allerdings eine Ecke kleiner als der Hulk und wesentlich verlässlicher, was emotionale Stabilität angeht: Meister Yoda …

»Furcht führt zu Wut, Wut führt zu Hass. Hass führt zu unsäglichem Leid.«[139]

Auch wenn diese Aussage aus einem Science-Fiction-Märchen stammt, ist sie doch eine brillante Analyse, die nicht nur vorwegnimmt, warum ein niedliches Kerlchen wie Anakin Skywalker letztlich zu einem verwirrten und gewalttätigen Despoten wie Darth Vader werden kann, sondern auch tatsächlich darauf hinweist, was in uns allen geschehen kann, wenn wir der Furcht in unserem Herzen Raum geben. Furcht (oder Angst) ist der grundlegende Samen, aus dem nahezu alles Schlechte in dieser Welt erwachsen kann. Die Angst vor der Sinnlosigkeit unserer Existenz, die Angst, verloren zu sein, nur ein unbedeutender Wicht auf einem Staubkrümel am Rande des Universums zu sein, führt dazu, uns aufzublähen und uns immer wieder von unserer eigenen Wichtigkeit überzeugen zu müssen. Ich bin niemand, aber mithilfe eines schrankenlosen Konsums, meiner Platin-Kreditkarte, meines Hauses, meines Autos, meines Boots, bin ich endlich jemand. Ich fürchte mich vor der eigenen Bedeutungslosigkeit, aber in dem Moment, in dem ich Macht über Schwächere ausübe, fühle ich mich als Zentrum der Welt. Ich fürchte zu verlieren, was mir am Herzen liegt, und tue mein Möglichstes, den abscheulichen Wandel im Zaum zu halten. Ich fürchte mich, zu sterben und mich im Nichts aufzulösen, daher leugne ich mit aller Kraft das Unausweichliche.

Meine Furcht wird zu Wut: auf diejenigen, die mir meine eige-ne Bedeutungslosigkeit spiegeln; auf diejenigen, die mir etwas wegnehmen könnten; auf diejenigen, die es wagen, mich infrage zu stellen. Meine Wut wird zu Hass auf alle die, die nicht mit mir einer Meinung sind, die alles, was ich mir mühsam aufgebaut habe, vermeintlich unterminieren. Ich hasse die, die nicht so stark sind wie ich, weil sie mich an meine eigene Schwäche erinnern, weil sie mir die Momente vor Augen rufen, in denen mich weder Konsum noch Macht trösten können und ich hilflos wie ein kleines Baby weinend auf meinem Bett liege.

Aus dem Hass heraus schlage ich um mich, überschreite jede Grenze, denke stets nur an meinen eigenen Vorteil (an mein eigenes vermeintliches Besiegen der Angst) und füge anderen, die selbstverständlich selbst daran schuld sind, großes Leid zu.

Ich war Anakin – ein schwacher, kleiner Junge –, aber jetzt bin ich der mächtige Darth Vader. Mir kann keiner was!

So ungefähr läuft es. Und deshalb brauchen wir jede Menge Yodas, die uns helfen, unsere Angst anzuschauen, ihr tatsächlich zu begegnen, sie zu erkennen und sie in uns zu heilen, bevor sie zu Wut, zu Hass und zu Leid wird. Dabei hilft die Meditation, aus der sich nach und nach Liebe und Vertrauen entwickeln. Liebe, die wir allen Wesen gegenüber empfinden, die wir aber auch bereit sind zu empfangen. Und Vertrauen darin, hier an unserem Platz aufgehoben zu sein.

Jesus als erster »christlicher« Mystiker setzt hier mit seiner Bergpredigt an. Er preist die Menschen selig, die auch, wenn sie von Angst geplagt sind, ihren Weg weitergehen und dabei auf Wut, Hass und Gewalt verzichten.[140] Er spricht von dem »Vater«, der im Verborgenen ist und damit überall und stets bei uns.[141] Und er spricht vom Vertrauen, das Menschen wie uns, die wir fast alle von einer Grundangst befallen sind, naiv erscheinen mag:

»Seht euch die Vögel des Himmels an: Sie säen nicht, sie ernten nicht und sammeln keine Vorräte in Scheunen; euer himmlischer Vater ernährt sie. (...) Lernt von den Lilien, die auf dem Feld wachsen: Sie arbeiten nicht und spinnen nicht. Doch ich sage euch: Selbst Salomo war in all seiner Pracht nicht gekleidet wie eine von ihnen. (...) Sorgt euch also nicht um morgen; denn der morgige Tag wird für sich selbst sorgen.«[142]

Was Jesus hier tut, ist nichts weiter, als Einsteins berühmte Frage, ob das Universum ein freundlicher Ort sei oder nicht, mit einem klaren Ja zu beantworten. Selbst wenn wir vielleicht auch seine Vater-Metapher nicht ganz nachvollziehen können, so können wir uns doch immerhin dieses Ja vor Augen halten, uns daran erinnern und zumindest versuchen, es von Zeit zu Zeit mitzusprechen. Ich bin wirklich überzeugt, dass durch eine kontemplative Lebensweise und eine mystische Sicht auf die Welt dieses Ja immer wieder aufscheint und wir langsam in dieses Vertrauen hineinwachsen können. Dann überwältigt uns die Angst nicht und zerrt nicht so stark an Magen und Stammhirn. Wir können den Zorn weitestgehend mäßigen, weil wir ihn und seine Herkunft verstehen, sodass harmlose Kleinstädte, uns zuvorkommende Einparkkünstler oder Planeten der Rebellenallianz unbeschadet bleiben. Übrigens hält auch Edward Norton in seiner Rolle als Bruce Banner aka Hulk seinen in vielerlei Hinsicht gefährlichen Blutdruck mit Meditation im Zaum.

Und dann wäre da noch der heilige Zorn …

Wie die meisten Dinge auf dieser Welt hat auch der Zorn zwei Seiten. Zwar warnten die Wüstenväter vor jeder Form von Zorn, und für sie spielte die Ursache des Zorns bei diesem Urteil keine Rolle. Doch ich denke, dass die Motivation für eine – drücken wir es mal vorsichtig aus – deutliche Parteinahme entscheidend ist. Zwischen Selbstgerechtigkeit und Gerechtigkeit besteht nun einmal ein Unterschied – und die Vermeidung des Zorns soll nicht bedeuten, sich alles gefallen zu lassen. Lassen wir noch einmal den Dalai-Lama zu Wort kommen, der ja heutzutage als der Inbegriff der Zurückhaltung gilt, sodass einem Mahatma Gandhi schon fast wie ein cholerischer Irrer vorkommen mag.

»Es gibt zwei Arten von Zorn, eine negative und eine positive, je nachdem, von welcher Motivation ein Mensch geleitet wird. Ist der Zorn von Mitgefühl motiviert, so kann er Antrieb oder Katalysator für eine positive Handlung sein. Unter solchen Umständen können menschliche Gefühle wie Zorn als Kraft wirken, die zu schnellem Handeln befähigt.«[143]

Um es mal an einem Beispiel zu erläutern: Mein Mitgefühl mit Tieren kann durchaus zu einem gewissen Zorn führen, der mich dazu bringt, einem tierquälerischen Menschen beherzt entgegenzutreten oder auch Tiere aus schrecklichen Haltungsbedingungen zu befreien (wozu meist ein gerüttelt Maß an Aggressivität von-nöten ist) und sie an einen besseren Ort zu bringen. In solchen Zusammenhängen ist die positive Art von Zorn durchaus nützlich und sinnvoll. Sie ist von Mitgefühl geleitet, hat also eine reine Motivation und führt zu etwas Gutem. Wenn ich jedoch für jeden Menschen, der sich nicht vegan ernährt, die Todesstrafe fordere, dann ist meine Motivation alles andere als rein, dann gebe ich mich dem Hass hin, der sich in Allmachtfantasien äußert. (Der Wunsch, über Leben und Tod anderer zu entscheiden, ist die größte Machtfantasie überhaupt und hat ihre Ursachen ebenfalls in der Angst.) Damit schade ich dann nicht nur mir und anderen Menschen, sondern auch der ursprünglich guten Sache (in diesem Fall dem Tierschutz). Das muss ich mir immer wieder bewusst machen, wenn ich mich dabei erwische, mir vorzustellen, was ich mit den Kräften des Hulk (oder seinem Fluch) alles in der Mon-santo-Zentrale anrichten … äh, positiv verändern könnte.

Die Motivation ist also entscheidend, wie auch die Mischna, die Basis des jüdischen Talmuds, sagt:

»Nur ein Streit um höchste Ziele führt zum guten Abschluss.«[144]

Neben dem blindwütigen Zorn eines Hulk oder der angstbesetzten Wut eines Darth Vaders gibt es somit noch den heiligen Zorn, der zum Beispiel den guten Jesus packte, als er eines Tages den Tempel betrat und sah, wie zwielichtige Händler den Gläubigen viel Geld für Opfertiere abknöpften. Da platzte selbst dem freundlichen Zimmermann der Kragen.

Viele Menschen stellen sich Jesus ja als stets milde lächelnden Weisen vor, als sanften Heiler und Lebenslehrer, dem Aggression völlig fremd war. Zudem wird er in der bildenden Kunst seit eh und je als Frau mit Bart dargestellt, was diesen Eindruck noch verstärkt. Jesus ist in der gängigen und verharmlosenden Darstellung sozusagen die Conchita Wurst der Spiritualität. Aber er konnte auch ganz anders sein, wenn ihn der heilige Zorn packte:

> »Das Paschafest der Juden war nahe und Jesus zog nach Jerusalem hinauf. Im Tempel fand er die Verkäufer von Rindern, Schafen und Tauben und die Geldwechsler, die dort saßen. Er machte eine Geißel aus Stricken und trieb sie alle aus dem Tempel hinaus, dazu die Schafe und Rinder; das Geld der Wechsler schüttete er aus und ihre Tische stieß er um. Zu den Taubenhändlern sagte er: Schafft das hier weg, macht das Haus meines Vaters nicht zu einer Markthalle!«[145]

Soweit überliefert, übertrieb er es dabei nicht. Er zerriss sich nicht das Gewand und verwandelte sich in eine grünhäutige Kampfmaschine, die die Köpfe der Händler wie ein riesiger Nussknacker zerbrach. (Obwohl das den Unterhaltungswert der biblischen Geschichten sicher steigern würde.) Er machte nur deutlich, dass dieses Treiben seiner Meinung nach an diesem Ort nichts zu suchen hatte.

Manchmal, wenn unser Zorn aus Liebe geboren wird, haben wir den Mut, offensichtlich fehlgeleiteten Dingen bestimmt entgegenzutreten. Wir entwickeln von einem Augenblick zum anderen eine Stärke, die eine enorme Wirkung zeigen kann. Uns fliegen dann vielleicht Worte zu, die wir von uns selbst gar nicht erwartet haben, eine Autorität spricht aus uns, die uns selbst überrascht. Bleiben wir noch einen kurzen Moment bei dem Wanderprediger aus Nazareth und lauschen ihm, wie sein heiliger Zorn sich in Worte ergießt, die es wirklich in sich haben:

»Die Schriftgelehrten und Pharisäer (...) schnüren schwere Lasten zusammen und legen sie den Menschen auf die Schultern, wollen selber aber keinen Finger rühren, um die Lasten zu tragen. Alles, was sie tun, tun sie nur, damit die Menschen es sehen: Sie machen ihre Gebetsriemen breit und die Quasten an ihren Gewändern lang, bei jedem Festmahl möchten sie den Ehrenplatz und in der Synagoge die vordersten Plätze haben, und auf den Straßen und Plätzen lassen sie sich gerne grüßen und von den Leuten Meister nennen. (...) Weh euch, ihr Schriftgelehrten und Pharisäer, ihr Heuchler! Ihr verschließt den Menschen das Himmelreich. Ihr selbst geht nicht hinein; aber ihr lasst auch die nicht hinein, die hineingehen wollen. (...) Ihr haltet Becher und Schüsseln außen sauber, innen aber sind sie voll von dem, was ihr in eurer Maßlosigkeit zusammengeraubt habt.«

Wenn man so liest, wie Jesus hier die Hutschnur hochgeht, wundert man sich nicht mehr, warum das religiöse Establishment gemeinsame Sache mit der römischen Besatzung machte und ihn beseitigen ließ. Aber ganz offensichtlich hatte etwas ihn tief in seinem Inneren getroffen, und er *musste* diese Dinge sagen, ganz gleich, was für Konsequenzen das nach sich ziehen würde.

Wenn wir Missstände und Ungerechtigkeiten sehen, kann uns ebenso der heilige Zorn packen und durch uns sprechen. Dann ergreifen wir Partei für die, die keine Stimme haben, oder stehen für die ein, die selbst nicht die Kraft dazu finden. Wir müssen nur immer ehrlich unsere Motivation hinterfragen: Mache ich das nur, weil mich andere dafür als weißen Ritter bewundern? Handele ich so, weil der Pegel meiner Grundaggressivität ohnehin so hoch ist, dass ich mir unbedingt mal Luft verschaffen muss, ganz gleich, wen es trifft? Ist diese Organisation oder dieser einzelne Mensch ein willkommenes Ziel für mich, weil ich sie oder ihn sowieso nicht leiden kann und mich darauf freue, ihr oder ihm mal ordentlich in den Hintern zu treten? Oder werde ich aktiv, weil es offenbar kein anderes Mittel zu geben scheint und die Sache jetzt angegangen werden muss, bevor es zu spät ist? Tue ich in diesem Moment das Notwendige, also das, was getan werden muss, um eine Not abzuwenden?

Wenn wir bei solchen Fragen ganz ehrlich zu uns sind, dann kann unsere Liebe zur Welt und ihren Wesen auch einmal ihr kraftvolles und nicht vom Fleck weichendes Gesicht zeigen. Dann können wir nicht bloß zornig, sondern engagiert sein. Dann können wir Bruce Banner sein, der dank seiner Meditationspraxis sehr überzeugend grimmig dreinschaut, ohne gleich zu explodieren. Aber wenn Bruce Banner sich an einen Baum kettet, wird sich die Abholzfirma dennoch dreimal überlegen, ob sie die Kettensäge anwirft oder nicht.

Nur ein kleines Licht? –

Über Ohnmacht, Selbstwert, Wandel und die Wichtigkeit unserer Stimme

Auch wenn der heilige Zorn uns fest im Griff hat – und unsere Motivation geklärt ist –, haben wir dennoch oft das Gefühl, das unsere Stimme nichts bewirkt. Wir trennen fleißig unseren Müll, kaufen im Bioladen ein, fahren ein sparsames Auto und sehen dann in den Nachrichten, wie sich irgendein riesiger Chemiekonzern einen Dreck um Nachhaltigkeit kümmert und dafür nicht im Geringsten zur Rechenschaft gezogen wird. Wir räumen brav die Hinterlassenschaften unserer Hunde weg und sehen gleichzeitig, wie der Bauer von nebenan hektoliterweise Schweinescheiße auf seine Felder ausbringt, die den Boden so sehr überdüngt, dass dort in zehn Jahren gar nichts mehr wachsen wird. Wir setzen uns für die materiell Schwachen in unserer Gesellschaft ein und müssen mit ansehen, wie jährlich Sozialleistungen von denen gekürzt werden, die selbst mit Parlamentariergehalt und Aufsichtsrats-Entschädigung nicht auszukommen scheinen. Haben Sie in solchen Momenten nicht auch schon einmal gesagt: »Ach, es bringt ja doch nichts…«?

Ich unterschreibe zum Beispiel nahezu jeden Tag irgendeine Petition auf Facebook: gegen chinesische Staudämme in Tibet, gegen den Handel mit geschützten Tieren, gegen die Haltung von Wildtieren im Zirkus, gegen die Unterdrückung der freien Meinung in zig verschiedenen Staaten, gegen TTIP, CETA und wie diese Abkommen alle heißen, gegen Monsantos und Nestlés Geschäftsmethoden, gegen neue Schlachthäuser, Atomkraftwerke und gegen all das, was sich diejenigen mit Macht und Geld, die *mehr* Macht und Geld wollen, noch so alles einfallen lassen. Ich schreibe auch gern Briefe an den chinesischen Botschafter und erkundige mich höflich nach dem Aufenthaltsort des Panchen Lamas,[146] der von der chinesischen Regierung als Kind entführt wurde. Allerdings habe ich noch nie Antwort bekommen. Obwohl ich mir wünschte, der chinesische Botschafter würde meine Briefe hassen und an ihnen verzweifeln, wird er sie wahrscheinlich mit einer achtlosen Geste in den Müll werfen. Oder besser gesagt: Er wird sie von irgendwelchen Untergebenen in den Müll werfen *lassen*. Obwohl ich mir wünsche, dass meine Beharrlichkeit ihm zusetzt und etwas in ihm bewegt, werde ich ihn kaum dazu bringen, die Gewaltherrschaft seiner Regierung infrage zu stellen. Kennt er meinen Namen? Sicher nicht. Stört ihn meine Kritik? Eher weniger als die Mücke in seinem Büro. Sollte ich es also aufgeben, mich bei ihm zu melden? Und sollte ich es lassen, diese Petitionen zu unterschreiben, wenn ich mitbekomme, wie EU-Abgeordnete über 500 000 Unterschriften gegen TTIP lachen?

Man könnte ja auf den Gedanken kommen, dass die eigenen Bemühungen ohnehin nichts bewirken, und sich fortan dem hemmungslosen Konsumrausch ohne Rücksicht auf Verluste hingeben. Man könnte sich einen Dodge Ram[147] und eine eigene Tankstelle kaufen, man könnte den eigenen Kleingarten großzügig mit Roundup[148] behandeln, nur noch Dosen und Plastikflaschen kaufen und beim jährlichen Urlaub grundsätzlich einen Fernflug in die Dominikanische Republik anstreben. Nach mir die Sintflut, es ist doch sowieso alles egal!

Man könnte das tun, sicher … Aber dadurch wäre niemandem geholfen, ganz im Gegenteil: Auf diese Weise würde man nur die offenbar bei manchen Zeitgenossen vorherrschende Faszination der Apokalypse teilen und kräftig mit an dem Ast sägen, auf dem wir alle sitzen. Man würde einen Freundeskreis aus professionellen Zynikern um sich versammeln und erleichtert in die »Hab ich ja schon immer gesagt«-Litanei mit einstimmen, wenn ein einziger Biobauer mal Mist baut und seine Erzeugnisse ebenso belastet sind wie konventionell angebaute Feldfrüchte. Doch irgendwann würde man hoffentlich bemerken, dass die Zyniker nur darauf warten, so etwas sagen zu können – nicht etwa, weil sie enttäuscht sind und ihre Hoffnungen aufgegeben haben, sondern weil sie einfach eine Rechtfertigung für ihr traditionell gedankenloses Verhalten suchen und auch immer finden werden.

Man könnte natürlich auch zu den Fundamentalisten irgendeiner monotheistischen Religion überlaufen und alles als Plan Gottes verstehen, dem wir uns fügen müssen. Die esoterische Variante dieser Geistesvergessenheit gibt dann Sätze von sich wie: »Vielleicht sollen die Wale ja aussterben … Wer weiß?!«

Man könnte auch alle Zeichen der Zerstörung unserer Welt als Vorboten des göttlichen Endgerichts ansehen und sich – weil man ja selbst fern aller Verfehlungen existiert – darauf freuen, dass jetzt endlich die gerechte Strafe auf alle anderen kommt. Wobei sich »alle anderen« immer auf die Menschen bezieht, die nicht den gleichen Unfug glauben wie man selbst. Diese Vorstellung begegnet einem öfter, als man denkt, und Seán ÓLaoire fasst sie prägnant als eine der fatalsten Irrlehren zusammen:

»Die alte christliche Vorstellung, die Freude des Himmels werde unter anderem darin bestehen, dass es an dessen Rand Fensterplätze gebe, von denen aus man auf die Qualen der Verdammten hinunterschauen könne, ist die schlimmste Verzerrung der Lehre Jesu.«[149]

Das Unsrige tun

Aller Zynismus, alle Trotzhaltung, alle religiös geprägten Fantastereien und Selbstrechtfertigungen bringen uns nicht wirklich weiter. Aufzugeben kann zwar angesichts des Zustands der Gesellschaft verlockend erscheinen, doch setzen wir uns ja auch nicht nackt in einen winterlichen Wald, um zu sterben, nur weil uns eine Erkältung erwischt hat und andere Menschen in unserer Umgebung vielleicht ebenfalls über Schnupfen klagen. Und ebenso rüsten wir uns in dem Fall einer Erkältung auch nicht für einen globalen Vernichtungskrieg gegen Grippeviren, sondern nehmen stattdessen kleine Justierungen unserer momentanen Lebensweise vor, um unser Immunsystem auf Trab zu bringen. Mit anderen Worten: Wir tun das unsrige! Das, was wir können, wozu wir in der Lage sind und was uns hilfreich erscheint.

In ebendieser Weise können wir auch Ohnmachtsgefühlen begegnen, wenn wir wieder einmal an der Welt zu verzweifeln drohen. Wir können einsehen, dass unser Einflussbereich zwar begrenzt, aber dennoch vorhanden und eine eventuelle positive

Kettenreaktion niemals auszuschließen ist. Auch wenn wir manchmal den Eindruck haben, dass unsere Politiker nur eine Menge heißer Luft von sich geben, müssen wir nicht in Depressionen verfallen, sondern können einfach tun, was uns möglich ist. Wir können einen kurzen Blick auf die Menschheitsgeschichte werfen und feststellen, dass keine große positive Umwälzung jemals von der Politik ausging, sondern immer nur von inspirierten Einzelpersonen, engagierten Gruppen und revolutionären Gemeinschaften. Dann können wir uns wieder auf das konzentrieren, was wir ändern können: unser eigenes Leben. Das, wo wir einen Unterschied bewirken können, wo wir manchmal sogar eine gewisse Umwälzung bewerkstelligen können. Denn auch wenn unser eigener Beitrag noch so bescheiden sein mag, macht er doch den Unterschied, den er machen kann. Und das ist gut so.

Abbas Nisteroos, ein weiterer Wüstenvater, wurde einmal gefragt, welche Werke man denn verrichten solle, um in den Augen Gottes als guter Mensch zu gelten. Er antwortete:

»Nicht alle Werke sind gleich. Denn in der Heiligen Schrift steht: ›Abraham war gastfreundlich, und Gott war mit ihm; Elias liebte das einsame Gebet, und Gott war mit ihm; David war demütig, und Gott war mit ihm.‹ Siehst du also, wonach deine Seele gottgemäß verlangt, dann tue es, und dein Herz wird sich in Sicherheit befinden.«[150]

Wenn ein jeder das tut, was er kann, ist ein Wandel viel eher wahrscheinlich, als wenn wir alle gar nichts tun, weil wir meinen, unser Beitrag wäre sowieso zu klein. Vielleicht werden wir es in diesem Leben nicht schaffen, das Weltwirtschaftssystem neu zu gestalten. Aber wir sind vielleicht jemand, dem es gelingt, seine eigene Wertestruktur zu überdenken und in neue Bahnen zu lenken. Möglicherweise sind wir auch nicht derjenige, der eine neue, saubere und effiziente Energiequelle entdeckt. Doch wir können durchaus jemand sein, der mit den Ressourcen dieser Erde auf eine Weise umgeht, die auch anderen Menschen ein lebenswertes Dasein ermöglicht (und vielleicht auch andere inspiriert, ähnlich zu handeln). Wahrscheinlich werden wir auch nicht der strahlende Held sein, der den Weltfrieden einläutet, aber wir sind vielleicht doch derjenige, der seinen Kindern nachvollziehbar und voller Mitgefühl erklären kann, dass man anderen Kindern nicht die Schüppe über die Rübe zieht und hämisch lacht, wenn sie bewusstlos in den Sandkasten plumpsen.

Statt eines hehren, großen Ziels, dem wir alles unterordnen, fokussieren wir uns auf den jeweiligen Moment, der vor uns liegt, und versuchen in ihm unser Bestmögliches zu tun.

»›Ich will mein Licht anzünden‹, sagte der Stern, ›und niemals danach fragen, ob es dabei hilft, die Dunkelheit zu vertreiben.‹«[151]

Bei diesem Satz denkt man vielleicht gleich an den kleinen Prinzen von Saint-Exupéry, er stammt aber von Rabindranath Tagore, dem klar war, dass wir selbst handeln müssen, ohne ständig daran zu denken, ob denn das große Ganze sich in unserem Sinne entwickelt. Unsere kleine Tat steht für sich und ist in sich wertvoll. Wir handeln nicht auf liebevolle und mitfühlende Weise, weil wir die Welt verändern wollen, sondern weil die Situation solch ein Handeln erfordert und uns dieses Handeln richtig und hilfreich erscheint beziehungsweise das Gute einfach ein Teil unserer selbst ist.

Wir beschäftigen uns nicht mit einer Theorie des Wandels und hoffen auch nicht darauf, dass irgendeine magische Ein-Prozent-Hürde von selbst überschritten werde oder dass das kosmische Pendel in Richtung Veränderung schwinge, sondern tun in unserem Alltag das, was uns notwendig und hilfreich erscheint. Wir können uns eine Menge Gedanken darüber machen, ob die momentane »Zeitqualität« (was immer das sein mag) einen Wandel unterstützt oder auch nicht – wirkliche Veränderung geschieht durch dieses Kolportieren von Konzepten nicht. In den letzten Jahren gab es unzählige Veröffentlichungen, die mit Hinweisen um sich warfen, dass wir uns in Zeiten fundamentaler Umbrüche befinden, dass sich alles (natürlich inklusive nicht messbarer Schwingungen) ändert und dass wir entweder dem Weltuntergang oder einem völlig neuen, goldenen Zeitalter entgegengehen. Die Annahme, dass »unsere Zeiten« ach so besonders seien und aus der gesamten Historie herausstechen, teilten allerdings fast alle Menschen zu allen Epochen der Weltgeschichte. Die sogenannte »Zeit der streitenden Reiche« in China dauerte 250 Jahre lang und war geprägt von endlosen Kriegen und Konflikten, sie war gleichzeitig aber auch die Blütezeit der chinesischen Philosophie und daraus resultierenden umfassenden sozialen und wirtschaftlichen Reformen. Die Apokalyptiker zu Jesu Zeiten hätten bestimmt auch gern einen Maya-Kalender mit Countdown-Funktion ihr Eigen genannt, und die Menschen, die zur Zeit der Völkerwanderung lebten, fühlten sich gewiss auch nicht sicher wie in Abrahams Schoß. (Übrigens eine Redewendung, die ich noch nie verstanden habe ... Wie sollte man sich bei einem religiösen Fanatiker mit einem Opfermesser in der Hand geborgen fühlen?!)

Und wie werden sich wohl die Menschen in Nord- und Mitteleuropa gefühlt haben, als das Christentum seinen großen Aufstieg erlebte und die heidnische Erlebniswelt zum Niedergang verurteilte?! Welchen Umbruch erlebten die Menschen der Reformation, als sie die Bibel erstmals selbst lesen konnten und nicht mehr allein auf die Vermittlung durch Priester angewiesen waren? Was geschah mit dem Weltbild in der Renaissance, als wiederentdecktes antikes Wissen und die Wissenschaften sich langsam gegen kirchliche Dogmen durchzusetzen begannen? Wie erlebten die Menschen die Aufklärung, als Adel und Klerus immer mehr ihrer Macht verloren und die Ideen von »Freiheit, Gleichheit, Brüderlichkeit« sich entfalteten? Welche Veränderung für Gesellschaft und Geistesgeschichte kulminierte allein in Einzelpersonen wie Siddhartha Gautama, Jesus von Nazareth, Kopernikus, Luther, Descartes, Newton oder Darwin?

Das Wesen der menschlichen Kultur war schon immer der Wandel. Er ist es auch heute und wird es hoffentlich immer bleiben, denn Wandel bedeutet auch Entwicklung. Deshalb gibt es keinen Grund, Außerirdische um Hilfe anzuflehen, Einhörner zu belästigen oder uns von unvollständigen Kalendersystemen und ihren selbst ernannten Propheten Angst einjagen oder das Blaue vom Himmel versprechen und das Geld aus der Tasche ziehen zu lassen. Wir sollten eher achtsam unsere Welt beobachten, die menschliche Ideengeschichte rekapitulieren und mutig aus uns selbst heraus Neuland betreten, damit der Wandel – der erst einmal gänzlich neutral ist – auch positiv gestaltet wird und die Dinge nicht noch schlimmer macht. Unsere Zeit ist nicht besonders und unterscheidet sich im Wesentlichen nicht von vorangegangenen Epochen. Es kommt immer noch auf einzelne Menschen an, die sich der Welt wahrhaft zuwenden. Alexander von Humboldt wird folgender Satz zugeschrieben:

»›Die gefährlichste Weltanschauung ist die Weltanschauung derjenigen, die die Welt nicht angeschaut haben.«[152]

Zukunft: die Summe unseres Handelns

Wenn wir achtsam schauen, entdecken wir, dass der Wandel der »Normalzustand« ist. Da wir uns in einer langen Tradition des Umgangs mit dem Wandel befinden, können wir lernen, die Weisheit der Menschheit, die sich durch alle schwierigen Zeiten hindurch entwickelt hat, zu nutzen und wahrhaft etwas für unsere Zukunft – die immer die Summe unseres Handelns sein wird – zu tun.

Nur auf den großen Wandel zu warten ist ein sinnloses Unterfangen. Das kann ein Blumenkohl oder eine Schreibtischlampe ebenso gut wie Sie. Selbst wenn der liebe Gott vom seinem Thron stiege, sich die Ärmel hochkrempeln und selbst Hand anlegen würde, wäre unser eigenes Handeln dennoch notwendig, wie Tagore ausführt:

»Solange wir nicht unsere eigenen kleinen Lampen entzünden, leuchten die Lichter des Himmels vergebens. Solange wir nicht selbst unsere Vorbereitungen treffen, wartet der große Reichtum, den die Welt für uns bereithält, wie die Saiten der Laute auf die Berührung des Fingers.«[153]

Da wir Teil der Welt sind, sind wir auch Teil des stetigen Wandels, Teil eines sich immer wieder verändernden, wachsenden Systems. Und innerhalb jedes lebendigen Systems – ob es sich nun um einen menschlichen Körper, ein Korallenriff, einen Demeter-Bauernhof oder eine Gesellschaftsform handelt – ist jeder einzelne Teil wichtig, trägt zur Gesunderhaltung oder Gesundung des ganzen Systems bei oder nicht. Das Besondere am Menschen ist die Möglichkeit, sich zu entscheiden, in negativer oder positiver Weise zu handeln, sich einem Gefühl der Entfremdung hinzugeben (das ist übrigens das, was mit dem oft falsch verstandenen und missbrauchten Begriff »Sünde« tatsächlich gemeint ist) und sich durch sein Handeln immer weiter von der Welt zu entfernen, oder aber in die große Zugehörigkeit zurückzufinden, heil zu werden und entsprechend heilsam zu agieren.

Diese Zugehörigkeit zu erfahren, in sie einzutauchen und aus ihr heraus zu leben ist das große Geschenk, das die Mystik in allen Traditionen mit sich bringt.

Wie wir in vorigen Kapiteln schon gesehen haben, ist dieses Erleben der Teilhabe, das Mitwirken in einem großen Kreis und das erstaunliche Entdecken unserer Herkunft aus einer gemeinsamen Quelle etwas, das uns zu einem anderen Verhältnis zu uns selbst inspiriert. Ebenso führt uns diese Erfahrung in ein anderes Verhältnis zu unseren Mitgeschöpfen und letztlich zur Schöpfung selbst, zu Gott, der ALLES geworden ist und weiterhin wird. Wie Sam Keen, ein wunderbarer Psychologe, Autor und Mystiker sagt:

»Es bedarf eines ganzen Universums,
um einen Einstein oder ein Käuzchen zu erschaffen.«[154]

Und es bedurfte ebendieses Universums, um Sie und mich zu schaffen.

Erinnern Sie sich noch an die XXL-Pizza, von der ich im Kapitel über das Fasten sprach? Die XXL-Pizza, an der alles beteiligt war, was es gibt, da alles miteinander in Bezug steht, zusammenhängt und sich gegenseitig beeinflusst. Stellen Sie sich nun einmal vor, was an Ihrer eigenen Entstehung alles beteiligt war: Ihre Eltern und Großeltern, Ihre Urgroßeltern, Ihre fernen Ahnen bis zurück in die Steinzeit, bis zurück in noch fernere Zeiten, als ein affenähnliches Wesen sich entschied, sich auf zwei Beine aufzurichten, und noch weiter zurück, als ein unscheinbares Bakterium den verwegenen Plan ersann, irgendwann einmal ein Mensch zu werden, um Mozartkugeln und Fernsehserien zu genießen. Denken Sie an die Sonne, den Mond, den Regen und den Wind, die Tiere und den Weizen, die Elemente in unserem Kosmos, die Schwerkraft und die Fruchtbarkeit selbst, die Eizelle und dieses eine heldenhafte Spermium, das sich seinen Weg zum Hauptgewinn der DNS-Lotterie bahnte. Denken Sie an die tiefe Stille des Alls und die Musik unserer Welt, an die Bewegung eines sich ausdehnenden und möglicherweise unendlichen Universums, das Sie geboren hat, das genau Sie gewollt hat.

Hier zu sein – ganz gleich wie Ihr Leben aussehen mag – ist bereits das große Wunder. Als Sie aus der Mitte Gottes schlüpften und damit eine weitere Facette Gottes in dieser Welt manifestierten, applaudierte der ganze Kosmos. Sie sind verwandt mit allem, verwandt auch mit dem Urgrund, wesensgleich mit der Quelle. *Sie stammen aus der Quelle und sind die Quelle,* weshalb Angelus Silesius, in diesem Sinne sozusagen mein schlesischer Verwandter, sagt:

»Ich bin so groß als Gott, er ist als ich so klein:
Er kann nicht über mich, ich unter ihm nicht sein.«[155]

Wenn Ihnen das nicht Ihren einzigartigen Wert vermittelt und die Wichtigkeit Ihrer Stimme klarmacht, dann weiß ich auch nicht mehr weiter …

Unser wahres Selbst und unser wahrer Wert

Doch ganz im Ernst: In den letzten Jahren bin ich vielen spirituell interessierten Menschen begegnet, um deren Selbstbild es nicht gerade gut bestellt war. Es ist erstaunlich, wie viele Menschen, die sich auf einem spirituellen Weg befinden, auf dem sie eigentlich ihren durch nichts zu trübenden Wert entdecken sollten, sich als »unwürdig« erfahren und glauben, sie könnten nicht meditieren, könnten nichts Gutes tun, könnten nicht glauben, nicht beten, nicht lieben und etliche traurige Annahmen mehr.

Natürlich unterstützen manche Formen der Spiritualität, besonders die traditionell religiösen Formen, solch ein negatives Selbstbild: Wenn es nicht um meine Erfahrungen geht, sondern lediglich darum, die vorgegebenen Erfahrungen anderer zu wiederholen, kann das Ergebnis immer nur enttäuschend sein. Wenn Demut nicht als Erdverbundenheit, als grundsätzliche Zugehörigkeit verstanden wird, sondern als Unterwerfung unter das überkandidelte Ego irgendeines Gurus, Priesters oder Seminarleiters, erleidet die Seele irgendwann Schaden.

Und auch das Christentum hat mit seiner Lehre der Erbsünde

(die übrigens alles andere als christlich ist, sondern eher aus dem Manichäismus in das Christentum diffundierte[156]) dazu beigetragen, dass Menschen Scham empfinden und somit das Gegenteil von Freiheit leben.

Ebenso bin ich in der gleichen Szene natürlich auch Menschen begegnet, die ein genau gegenteiliges Bild von sich haben, die denken, sie seien die Allergrößten, ein Geschenk des Herrn, wofür die Welt gefälligst dankbar zu sein habe. Als Kind in den Kokstopf gefallen und dann spirituell geworden. Unter so einem stümperhaft selbst genähten Superman-Kostüm lauert in Wahrheit jedoch ein ebenso negatives Selbstbild, gut versteckt unter dicken Schichten von Selbstüberschätzung.

Beide Sichtweisen auf sich selbst zeugen davon, nicht das rechte Maß finden zu können, sich selbst entweder zu beweihräuchern oder sich zu verurteilen, um sich nicht der eigenen Menschlichkeit stellen zu müssen. Doch wir sind weder der Mittelpunkt des Universums noch ein lästiger Pickel am Hintern Gottes. Wir sind das, was wir sind: Menschen mit allen Fehlern und Schwächen, die Menschen nun einmal haben, und ebenso mit aller Großartigkeit und Würde, die unser Geburtsrecht sind. Ganz normale Menschen, von denen Jesus sagte, dass sie die gleichen Werke wie er vollbringen werden und sogar noch größere.[157]

Und mit diesen »gleichen Werken« ist nicht gemeint, dass wir übers Wasser laufen, Blinde sehend machen, Querschnittsgelähmte zu Stepptänzern ausbilden oder Menschen von den Toten auferwecken sollen. Selbst wenn wir einmal annehmen, dass diese Werke Jesu keine Metaphern und Symbole für viel alltäglichere Dinge sind, dann stellen sie dennoch nur Spitzen in seinem Tun dar, besondere Gipfelereignisse, die sein sonstiges Handeln, das ich für viel wichtiger erachte, überschatten. Was Jesus vor allem tat, jeden Tag an jedem Ort mit allen Menschen, denen er begegnete, war, ihnen von ihrer grundsätzlichen Zugehörigkeit zum Reich Gottes zu erzählen, sie zu diesem großen Fest namens Leben einzuladen, ihre Gottessohnschaft und Gottestochterschaft zu bestätigen und ihnen Wege aufzuzeigen, wie sie sich in dieses Wunder der Existenz verlieben konnten. Mit dem Aufzeigen ihrer aller Gleichwertigkeit eröffnete er natürlich auch einen Blick auf den unverbrüchlichen Wert des Einzelnen: *Wenn alle von Gott geschaffen sind, bin ich es auch. Wenn alle behütet sind, bin ich es auch. Wenn Gott alle Menschen mitfühlend anblickt, dann kennt er auch meinen Namen, weiß, wer ich bin, kennt meine Hoffnungen, Wünsche und Ängste. Wenn alle geliebt sind, bin ich es auch. Wenn niemand alleine ist, bin ich es auch nicht.*

Menschen dieses Gefühl vermitteln zu können ist Jesu eigentliches Wirken. Und dies können wir ebenfalls tun, denn dazu braucht es keine Wunder, sondern lediglich einen wachen Blick auf unsere Mitmenschen, ein offenes Ohr für sie und ein ebensolches Herz, Mitgefühl und Liebe. Sich selbst als ganzen Menschen anerkennen und dieses Menschsein auch dem anderen zubilligen, die grundlegende Zartheit des Daseins auch in einem groben Klotz erkennen, den Mut im Ängstlichen, die Hoffnung im Verzagenden, die Sehnsucht im Verschlossenen – das ist die ganze Kunst. Sich selbst Fehler vergeben zu können und daher auch anderen mit Vergebung zu begegnen, die eigene Schwäche anzunehmen und das Versagen anderer nicht zu verurteilen, auf die eigene Seele zu blicken und auf die der anderen, das Wesentliche zu erkennen und sich darin zu verlieben.

Als Seán ÓLaoire für 14 Jahre in Afrika lebte, hatte er oft mit den Kipsigis zu tun, einem Hirten-Stamm in Kenia. Diese Menschen begrüßten sich auf der Dorfstraße nicht mit einem »'n Morgen« oder einem westfälisch hingegrummelten »Hrmpf!«. Ihre Begrüßungsworte lauten übersetzt: »Hallo, liebst du dich selbst? Liebt deine Frau sich selbst? Lieben deine Kinder sich selbst? Liebt dein Vieh und dein Mais sich selbst?« Offenbar wissen diese Menschen intuitiv, dass die Selbstannahme auch zur Annahme der anderen führt – und somit zu Frieden, Harmonie und Glück. Qualitäten, die jede Gemeinschaft anstrebt, aber die nur wenige erreichen. Wenn wir die Frage »Liebst du dich selbst?« voller Überzeugung mit »Ja!« beantworten können, dann sind wir mitfühlend mit uns selbst und können es auch mit anderen sein. Seán nennt diese Begrüßungsformel, die auf diese wesentliche Beziehung zu uns selbst und anderen hindeutet, »die sprachliche Inkarnation einer mystischen Einsicht«.[158] Er schreibt:

»Diese Worte, die man da spricht, enthalten das Verständnis, dass echte Spiritualität darin besteht, ganz und gar mit dem Selbst übereinzustimmen; nicht mit dem Ego, sondern mit dem Selbst, dem Gott im eigenen Inneren.«[159]

Mit diesem Gott im eigenen Inneren, mit dem wahren Selbst übereinzustimmen, sich mit ihm eins zu wissen, ist zugleich Quelle, Fluss und Meer der Mystik. Es ist die Frucht und gleichzeitig die Wurzel, das Alpha und Omega. Es ist das Verständnis, das uns zeigt, wie wertvoll sowohl wir als auch jeder andere Mensch und jedes andere Lebewesen sind, wie sehr wir alle miteinander verwandt sind, voneinander abhängig, aufeinander bezogen. In diesem Verständnis ist dann auch eine weitere Einsicht inkludiert, die Seán ÓLaoire kurz und knapp formuliert:

> »Wenn die Welt in Frieden ist, stimmt sie mit Gott überein.«[160]

Dabei ist mit Frieden nicht nur die Abwesenheit von kriegerischen Auseinandersetzungen gemeint, sondern vor allem auch der Friede im eigenen Herzen, der Friede zwischen unterschiedlichen Meinungen, zwischen sexuellen Orientierungen und unterschiedlichen Hautfarben, der Friede zwischen den Religionen und der Friede zwischen den Spezies. Eines bedingt das andere. Aus der inneren Übereinstimmung mit unserem wahren Selbst – das zu gleichen Teilen aus wahrer Menschlichkeit und wahrer Göttlichkeit besteht, und in beiden Aspekten das Großartige wertschätzt – entsteht unser Tun, unser Reden und unser Schweigen, unsere Hinwendung zur Welt, unser kleiner Beitrag. Aus der Entdeckung des göttlichen Funkens, der in uns und allen Wesen schlummert, erwacht ein Gefühl des Einsseins mit allem. Und da alles gleich wichtig ist, ist es auch unser Handeln an jedem Ort und zu jeder Gelegenheit dieses All-Einen. Alles zeigt seine Wirkung, jedes unserer Lieder fügt der großen Melodie des Kosmos eine wichtige Nuance hinzu, auf die nicht verzichtet werden kann.

Das große Lied und unsere persönliche Note

Wir alle haben ein Lied, das von den unterschiedlichen Klangfarben unseres Lebens, von unseren Erfahrungen, unseren Träumen,

Hoffnungen, unserer Angst und unserer Liebe gestaltet wird. Die Melodie dieses Liedes erinnert uns daran, woher wir kommen – die einzelnen Töne sind wie unsere Körper aus Erde, Wasser, Feuer und Luft gewebt. Der Rhythmus ist unser Herzschlag, mal ruhig und sanft, mal schnell und mitreißend. Es erinnert uns daran, dass wir hierher gehören, auf diese Erde, in dieses Universum, dass wir Teil dieses Lebens sind, Teil der Vielfalt. Es erinnert uns auch an unsere Reise, an unseren Weg auf dieser Welt, umgeben von unzähligen Wundern.

Ich stelle mir unser Universum gern als eine einzige große Sinfonie vor – erfüllt vom Klang unendlich vieler verschiedener Lebewesen, die alle ihren Beitrag zu dieser kosmischen Musik leisten. Egal wie bescheiden sich unser persönliches Lied ausnehmen mag, es ist unverzichtbarer Teil des großen Liedes, welches durch alle Winkel des Alls vernehmbar ist. Fehlt unser Ton, unsere besondere Note, fehlt dem ganzen Lied etwas. Unsere Welt ist ohne unsere Melodie nicht dieselbe. Wir wachsen, verändern uns und sind damit Teil eines immerwährenden Wandels, leben und singen unser Lied. Gemeinsam mit dem Regen, mit den raschelnden Blättern der Bäume, mit den Rufen der Vögel – gemeinsam mit der »Familie aller Dinge«, wie es die Dichterin Mary Oliver nennt.[161]

Unsere Lieder sind ineinander geflochten, nicht getrennt von den anderen Liedern, nicht getrennt vom großen Lied. Sie sind heilsame Berührungen.

Da jedes einzelne Lied wertvoll ist, achten wir unser eigenes Singen ebenso wie das Singen der anderen. Es ist wie ein großes universales Orchester – nur ohne erste Geige! Niemand gibt den Takt vor, niemand hat die Noten ein für alle Mal aufgeschrieben und festgelegt, damit niemand davon abweicht. Das große Lied entwickelt sich durch uns, es verändert sich, wechselt die Geschwindigkeit, wird bombastisch und dann wieder ganz leise und zart. Es fließt ruhig dahin und wird dann plötzlich wie ein tosender Fluss. Es überrascht sich selbst mit immer neuen Klängen. Wenn wir mit diesen Klängen tanzen, uns von uns selbst überraschen lassen, uns selbst und allem anderen staunend und offen zuhören, wird unser Lied gelingen. Dann singen wir es befreit, handeln aus unserer innersten Übereinstimmung mit Gott (als grundsätzlich kreative Energie) und schaffen eine Welt, in der unsere Kinder ihre eigenen Lieder singen können!

Martin Buber greift im zweiten Vortrag seines Buches *Der Weg des Menschen nach der chassidischen Lehre* den Gedanken der Einzigartigkeit jedes menschlichen Zugangs zu Gott auf, indem er eine Geschichte über einen Maggid[162] erzählt, der auf die Frage, wie man den Alten in ihrem Glauben nachfolgen könne, antwortet, dass wir alle unseren eigenen Weg gehen müssen, sodass wir »ein jeder von uns nach seiner eignen Art, im Licht der Lehre und des Dienstes Erneuerung stiften und nicht Getanes tun, sondern das zu Tuende«.[163]

Es gibt Formulierungen, die sind so großartig, dass sie mich mein Leben lang begleiten. »Nicht Getanes tun, sondern das zu Tuende« gehört auf jeden Fall in diese Kategorie. In diesen sieben Worten wird noch einmal deutlich, dass es unser Beitrag ist, auf den es ankommt, dass es unser Herz ist, das sich der Welt öffnen muss, und dass wir jeder Situation mit dem begegnen können, was uns ausmacht: wahre Menschlichkeit und der Zugang zu dem uns alle verbindenden Göttlichen.

Übung:

Wohltäter-Meditation

Ohnmachtsgefühle kommen häufig auf, wenn wir uns allein wähnen, wenn wir meinen, gegen Windmühlen zu kämpfen und nicht einmal Sancho Pansa an unserer Seite haben. Natürlich kann einem das manchmal so vorkommen, weil man nicht zu all den vielen engagierten Menschen auf der Welt persönlichen Kontakt hat, nicht jede Woche mit einem Sea-Shepherd-Schiff[164] unterwegs ist und auch keinen regelmäßigen Umgang mit John Robbins[165], dem Dalai-Lama oder Arundhati Roy[166] pflegt.

Wenn wir in bestimmten Phasen unseres Weges den Eindruck gewinnen, dass sowohl unser Engagement für die Welt als auch vielleicht die Meditation, die diesem Engagement zugrunde liegt, einsame Geschäfte sind, ist es hilfreich, wenn wir uns unserer Wohltäter und Wegbegleiter erinnern und sie in unsere Meditationspraxis mit hineinnehmen.[167]

Diese Wohltäter sind allesamt keine perfekten Menschen, deren Übermaß an strahlender Güte uns eher einschüchtert als beflügelt, sondern ganz normale Leute. (Auch der Dalai-Lama muss mal aufs Klo, und selbst Martin Luther King jr. hat mal in der Nase gebohrt!) Es sind Menschen, die einfach ihr Bestes tun – genau wie wir! Menschen, die uns Liebe gegeben, Geborgenheit geschenkt oder zur richtigen Zeit ein freundliches und aufmunterndes Wort an uns gerichtet haben.

Versuchen Sie sich zuerst an die Wohltäter Ihrer Kindheit zu erinnern – vielleicht Ihre Eltern oder Ihre Geschwister, vielleicht ein Nachbar oder eine Tante. Möglicherweise hat auch ein Lehrer oder eine Lehrerin sich um Sie gesorgt und Sie unterstützt. Stellen Sie sich diese Personen möglichst plastisch vor, lassen Sie lebendige Bilder vor Ihrem inneren Auge entstehen. Erinnern Sie sich dann an weitere Lebensabschnitte: vielleicht Ihre Ausbildung oder Ihr Studium, möglicherweise einen Vorgesetzten, der Sie förderte. Wer war für Sie auf Ihrem Weg besonders wichtig?

Denken Sie dann an Ihre spirituellen Wohltäter: inspirierende Persönlichkeiten, spirituelle Lehrerinnen und Lehrer, vielleicht auch bestimmte Formen des Göttlichen wie Gottheiten, Heilige oder Buddhaformen. Unter Umständen sind auch fiktive Figuren dabei, die fest in unserem Unbewussten verankert und positiv besetzt sind, wie beispielsweise Robin Hood oder König Artus. Möglicherweise auch modernere Figuren wie Gandalf, Aang, Korra oder Yoda. Auch die Figuren unserer Fantasie haben eine Wirkung auf uns, da sie oft für ganz bestimmte Qualitäten stehen, die ebenso wertvoll sein können wie die Qualitäten von realen oder auch religiösen Gestalten. (Ich muss in dieser Hinsicht ganz ehrlich gestehen, dass ich beispielsweise keinen riesigen Unterschied zwischen dem Erzengel Michael und Gandalf sehen kann.)

Stellen Sie sich einfach all die Personen vor, die für Ihren Weg wichtig sind und die in irgendeiner Form positiven Einfluss auf Sie hatten.

Ich denke, bei den meisten von uns kommt da eine ziemlich bunte Truppe zusammen. Schreiben Sie bitte auf, wer zu Ihrer Unterstützergruppe gehört und vielleicht auch wieso. Lassen Sie diese Liste auf sich wirken und nehmen Sie diese Personen dann mit in eine Meditation.

Setzen Sie sich bequem, aber aufrecht auf Ihren Meditationsplatz, schließen Sie Ihre Augen und stellen Sie sich vor, wie Sie auf einer großen Lichtung in einem schönen Wald sitzen. Vor Ihnen tauchen nun nacheinander oder gleichzeitig all die unterstützenden Gestalten von Ihrer Liste auf. Sie alle versammeln sich, sitzen vor Ihnen und lächeln Sie ermutigend an.

Schauen Sie sie ebenfalls an, empfangen Sie ganz bewusst die Liebe und Fürsorge, die Ihnen entgegengebracht wird. Spüren Sie die guten Wünsche, die alle für Sie haben. Halten Sie sich in der Gegenwart Ihrer Wohltäter und Unterstützer auf, nehmen Sie all das Gute, das sich zeigt, in sich auf, sonnen Sie sich in der Ausstrahlung Ihres persönlichen Support-Teams. Wenn Sie ein Gefühl für diese unterstützende Energie gewonnen haben, wenn Sie eine gewisse innere Wärme spüren (nicht auf die Temperatur, sondern eher auf eine subtile Ahnung bezogen), können Sie die Bilder ganz langsam verblassen lassen. Sehen Sie zu, wie die Gestalten sich auflösen, die Ausstrahlung des Guten jedoch erhalten und spürbar bleibt. Nehmen Sie diese Ausstrahlung weiter in sich auf, während Sie ruhig atmen, ganz anwesend sind, hier sind, angenommen sind. Bleiben Sie ein paar Minuten in diesem Gefühl sitzen, öffnen Sie dann wieder Ihre Augen und beenden Sie Ihre Meditation.

Sie können diese Meditation immer machen, wenn Sie ein Gefühl des Alleinseins oder der Überforderung befällt, wenn Sie meinen, dass Ihre Kraft allein nicht reicht, Sie sich ohnmächtig großen Herausforderungen gegenübersehen. Wenn Ihnen diese Form der Visualisierung besonders guttut, können Sie sie auch regelmäßig für einige Minuten vor Ihrer Abwûn-Meditation durchführen und dann zu Ihrer eigentlichen kontemplativen Übung übergehen.

Facebook und die zarte Traurigkeit des Herzens –

Wie wir uns trotz allen Schmerzes der Welt nicht verschließen

Es gibt diese Tage, da wünscht man sich, man hätte den Browser geschlossen gelassen und Facebook nie geöffnet. Kaum hat man sich eingeloggt, blickt einem auf der Startseite ein trauriges Hunde- oder Katzengesicht entgegen, das zu einem bemitleidenswerten Wesen gehört, das irgendein Vollidiot in einen Müllsack gesteckt und in den Fluss geworfen hat. Dann sieht man Bilder von verwahrlosten Pferden bei einem Bauern, dem das alles völlig schnuppe ist, scrollt weiter zu einem Bericht über japanische Walfängerboote und endet schließlich bei einem Video aus dem Schlachthaus. Noch ein paar Horrormeldungen von Amnesty International, dazu noch Krisengebiete und Bürgerkriege, und schon hängt man psychisch ein bisschen in den Seilen.

Ich kenne Menschen, die haben genug von alldem und tun das auch kund. Gerade in der spirituellen Szene wird diese Haltung immer salonfähiger. Man hört dann Sätze wie »Ich teile nur noch Positives!« oder »Negative Meldungen zu sehen oder sie gar zu verbreiten, verstärkt diese Dinge nur!«.

Manche dieser Menschen hören dann auch auf, Zeitungen zu lesen oder Nachrichten zu schauen. Sie wollen nur noch positive Energie um sich herum und haben den Eindruck, als würden sie sich durch das Informieren über die schlimmen Zustände in dieser Welt an ihnen beteiligen.

Bei allem Respekt für die Verletzlichkeit dieser Menschen bin ich doch der Ansicht, dass dieser Weg des Aussperrens alles Negativen nicht funktionieren kann. Wenn wir uns selbst Scheuklappen anlegen, die unseren Blick auf eine freundliche Blümchenwiese mit rosa Kaninchen fixieren, wenden wir uns von der Welt ab und ihr nicht zu. Sicher sind gute Nachrichten extrem wichtig, und es gibt einige Webseiten, die sich deren Verbreitung vorgenommen haben und es in großartiger Weise tun.[168] Doch wenn ich mich nur noch auf solchen Seiten informieren würde, weil ich Angst hätte, dass mir andere Nachrichten das Herz zerreißen, dann würde ich mir vorkommen, als würde ich mich selbst belügen. Dann würde ich nicht die echte Welt sehen, sondern eine Fantasie-Version von ihr, etwas, das mit der Realität nur bedingt etwas zu tun hat (mir ist bewusst, dass auch unsere Nachrichtensendungen und Zeitungen nur einen selektiven Ausschnitt des Weltgeschehens abbilden – doch immerhin besser als nichts).

Die Angst vor Schmerzen ist nur menschlich, der Versuch, sich zu schützen, ebenfalls. Doch ich meine, dass wir vor dem Leid und dem Schmerz nicht gänzlich fliehen können und auch nicht sollten.

Natürlich tut es mir in der Seele weh, wenn ich die vielen ausgesetzten Hunde sehe, und weiß, dass ich nicht jeden von ihnen aufnehmen kann. Natürlich tun mir auch die Pferde leid, die so unachtsam und lieblos behandelt werden, für die ich aber dennoch keinen Platz habe. Und selbstverständlich finde ich die Bilder von Walfängern, Schlachthäusern, zerstörten Städten und weinenden Kriegswaisen verstörend. All das muss einem das Herz zerreißen – ansonsten wäre man schon ziemlich abgestumpft. Ich denke, man muss die Tränen weinen und durch diese Gefühle hindurchgehen, das Mitgefühl entwickeln, der zarten Traurigkeit des Herzens erlauben, den Raum in uns wachsen zu lassen, bis alle Wesen darin Platz haben und man wie schon im vorigen Kapitel erwähnt, »das zu Tuende« tun, sein Mögliches leisten kann.

Ich habe keinen schlauen Tipp, wie wir uns besser fühlen könnten, wenn wir solchen Bildern und Nachrichten ausgesetzt sind. Jedenfalls keinen, der kurzfristig funktioniert. Aber derjenige, der die Zartheit zulässt, entwickelt damit auch ein furchtloses Kriegerherz – ein Herz, das durch den Schmerz gehen und dennoch lebendig sein kann. Chögyam Trungpa, einer der größten tibetischen Meditationsmeister, sagt:

»Wirkliche Furchtlosigkeit erwächst aus der Zartheit,
aus der Bereitschaft, dein verwundbares, wunderbares Herz
von der Welt berühren zu lassen.
Du bist bereit, dich ohne Abwehr und ohne Scheu der Welt
zu öffnen, und du bist bereit, dein Herz mit anderen zu teilen.«[169]

In diesem Sinne waren sowohl der Buddha als auch Jesus wahrhaft furchtlos, denn sie blieben zeit ihres Lebens mit dem Leiden in Kontakt. Sie verschlossen sich nicht vor der Welt, sondern teilten ihr Herz mit allen, denen das Leben übel mitgespielt hatte. Sie schauten hin, identifizierten sich mit denen, die litten, und brachten sich mit dem, was sie leisten konnten, ein. Sie ließen sich berühren, ließen sich selbst verletzen, um ganz bei dem zu sein, der in Not war. Mit allem, was sie taten, sagten sie: »Ich bin einer von euch. Ich bin bei euch – und ich werde nicht fortgehen.«

In Kontakt mit der Welt sein

Die Welt auf diese Weise an sich heranzulassen kann wehtun. Und manches Mal wird man sich vielleicht auch hilflos fühlen. Doch damit ist man auch wieder denjenigen nah, die in noch größerer Hilflosigkeit leben – und diese Erfahrung bricht das eigene Herz so weit auf, dass man in der nächsten Situation, in der man tatsächlich *helfen kann*, nicht achtlos vorübergeht.

Schmerz kann uns auf die Liebe hinweisen, die sich manchmal in uns verbirgt. Schmerz kann die Mauer unserer Abwehr durchdringen, sodass der Fluss unseres Mitgefühls hervorbricht und wir unsere Hand ausstrecken. Schmerz kann Zartheit in uns wecken, wo vorher Verstockung herrschte.

Da Gott keine Augen hat, braucht er unsere Augen, um zu sehen und zu bezeugen. Er hat auch keinen Mund, daher braucht er unsere Lippen, die sich öffnen, um Unrecht zu benennen. Er hat keine Arme und keine Hände, daher müssen wir die Schwachen behüten, sie in den Arm nehmen und trösten. Gott braucht jeden Einzelnen von uns, um die Liebe in der Welt tätig werden zu lassen.

»Da die Liebe der Ursprung der Schöpfung und die wahre Nahrung aller Wesen ist, kann der Mensch, der dies weiß, durch seine Sympathie, seine Freundlichkeit, seine Hilfsbereitschaft der Welt jene Nahrung geben, nach der jede Seele hungert.«[170]

Wenn wir nicht wissen, was in der Welt geschieht, können wir auch wenig dazu beitragen, dass die Verhältnisse besser werden. Stellen Sie sich vor, alle Menschen würden sagen, dass sie nur noch an positiven Nachrichten interessiert seien und alles andere ausblenden. Niemand würde erfahren, wie Flüchtlinge im Mittelmeer ertrinken, niemand würde hinsehen, wenn Journalisten für ihre Meinungsäußerung von lachhaften Regimen eingesperrt werden, niemand würde es bemerken, wenn Kinder versklavt werden oder ihnen irgendein skrupelloser Despot Gewehre in die Hände drückt, niemand würde vom Hunger erfahren und ebenso wenig von den wirtschaftlichen Zusammenhängen, die ihn erst erzeugen.

Ich denke, unter diesen Gesichtspunkten können wir dem obigen Zitat von Hazrat Inayat Khan hinzufügen, dass auch das Mitfühlen etwas ist, wonach jede Seele hungert. Denn dieses Mitfühlen ist der erste Schritt auf dem Weg zur Gerechtigkeit, die allen Menschen die gleichen Chancen einräumt und auch unsere tierischen Brüder und Schwestern nicht vergisst. Wir müssen also hinsehen, mitfühlen, unser Herz öffnen, uns an der richtigen Stelle empören, unseren Beitrag leisten, unsere eigene Hand ausstrecken (in welcher Form auch immer) und stets in Kontakt mit der Welt bleiben. Wenn wir meinen, dass uns dies von unserer spirituellen Suche abhält, sind wir gewaltig auf dem Holzweg. Die Benediktinerin Joan Chittister findet in Bezug auf diesen tragischen Irrtum sehr klare Worte:

»Oft wird Spiritualität als Rechtfertigung dafür benutzt, sich nicht mit den großen Fragen des Lebens auseinanderzusetzen. Kontemplation wird zur Entschuldigung dafür, dass man die Welt dem Verfall überlässt.

Diese Art, das spirituelle Leben zu benutzen, ist nicht nur traurig, sondern grundlegend falsch. Wenn Kontemplation bedeutet, die Welt zu sehen, wie Gott es tut, dann müssen wir sie ganz genau betrachten. Wenn Kontemplation bedeutet, in den Geist Gottes einzutauchen, dann müssen wir lernen, über die Grenzen dessen hinauszudenken, was auf unserer kleinen Tagesordnung steht. Wenn Kontemplation bedeutet, das Herz Gottes in das Herz der Welt zu bringen, dann muss es uns mehr als jeden anderen schmerzen, wenn Gottes Wille im Herzen des Universums keine Beachtung findet.«[171]

Mystik, die wirklich tiefe Teilhabe an der Welt, besteht darum nicht nur aus Innerlichkeit, auch wenn diese wichtig ist. Wir schauen unser Innerstes an und versuchen unser wahres Selbst immer mehr freizulegen, doch wird in dieser Schau auch ein gänzlich neues und über alle Maßen geschwisterliches Verhältnis zur Welt erfahren, aus dem heraus wir ebenso *neu leben*.

So lebte der historische Buddha auf neue Weise, als er sich über jede Kastenzugehörigkeit hinwegsetzte, und so lebte Jesus auf neue Weise, als er alle Menschen an seinen Tisch einlud und zwischen angeblich Reinen und Unreinen keinen Unterschied machte. Hier zeigt sich die gleiche soziale Solidarität, die auch Franz von Assisi vorlebte und die Hildegard von Bingen dazu brachte, mutig Könige und Päpste zu ermahnen, wenn diese die Gerechtigkeit aus den Augen verloren. Es ist die Solidarität, die die ganze lateinamerikanische Befreiungstheologie von Hélder Câmara über Óscar Romero und Ernesto Cardenal bis zu Leonardo Boff inspirierte. Es ist die Solidarität, die seit jeher im christlichen

Kontext mit der Sonne verglichen wird, die über allen Menschen gleich scheint und die Klemens von Alexandrien im 2. Jahrhundert n. Chr. wie folgt beschrieb:

»Denn der gleiche Himmel, der sich im Kreis nach allen Seiten hin erstreckt, umgibt die ganze Erde (...) und Gott hat in gleicher Weise die Sonne als Ursache des Tages und Vater des Lichts über alle, die sehen können, von oben ausgegossen, und alle sehen sie gemeinsam, denn die Sonne unterscheidet nicht Reiche und Arme, Volk oder Führer, Dumme und Kluge, Frauen und Männer, Freie und Sklave. (...) Er schüttet die Sonne über alle Lebewesen (...) in gleicher Weise und gemeinsam aus und setzt so die Gerechtigkeit durch, da niemand mehr als andere haben oder dem Nächsten etwas nehmen kann, sodass er selbst doppelt so viel vom Licht hätte wie jener. Die Sonne lässt gemeinsame Speise für alle Lebewesen wachsen, die gemeinsame Gerechtigkeit ist allen unter gleichen Bedingungen gegeben.«[172]

Wie aber ist unsere Welt (als Gesellschaft) beschaffen? Bekommt manch einer vielleicht »doppelt so viel vom Licht« wie ein anderer beziehungsweise nimmt es sich einfach, weil der andere zu schwach ist, um sich zu wehren? Und wollen wir diese negative Nachricht wirklich unbeachtet lassen, weil sie uns emotional zu sehr zusetzt? Wollen wir blind und stumm sein, weil das bequemer ist? Wollen wir uns von Ungerechtigkeit abwenden, weil ihr Vorhandensein unsere Meditation stört?

Ich vermute, dass das obige Zitat von Klemens von Alexandrien nicht unbedingt als hübsch gestalteter und gerahmter Text in den

Vorstandsbüros multinationaler Konzerne hängt. Wenn wir also nicht achtsam sind und hinsehen, wenn die Gerechtigkeit dem Gewinnstreben geopfert wird, dann wird es niemand tun. Joan Chittister mutet es ganz zu Recht den kontemplativen Menschen zu, ihre Augen zu öffnen und bei denen zu sein, die in irgendeiner Form ausgebeutet werden:

> »Kontemplation ist keine grenzenlose Ekstase, sondern Erleuchtung, die jenseits der Grenzen von Kirchturmpolitik, dumpfen Nationalgefühlen, Geschlechterkampf und Klassenzugehörigkeit liegt. Der Atem Gottes, den der Kontemplative zu atmen strebt, ist der Atem des Geistes der Mit-Leidenschaft. Ein wahrhaft spiritueller Mensch weint mit den Weinenden und erhebt seine Stimme für die Stummgemachten.«[173]

Es gibt Tage, da können wir nichts anderes tun, als bloß mit den Weinenden zu weinen, weil uns die Macht fehlt, aus unserer alleinigen Kraft eine wirklich wesentliche Veränderung in der Welt hervorzubringen. Und doch sind diese Tränen nicht umsonst vergossen, da sie den Leidenden zumindest zeigen, dass wir sie nicht vergessen haben, dass wir bei ihnen sind und sie und ihren Schmerz wahrnehmen. Mit unseren Tränen weisen wir auf ihre Tränen hin und tun nicht einfach so, als würde es ihr Leid nicht geben.

An manchen Tagen haben wir dann auch die Chance, im richtigen Moment unsere Stimme zu erheben und für die zu sprechen, die selbst nicht gehört werden. Wir können etwas sagen, wir können Bücher und Artikel schreiben, wir können auch negative

Nachrichten teilen, damit die Menschen, die von diesen Dingen und Zuständen betroffen sind, nicht beiseitegeschoben werden.

Und dann gibt es noch die besten Tage überhaupt, wenn wir gar nichts sagen müssen, sondern einfach mit einem Lächeln und einem ermutigenden Blick unsere Hand reichen können, um die Welt ein kleines bisschen besser zu machen.

Grundlage für jedes mitfühlende Sein und jedes mitfühlende Handeln ist aber unsere eigene Verbindung zur Welt, unsere Verinnerlichung der Welt, unsere Kontemplation der Welt. Daher gibt es wohl kein wirklich meditatives Leben ohne den Wunsch nach Gerechtigkeit und Frieden, keine Kontemplation ohne Aktion.

Glaub nicht alles, was du denkst, Schlaubi-Schlumpf! –

Wie unser Kopf die Welt auf den Kopf stellt

Oft genug scheint die Welt ein komplizierter Ort zu sein: Weltpolitik und Weltwirtschaft sind ein undurchschaubares Geflecht, ebenso das deutsche Steuersystem und die Elektronik unseres Autos. Und dann gibt es ja auch noch den Button für den »Beziehungsstatus« bei Facebook. Da kann man schon einmal ins Schleudern geraten. Unser begriffliches Denken, das uns als Menschheit weit gebracht hat und das ich keinesfalls gänzlich diskreditieren möchte, stellt uns so manches Mal ein Bein, wenn es sich verselbstständigt und aus dem Denken ein rotierendes, nicht aufhören wollendes Grübeln wird. Lassen Sie mich kurz auf ein Beispiel zurückgreifen, um dann in gewohnt mäandernder Weise zum Punkt zu kommen …

Kennen Sie noch den Schlaubi-Schlumpf? Das ist dieser kleine blaue Bücherwurm mit Brille, der immer alles besser weiß und zu allem und jedem einen Kommentar abgeben muss. Eine Plastikfigur dieses kleinen Knilchs haben mir meine Kinder geschenkt, nachdem ich beim Augenarzt war und mir eine Lesebrille angeraten wurde. Mit hämischem Grinsen wurde mir das blaue Kerlchen überreicht und fortan versucht, das Wort »Papa« durch »Schlaubi« (und manchmal auch »Eule«) zu ersetzen. So dankt es einem die vermaledeite Brut, wenn man sie in ihrer freien Geisteshaltung unterstützt. Ich muss dringend meine Äußerungen aus den vorherigen Kapiteln, in denen ich meine Kinder noch als »zauberhaft« beschrieb, überdenken …

Jedenfalls steht der Schlaubi-Schlumpf nun neben meinem Laptop und hat sich – wie ich zugeben muss – schon das eine oder andere Mal nützlich gemacht.

Es gibt nämlich diese Momente, in denen ich denke.

Ja, ich weiß, das überrascht Sie jetzt. Aber so ist es tatsächlich – und es ist oft auch gar nicht lustig. Denn manchmal denkt das Denken mich. Ich sitze am Schreibtisch und suche nach einer griffigen Formulierung, irgendeinem Bild, das mich einen Sachverhalt so darstellen lässt, dass Sie später beim Lesen des Buches sagen: »Ach, der Grosser … Das is' ja auch ein Dölmer!«

Aber dann führt ein Gedanke zum nächsten und übernächsten, während mir das eigentliche Thema immer mehr entgleitet und ich mich Dinge frage, die so nebensächlich sind, dass sich nicht einmal eine Internetrecherche lohnt.

Und dann schaue ich auf meinen Retter: klein, blauhäutig, mit einer Vorliebe für weiße Hosen und ebensolche Mützen. Der Schlaubi-Schlumpf! Der kleine Kerl lebt ausschließlich im Intellekt und hat zu jedem Problem die passende These parat, womit er den anderen Schlümpfen, die weitaus praktischer veranlagt sind, gehörig auf die Nerven geht. Er erinnert mich immer daran, dass ich, wenn ich nicht aufpasse, in ein ebensolches Verhalten hineinrutschen kann. Denken um des Denkens willen, eine Theorie auf der anderen aufbauend und mich dabei immer weiter von mir selbst entfernend. Warum macht man so etwas?

Wahrscheinlich ist es auch hier einfach eine Schutzreaktion. Wer mit Grübeln einen Abstand zur Welt herstellt, muss sich nicht berühren lassen. Er lebt im Fort Knox seiner eigenen Gedanken und wird weder herausgefordert noch in den Fleischwolf wirklicher Erfahrungen geworfen. Er muss nicht leben, weil er ja schon genug mit Denken zu tun hat.

Dann stellt man sich abstrakte Fragen, von denen man – wenn man ganz ehrlich zu sich selbst ist – genau weiß, dass sie niemand beantworten kann, und schraubt sich in eine Problematik, die erst einmal nicht viel mit unserer Realität und schon gar nichts mit dem gegenwärtigen Augenblick zu tun hat. Der Sufismus geht mit solchen Tendenzen recht humorvoll und, wie ich finde, auch überzeugend um:

»Jemand kam mit einer Frage zu einem Sufi. Er sagte: ›Seit vielen, vielen Jahren sinne ich darüber nach und lese verschiedene Bücher, und doch war ich nicht imstande, eine sichere Antwort zu finden. Sag mir, was geschieht nach dem Tode?‹ Der Sufi erwiderte: ›Frage dies bitte jemanden, der sterben wird. Ich habe die Absicht zu leben.‹«[174]

Wir können von Glück reden, wenn wir einem solchen Lehrer begegnen, der uns aufzeigt, wie sehr wir uns verrennen. Ansonsten entwickeln wir immer weitere Fragen und versuchen diese mit entsprechenden Theorien zu beantworten. Wenn wir meinen, eine definitive Antwort entdeckt zu haben, fühlen wir uns sicher.

Die Antwort ist fest, ein Haltepunkt und Anker in einer seltsamen Welt des Wandels. Unser Denken möchte die Welt gern neu errichten, und diesmal bitte komplett aus Stahlbeton. Es möchte klare Grenzen, genaue Zuständigkeiten, in sich geschlossene Bereiche und exakte Handlungsanweisungen, die jedes Mal und mit jedem Gegenüber dasselbe Ergebnis erzielen. Was es also gewiss nicht möchte, ist die Welt, so wie sie ist.

»Wenn ich sicher zu sein wünsche, das heißt, beschützt vor dem Fluss des Lebens, so wünsche ich getrennt vom Leben zu sein.«[175]

Deshalb bedürfen Menschen (und auch der kleine Schlaubi-Schlumpf) so sehr der Mystik, die eben nicht ausweicht, sondern sich ganz bewusst diesem Fluss des Lebens, von dem Alan Watts oben spricht, hinzugeben.

Sich hingeben, im gegenwärtigen Moment leben und dem Leben so begegnen, wie es sich zeigt, ohne die Konstruktionspläne anzufordern und Verbesserungsvorschläge zu machen, ist das Eintauchen in ebendiesen Fluss. Der Fluss, den das Christentum und das Judentum Gott nennen, den der Islam mit Allah bezeichnet, von dem die Taoisten als Tao sprechen, in dem die Buddhisten die allgegenwärtige Buddha-Natur aller Dinge finden und in dem die Hinduisten Brahman sehen, die eine große göttliche Seele, in der sich das Atman, die einzelne Seele des Lebewesens, selbst erkennt.

Mystik – oder wie Buber sie nannte: Gegenwärtigkeit – will nichts anderes sein als dieser göttliche Fluss. Und um dieses Fließen zu erfahren, benötigen wir nicht einmal ein aufblasbares

Gummikrokodil. Wir müssen uns nur ausziehen (uns all der Bilder entledigen, die wir mit uns herumschleppen) und hineinspringen. Wir werden leer (sozusagen vorstellungslos) und lassen uns sowohl tragen als auch erfüllen. Wir lassen uns von Gott auf ein anarchisches Abenteuer einladen, das sich Leben nennt.

Ein Leben, das wir nicht ständig hinterfragen müssen, sondern das einfach ist, wie auch Meister Eckhart erklärt:

> »Wer das Leben fragte tausend Jahre lang: ›Warum lebst du?‹ – könnte es antworten, es spräche nichts anderes als: ›Ich lebe darum, dass ich lebe.‹ Das kommt daher, weil das Leben aus dem eigenen Grunde lebt und aus seinem Eigenen quillt; darum lebt es ohne Warum eben darin, dass es sich selbst lebt. … Nun denn, lieber Mensch, was schadet es dir, wenn du Gott vergönnst, dass Gott Gott in dir sei? Geh völlig aus dir selbst heraus um Gottes willen, so geht Gott völlig aus sich selbst heraus um deinetwillen. Wenn diese beiden herausgehen, so ist das, was da bleibt, ein einfaltiges Eins.«[176]

Statt immer wieder das Leben mit unseren Vorstellungen abzugleichen, lassen wir es sich einfach entfalten und uns mitnehmen. Wir lassen Gott Gott sein, wir lassen das Leben Leben sein. Wir geben uns der Überraschung hin und sehen von unseren Erwartungen ab, denn wie Alan Watts in seiner großartigen Darlegung des Taoismus sagt:

> »Wenn jeder Augenblick zur Erwartung wird, wird das Leben der Erfüllung beraubt.«[177]

Wer Bestimmtes erwartet (und dieses Bestimmte legt sich immer das Denken zurecht), wird sicherlich enttäuscht werden, vor allem aber das übersehen, was sich statt des Erwarteten zeigt. Sich selbst nicht so wichtig nehmen, sich selbst nicht als Zentrum des Universums begreifen, seine eigenen Pläne nicht als Absolutes ansehen, die Vorstellungen, die man sich von sich selbst und der Welt gemacht hat, einfach mal vergessen. Das kann ein neuer Weg sein. Sich Raum geben. Widersprüche in sich zulassen. Die Dinge sehen, wie sie sind, und nicht, wie wir sie uns wünschen. Sich in dem, was ist, entspannen. Dann kehrt langsam eine Art Seelenruhe ein, die das Erkennen von Weisheit überhaupt erst ermöglicht. Von diesem Punkt aus können wir auf eine gute Weise handeln, indem wir nicht nur reagieren (aus unseren Vorstellungen und Wünschen heraus), sondern tatsächlich agieren. Frisch und unbeschwert.

In der Rückschau auf das vorherige Kapitel und den wichtigen Punkt der Gerechtigkeit geht es beim Eintauchen in diesen Fluss des Lebens aber auch nicht darum, alles so hinzunehmen, wie es kommt, sondern so frei zu werden, dass man Ereignisse entweder annehmen kann, weil man merkt, dass die eigenen Wünsche diesbezüglich nicht das Maß aller Dinge sind (das gilt zum Beispiel für Unabänderliches wie den Tod), oder aber sie ohne destruktive Wut oder gar Hass aktiv zu verändern (zum Beispiel die eigene Lebensweise oder auch soziale und politische Zusammenhänge). Man gibt sozusagen sich selbst und auch der Welt und ihren Geschehnissen einen gewissen Freiraum, in dem sowohl Entfaltung als auch Veränderung möglich sind. Mit Reinhold Niebuhrs berühmtem und oft zitiertem Gelassenheitsgedicht kann man diese Haltung gut zusammenfassen:

»Gott, gib mir die Gelassenheit, Dinge hinzunehmen,
die ich nicht ändern kann, den Mut, Dinge zu ändern,
die ich ändern kann, und die Weisheit,
das eine vom anderen zu unterscheiden.«[178]

Gott ist hauptberuflich Achtsamkeitslehrer und spricht mit allen Stimmen dieser Welt von Berührung, von Verlockung, von Verzückung und dem Auflösen von Barrieren. Mystik findet nicht im Kopf statt. Wir können Gott nicht gedanklich *erfassen*, sondern uns nur von ihm auf einer viel umfassenderen Ebene *ergreifen lassen*.

Wir können unsere Schlumpfmütze und unsere Brille ablegen, sie am Ufer zurücklassen und ganz in den Fluss des Seins eintauchen, uns selbst hineinbegeben, uns hingeben, unser Gehirn durchspülen lassen. Mit unserem Atem, unseren Handlungen, unserem Schauen und unserem Erfahren *in Gott sein*, der als kollektiver Fluss durch unseren Kosmos, um uns herum und durch uns hindurch fließt. Vielleicht schwimmt Schlaubi eine Runde mit uns. Er muss sich nur trauen, nass zu werden!

Ab jetzt geht's bergab –

Von der Freiheit, die Angst endgültig loszulassen

Als vor etwa dreieinhalb Jahren die Nachbarshündin starb, mit der unser Rüde nahezu jeden Tag gespielt hatte, verfiel er in eine lange Trauerphase, die nur schwer mit anzusehen war. Bei jedem Spaziergang rannte er los und setzte sich vor das Gartentor der Nachbarn, um auf seine Freundin zu warten, die jedoch nicht mehr auftauchte.

Irgendwann trafen wir dann die folgenschwere Entscheidung, uns selbst einen zweiten Hund anzuschaffen. Wir besuchten Tierheime und schauten uns die Internetseiten von Tierschutzvereinen an, bis ich mir irgendwann vorkam wie ein konservatives Familienoberhaupt, das eine Ehe arrangieren möchte, für dessen Sohn aber keine Bewerberin gut genug ist. Und dann fanden wir sie eines Tages doch: Lilly Halbohr, eine wunderhübsche Hündin, die ihrem Ende in einer spanischen Tötungsstation entgegensah und von unserem örtlichen Tierheim in Zusammenarbeit mit Tierschützern in Spanien vermittelt wurde. Wir sagten zu, und ein paar Wochen später holten wir sie vom Flughafen ab. Dann wurde es interessant! Sie war nicht nur farblich das exakte Gegenteil unseres weißen Rüden, sondern auch in jeder anderen Hinsicht. Um es kurz zu machen: Während Baldur ein englischer Gentleman ist, der sich mit großer Achtsamkeit bewegt und ein eher zurückhaltendes Wesen hat, ist Lilly ein furzender, rülpsender und zu 100 Prozent erziehungsresistenter Bulldozer auf vier Beinen. Nichts bleibt dort, wo es ist – alles wird umgerannt, heruntergerissen, plattgewalzt, denn es gibt keine Hindernisse für sie. Wenn sie irgendwo hinwill, dann geht sie einfach geradeaus und räumt dabei alles aus dem Weg. In den neun Jahren, die sie in Spanien lebte, kümmerte sich niemand um sie, brachte ihr niemand etwas bei und zeigte ihr offensichtlich auch niemand, was es heißt, mit Menschen zusammenzuleben. Im Grunde kann man sagen, dass wir uns einen Wildhund eingefangen und ihn zu Versuchszwecken an uns selbst in die Zivilisation gebracht haben. Sie frisst alles, was sie finden kann, kennt absolut keine Grenzen und steht auch schon mal auf dem Wohnzimmertisch, als wäre das die normalste Sache der Welt. In diesen Momenten, die uns sprachlos zurücklassen, scheint Baldur das pure Entsetzen zu packen. Dann wirft er mir immer einen dieser vorwurfsvollen Blicke zu: »Die hast du für mich ausgesucht? Ernsthaft?« Und ich kann nur hilflos mit den Schultern zucken und ihm erklären, dass eine Beziehung zu führen nicht immer leicht ist und es doch »in guten wie in schlechten Zeiten« heißt.

Wenn mich diese Hundedame (wobei »Dame« wirklich der größte Euphemismus ist, den ich je in meinen Texten benutzt habe) auch so manches Mal nervt, ist es dennoch im Großen und Ganzen eine faszinierende Erfahrung, solch ein Wesen bei sich zu haben. Manchmal erscheint es mir, als würde ich eine außerirdische Lebensform beobachten, die noch nie zuvor ein Mensch gesehen hat. Vom Kopfschütteln über sie bekomme ich bestimmt irgendwann einen Bandscheibenvorfall in der Halswirbelsäule.

Was Lilly allerdings neben ihrem unbändigen Charakter ebenfalls auszeichnet, ist die Tatsache, dass sie wohl das liebste Wesen auf der Welt ist. Dass sie keinen einzigen Befehl kennt, nicht mal eine leise Ahnung von Gehorsam hat und sich auch nicht im Geringsten für soziale Konventionen interessiert, fällt insofern nicht weiter auf, weil sie ständig »am Mann« ist, sodass ich manchmal meine, irgendjemand hätte ihr halbes Ohr an meine Jeans genäht. Sie ist immer dabei und will nur eins: schmusen, schmusen und noch mal schmusen. (Na gut, … und fressen. Fressen ist auch nicht schlecht!)

Warum ich das alles erzähle, hat nicht nur den Grund, dass ich denke, eine lustige Hundegeschichte mache jedes Buch besser, sondern vor allem den, dass Lilly ein Paradebeispiel dafür ist, was es heißt, vollkommen man selbst, vollkommen angstfrei und vollkommen frei zu sein. Sie läuft zu Pferden, Kühen und auch Stieren auf die Weide, zerfetzt gelbe Säcke (bei deren Rascheln unser Baldur schon fast einen Herzstillstand bekommt), zerbeißt mit Leichtigkeit Futterdosen, furzt und rülpst wie gesagt nahezu ständig (aber vor allem dann, wenn wir Gäste zum Essen eingeladen haben), gräbt sich unter Zäunen hindurch, springt von Mauern, schnarcht wie ein übergewichtiger Bauarbeiter und fragt sich bei all diesen Tätigkeiten nicht ein einziges Mal, ob das, was sie da macht, wohl in Ordnung ist oder ob sie gegen irgendwelche Regeln verstößt. Dabei schadet sie niemandem, folgt aber einfach ihrem Wildhund-Instinkt und macht ihre eigenen Erfahrungen. Wenn ich sie sehe, denke ich daher nicht nur an eine seltsame außerirdische Lebensform, sondern auch daran, dass sie wohl eines der glücklichsten Wesen ist, das ich kenne.

Wie Tagore ist sie mit sich und der Welt eins, sie ist völlig hingegeben an den Puls des Lebens:

> »Derselbe Lebensstrom, der Tag und Nacht durch meine Adern fließt, durchströmt rhythmisch tänzelnd auch die Welt.«[179]

Gut, rhythmisch tänzelnd ist für Lilly vielleicht nicht die richtige Beschreibung, eher schon »unaufhaltsam und dampfwalzenartig«, aber Sie wissen, worauf ich hinauswill. Diesem Lebensstrom, von dem Tagore spricht, zu folgen, sich von ihm durchdringen und ganz erfüllen zu lassen, sich mit dem göttlichen Fluss zu vereinen und ohne Hast und Widerstand durch die Welt zu fließen, ist etwas, was man auch als »Weg der Mystik« beschreiben könnte.

Auf diesem Weg, dessen unterschiedliche Aspekte wir in diesem Buch angerissen haben, wird die Seele in zweierlei Hinsicht befreit. Zum einen wird sie *frei von* Konventionen, Konzepten, Theorien, Gedankengebäuden, Hirngespinsten und Dogmen, auch frei von Ängsten, Selbstverurteilungen und Entfremdung. Zum anderen wird sie *frei zu* lieben, zu achten und zu ehren, zu singen und zu tanzen, frei zu genießen und frei dazu, das Leben als einen permanenten Ausdruck des Göttlichen zu erfahren. Sie wird auch frei zu handeln und ihrem innersten Antrieb gemäß zu agieren. Sie wird frei dazu, das Heilige in jedem Winkel dieser Welt zu entdecken und es ohne Ausnahme zu feiern, ganz gleich, welches Etikett dieses Heilige von irgendwem angeheftet bekommt. Die Seele wird auf dem Weg der Mystik frei, die Schönheit in muslimischen, christlichen, hinduistischen, buddhistischen, taoistischen, jüdischen und naturreligiösen Traditionen und Praktiken zu sehen, ohne sich diese Toleranz von dahergelaufenen Glaubenswächtern verbieten zu lassen. Wie Bulldozer-Lilly Freundschaft mit allem und jedem schließt, ohne Scham oder Reue oder sonst ein negatives Gefühl zu verspüren, kann auch der Mystiker sich überall niederlassen und in die namenlose Stille eintauchen, die in allem lebendig ist.

Der Sufi Hazrat Inayat Khan sagt:

»Alle Heiligen der Welt wurden heilig, indem sie ihre Seele befreiten, denn Freiheit ist das einzige Ziel, das es im Leben gibt.«[180]

Loslassen und Mensch sein

Der Mystiker ist sich bewusst, dass er diese *Freiheit von etwas* braucht, um die *Freiheit zu etwas* zu erlangen. Dabei geht es aber nicht darum, die Welt hinter sich zu lassen, um sich ganz auf Gott konzentrieren zu können. Es geht vielmehr darum, die Welt so sehr in sich aufzunehmen, ihr und all ihren Wesen so nah zu sein, dass durch sie Gott in der eigenen Seele geboren wird. Denn diese innere Erfahrung ist die wahre Transformation, die wir mit dem Befolgen welcher althergebrachter Dogmen auch immer niemals erreichen werden. Angelus Silesius fasst dies in einem seiner bekanntesten Zweizeiler zusammen:

»Wird Christus tausendmal zu Bethlehem geboren
Und nicht in dir, du bleibst noch ewiglich verloren.«[181]

Um es im christlich-mystischen Kontext auf die Spitze zu treiben, könnte ich sagen, dass ich kein Christ sein möchte, sondern ein Christus. Ich möchte kein Anhänger einer Religion sein, die mir sagt, was ich glauben darf und was nicht, die mir erzählt, was richtig und was falsch ist, wen ich lieben darf und wen nicht. Stattdessen möchte ich immer wieder dieses Gefühl erleben, dass ich und der Vater eins sind, dass ich und der Urgrund, den ich vertrauensvoll mit Abwûn anspreche, auf immer verbunden sind, ich zu ihm gehöre und er zu mir. In dieser Erfahrung bin ich wahrhaft frei und verliere alle Angst, nicht richtig zu sein, nicht zu genügen oder allein auf dieser Welt zu sein.

Mahatma Gandhi sagte mit einem Bezug auf einen positiven Religionsbegriff:

»Wo Angst ist, da ist keine Religion.«[182]

Angst hindert mich daran, frei zu sein. War es in früheren Zeiten vielleicht die Angst vor dem Höllenfeuer oder in anderen Kulturen die Angst vor einer schlechten Wiedergeburt, ist es heute wahrscheinlich die stets im Hintergrund schwelende Angst vor der absoluten Sinnlosigkeit der eigenen Existenz oder auch vor der völligen Auslöschung, dem Nichts.

Der buddhistische Gelehrte Nagarjuna, der im 2. Jahrhundert lebte und zu den ganz großen Köpfen innerhalb der Mahayana-Tradition gehört, sagt:

»›Existenz‹ ist Ewigkeitsglaube,
›Nichtexistenz‹ ist Verlöschungsglaube.
Daher verweilt der Weise
weder in Existenz noch in Nichtexistenz.«[183]

Doch wo verweilt der Weise dann? In der Freiheit, die jenseits von Konzepten liegt! Der erste Schritt in die Freiheit besteht daher im Loslassen all dessen, was uns hindert, unsere Menschlichkeit in ihrer Gänze anzunehmen. All das, was uns weismachen will, dass die Welt nur in der einen oder anderen Art funktionieren kann, all das absolute Entweder-oder, all die plumpen Freund-Feind-Schemata, das Gut-und-Böse-Denken und vor allem die Aussagen derjenigen, die meinen, genau zu wissen, wie Gott aussieht, was er will und was erlaubt ist und was nicht.

Mystiker aller Traditionen waren immer so frei, das zu sagen, was andere Menschen nicht einmal gewagt haben zu denken. Für sie existierte das Göttliche jenseits von einem bloßen Ja oder einem bloßen Nein, jenseits eines beschränkten Dualismus, der immer nur eine Lösung favorisiert, ohne jemals nach Alternativen Ausschau zu halten. In ihrer Meditation, in der Versenkung in sich selbst und in die Quelle, erkannten sie die Weite, die alles umfasst und daher wahrhaft lieben kann. Diese Freiheit des Loslassens und des Fallens in die Liebe ist uns auch heute noch möglich – und das Schöne daran ist: Wer selbst wirklich frei ist, kann auch anderen diese Freiheit zugestehen. Wer sich jedoch insgeheim eingeengt fühlt und diese Einengung mit aberwitzigen philosophischen Verrenkungen für sich selbst rechtfertigt, neigt meist auch dazu, andere zu gängeln. (Man möchte als tief religiöser Besserwisser ja schließlich nicht, dass es anderen besser ergeht als einem selbst, oder?!)

Ein freier Geist bringt Freiheit hervor, während ein unfreier Geist weitere Unfreiheit erzeugt. Eine einfache Gleichung. Und anders gesagt: Ein ängstlicher Geist ist verschlossen, während ein freier Geist sich dem Leben zuwenden kann.

Die wirklich frohe Botschaft

Wenn Sie viel Zeit haben, können Sie gerne einmal nachzählen: kaum ein Satz taucht in der Bibel so häufig auf wie: »Fürchtet euch nicht!«[184] Wenn die Einheit mit Gott erkannt wird, schwindet jede Angst. Das ist der Kern der wahrhaft FROHEN Botschaft! Das Ende der Angst und der Beginn der Freiheit. Damit macht uns die Mystik lebendiger, als wir jemals waren – wir wachen auf zu einer großen Freude, die wir mit anderen teilen können. Eine Freude, in der wir gemeinsam mit Rumi singen:

> »Hast du gehört, der Winter ist vorbei!
> Nelken und Basilikum platzen vor Lachen.«[185]

Hätte Rumi das Glück gehabt, Lilly kennenzulernen, hätte er bestimmt noch eine Zeile wie »Der Hund hüpft über die Wiese, ohne sich darum zu scheren, dass jemand nach ihm ruft« oder »Der Hund steht auf dem Tisch, weil er so besser aus dem Fenster schauen kann« hinzugefügt.

In dieser großen Freude, die aus der Freiheit geboren wird, vereinen sich kindliches Staunen und Dankbarkeit zu einem offenherzigen Tun. Einem Tun, das sich selbst der Welt schenkt und gleichzeitig in der stillen Präsenz des Heiligen Geistes ruht.

Diese Freiheit ist nahezu überall zu finden: im Supermarkt, im Kindergarten, auf der Hundewiese, im Wald, im Büro und auf der Baustelle, auf spirituellen Seminaren und auf gänzlich »unspirituellen« Veranstaltungen, auf denen uns bewusst wird, dass es nichts gibt, was »unspirituell« wäre.

Auch in Klöstern, die uns auf den ersten Blick durch ihren reglementierten Alltag unfrei erscheinen mögen, ist diese Freiheit lebendig. Die drei Gelöbnisse, die in benediktinischen Gemeinschaften seit etwa 1500 Jahren geleistet werden, können auch für unseren ganz unklösterlichen Alltag eine Inspiration sein.

Stabilitas (Beständigkeit), *Oboedientia* (Gehorsam) und *Conversatio morum* (Umkehr) klingen zugegebenermaßen in heutigen Ohren ein wenig befremdlich, doch diese drei Regeln oder Prinzipien sind es, die in Verbindung mit einer kontemplativen Praxis den Menschen zur Hingabe an das Mysterium führen können. Solch ein Weg bedeutet lebenslanges Üben und ist sicherlich keine Überholspur. »Instant-Erleuchtung« ist hier nicht zu erwarten.

Nur langsam dringen die drei Gelöbnisse in die Seele ein, nur durch viel Geduld mit sich selbst erkennt man die Schönheit und Weisheit, die in ihnen verborgen liegt:

Mit Beständigkeit ist die Kunst gemeint, sich selbst nicht auszuweichen, nicht vor den eigenen Schatten davonzulaufen, sondern sich ihnen zu stellen, sie liebevoll anzunehmen und sie zu transformieren. Gleichzeitig heißt Beständigkeit die Treue zum eigenen Weg und auch die Treue zur Gemeinschaft auf dem Weg, zu Freunden, Familie und Partnern.

Mit Gehorsam ist kein blindes Befolgen von Befehlen gemeint, sondern ein achtsames Hören auf die Worte Gottes im eigenen Inneren, ein Lauschen auf diese leise Stimme, die wir nur zu gern überhören und die uns einen Weg zu einem gelingenden Leben weist.

Die Umkehr ist schließlich das Abgleichen des Gehörten mit meinem Leben. Immer wieder muss ich neu beginnen und mich ehrlich fragen, ob mein Leben dem, was ich glaube und für richtig halte, auch tatsächlich entspricht oder ob es bloße Lippenbekenntnisse bleiben.

Auf diesem Weg wird man bescheiden, ja demütig (vor allem, wenn man merkt, dass der eigene Anspruch und die Realität auseinanderklaffen), wobei De-mut auch den Mut beinhaltet, alle Machtansprüche und Machbarkeitsfantasien abzugeben, sich hinzugeben. Hingabe wird zu Liebe, und die Liebe führt uns zu unserem Nächsten und somit zu Gott.

Mit »den Weg gehen« im christlich-mystischen Kontext ist also kein Aufstieg in höhere Sphären gemeint, sondern viel eher ein Abstieg. Ein Abstieg in meine eigene Seele, auch in mein eigenes Dunkel, durch das Dunkel hindurch in den Kern meines göttlichen Selbst. In der dort aufscheinenden Liebe verwandelt sich alles, und ich werde freier und freier, weiter und weiter – so weit, dass ich meinen Nächsten nicht aus dieser Weite ausschließen muss.

Immer tiefer führt der Pfad hinein in ein unbeschreibliches Mysterium, entdeckt in uns selbst und in unserem Mitmenschen, in der Natur, in Tieren, Pflanzen und Mineralien, in allem, was lebt und die Liebe Gottes atmet – in jeder Religion, in jeder Kultur, sich selbst als Ausdruck der allerersten Quelle erkennend.

Verbindend und nicht trennend, erlösend und nicht verurteilend, frei machend und nicht eingrenzend, inklusiv und nicht exklusiv, liebend und lebendig.

Toleranz und Verständnis erwachsen ebenfalls aus dieser Demut, bei der wir die Konnotation der »Erdverbundenheit« stets im Blick behalten sollten. Das Reich Gottes mag ein christlicher Begriff sein, es umfasst aber nicht nur Christen, sondern alle Menschen, die ihr Christus-Bewusstsein, ihre wahre Seele oder ihren »Spirit«, der in anderen Kulturen dann beispielsweise Buddha-Natur oder brahman/atman genannt wird, entdeckt haben. Im Austausch, im wahren Dialog, der auf stupide Gleichmacherei verzichtet, werden wir mit allen Wesen in einer zärtlichen Stille verbunden.

So führt auch der christliche Weg letztlich auf einen namenlosen Weg, da der Wanderer stets ein anderer ist und sich ihm der Weg, obwohl er Hand in Hand mit anderen geht, nur für ihn allein offenbart. Spätestens hier endet jedes Dogma.

Aus diesem Blickwinkel wird Jesus zu unserem Begleiter und auch zu unserem Geburtshelfer. Jesus nicht als ferner und unerreichbarer Gottmensch, sondern als weiser Lehrer – als Christus, der Gesalbte, der in uns Himmel und Erde verbindet, der uns zu dem Christus in uns führt, uns lehrt, wie wir selbst die Werke tun, die er tat. Jesus als nah und nicht fern, als Bruder und nicht Herr.

Hier lassen wir die religiösen Vorstellungen über Jesus und Gott, über Allah und Buddha, über JHWH und Elohim, über Krishna und Konsorten los und SIND einfach in dem allumspannenden Abwûn, bis wir auch diese Bezeichnung vergessen.

Wir lassen los, werden frei zu lieben.

Wie Elif Shafak in ihrem großartigen Roman *Die vierzig Geheimnisse der Liebe* Schams e-tabrizi in den Mund legt:

»Die Liebe ist der Beweggrund. Die Liebe ist das Ziel. Und wenn man Gott so sehr liebt, wenn man jedes einzelne Seiner Geschöpfe Seinetwegen und dank Seiner liebt, dann lösen sich die unwichtigen Einteilungen auf. Von da an kann es kein »Ich« mehr geben. Dann kommt man nur mehr einer Null gleich, die so groß ist, dass sie das ganze Sein bedeckt.«[186]

»Ich« ist hier als die Identifikation mit all dem zu verstehen, was uns begrenzt, mit all dem, was nicht unser wahres Selbst ist. Genau das meint Meister Eckhart, bei dem ich an dieser Stelle einmal die wunderbare Möglichkeit nutzen möchte, ihn im Original zu zitieren:

»Dîn selbes icht
mûz werden nicht,
al icht, al nicht trîb uber hôr!
lâ stat, lâ zît,
ouch bilde mit!
genk âne wek
den smalen stek ...«

Und das nennt der Mann »Deutsche Predigten« ... Da entsteht doch spontan eine innere Milde gegenüber den unseligen Rechtschreibreformen der letzten Jahre. Hier mal die Übersetzung:

»Dein eigenes Ich
muss zunichtewerden,
alles Etwas und alles Nichts treibe hinweg!
Lass Raum, lass Zeit,
meide auch das Bild!
Gehe ohne Weg
den schmalen Pfad ...«[187]

Eine freundliche, vierbeinige Abrissbirne wie Lilly macht sich über dieses »Ich« natürlich keine Gedanken, wie auch sonst über nicht viel. Sie lebt jenseits jeden Konzepts, jenseits jeder Vorstellung, begegnet allem und jedem mit offenem Herz und heraushängender Zunge. Wege kennt sie keine, ihre Pfade bahnt sie sich selbst. Ihre Welt ist, wie sie ist, weshalb sie es eher mit der großartigen Toni Packer hält, die eindringlich fragt und damit jede Mystik auf den denkbar kürzesten Nenner bringt:

»Warum dem, was ist, einen Namen geben?«[188]

Lesen Sie diese Frage ruhig noch drei bis vierundzwanzig Mal durch. In ihr steckt alles, worum es beim Loslassen geht. Von dieser Frage aus können wir immer weiter in die Tiefe hineinwachsen, eine wirkliche Beziehung zu uns, der Welt und unserem Leben aufbauen, bis wir letztendlich nur noch Liebe vorfinden und wissen, dass dieser Weg niemals endet.

Gott ist namenlos, der Weg ist namenlos, Sie selbst sind in ihrem tiefsten Kern namenlos. Und ohne diesen Namen (als Bezeichnung, als Definition, als Mitglied einer bestimmten Gruppe, als Abgrenzung zu anderem und anderen) erfahren Sie Freiheit. Machen Sie sich keine Sorgen, nur weil Ihre Spiritualität dann außerhalb der gängigen Konfessionen stattfindet. Auch Simone Weil, eine französische Mystikerin, die wunderbare Texte verfasst hat und definitiv in einer lebendigen Beziehung mit diesem namenlosen Gott lebte, hatte »niemals auch nur ein einziges Mal, und sei es nur eine Sekunde lang, das Gefühl gehabt, dass Gott mich in der Kirche will«.[189]

Übung:
Stille-Meditation

Die Abwûn-Meditation, die ich Ihnen in diesem Buch schon vorgestellt habe, ist meiner Meinung und Erfahrung nach ein sehr guter Weg, um immer mehr in die Stille zu kommen. Es mag vielleicht paradox klingen, dass ein Wort in die Stille führt, aber es funktioniert tatsächlich. Das Wort wird wie gesagt von ganz alleine leiser und verschwindet dann völlig. Sie können in der Meditation aber immer wieder darauf zurückgreifen, wenn Sie von Gedanken oder Emotionen abgelenkt werden.

Falls Ihnen diese Meditationsform gar nicht liegt und Sie eher das Gefühl haben, von dem Gebetswort selbst abgelenkt zu werden, möchte ich Ihnen hier noch eine einfache Atemmeditation vorstellen, die von vornherein auf die Stille setzt.

Suchen Sie sich einen Ort, an dem Sie für eine Weile ungestört sein können. Finden Sie eine Sitzhaltung, die bequem ist und die es Ihnen ermöglicht, circa 20 bis 30 Minuten aufrecht zu sitzen. Halten Sie den Rücken möglichst gerade, aber lassen Sie die Wirbelsäule ihrer natürlichen Krümmung folgen.

Die Hände können Sie in den Schoß legen oder die Handflächen auf Ihren Oberschenkeln beziehungsweise Ihren Knien ablegen. Entspannen Sie Ihre Schultern und Ihren Nacken. Ihre Augen können Sie entweder schließen oder sie offen halten und Ihren Blick auf einen Punkt etwa einen oder zwei Meter vor sich auf den Boden richten.

Beginnen Sie dann, Ihre Aufmerksamkeit auf Ihren Atem zu legen. Sie müssen ihn nicht kontrollieren, ihn weder besonders lang noch besonders tief machen. Lassen Sie den Atem einfach kommen und gehen, wie er in diesem Moment ist. Folgen Sie Ihrem Atem, ohne ihn verändern zu wollen. Nehmen Sie ihn einfach wahr. Nicht mehr und nicht weniger. Beobachten Sie das Gefühl, das in Ihnen entsteht, wenn der Atem durch die Nase, durch den Hals, in die Brust und in den Bauch fließt.

Spüren Sie, wie der Atem wieder aus Ihrem Körper entweicht. Nehmen Sie die kleine Pause zwischen den Atemzügen wahr.

Lassen Sie Ihren Geist einfach auf dem Atem ruhen. Ganz leicht liegt Ihre Achtsamkeit auf dem natürlichen Kommen und Gehen Ihres Atems. Das Atmen bedarf Ihrerseits keiner Anstrengung, denn alles geschieht ganz von allein.

Irgendwann werden sicherlich Ablenkungen auftauchen, irgendetwas, das Ihre Aufmerksamkeit auf sich zieht und Sie Ihren Atem vergessen lässt.

Vielleicht hören Sie einen Vogel, der draußen vor dem Fenster singt. Vielleicht macht Ihre Heizung seltsame Geräusche oder Ihr

Nachbar entdeckt seine Liebe zu AC/DC. Das alles sind nur Geräusche. Nichts als Töne. Sie erklingen und verschwinden wieder. Wie Wolken an einem sonst blauen Himmel erscheinen sie und lösen sich wieder auf.

Manchmal tauchen auch Gedanken auf, denn unser Geist liebt es, sich selbst zu versichern, dass er noch da ist. Verstehen Sie auch diese Gedanken als bloße Formen, die Ihr Geist in diesem Moment produziert und die sich kaum von den Außengeräuschen unterscheiden. Auch sie kommen und gehen wieder von allein. Sie müssen sich nicht mit diesen Gedanken identifizieren. Sie ziehen vorbei. Beobachten Sie sie und lassen Sie sie los.

Auch Gefühle wie ein Kitzeln am linken Ohr oder ein Jucken an der Nase verschwinden von alleine.

Immer wenn ein Geräusch, ein Gedanke oder ein Gefühl Sie ablenkt und Ihre Aufmerksamkeit zu fordern scheint, bringen Sie Ihren Geist wieder ganz sanft zu Ihrem Atem zurück. Sie müssen sich nicht über Ihren abgelenkten Geist ärgern, wenn Sie noch einmal einen Gedanken haben. Seien Sie freundlich zu sich selbst. Ihr Geist wird immer da sein – und er wird höchstwahrscheinlich immer wieder einmal drauflosplappern.

Kommen Sie immer wieder, Augenblick für Augenblick, ganz sanft zu Ihrem Atem zurück.

Lassen Sie einfach alles so sein, wie es ist – und fangen Sie mit jedem Atemzug neu an, den gegenwärtigen Moment zu entdecken, wie er sich in unvergleichlicher Weise offenbart. Nichts stört und es gibt nichts anderes zu tun, als genau jetzt hier zu sein.

Der Geist ruht im Augenblick – und dieser Augenblick, diese Entfaltung von allem, was Sie JETZT wahrnehmen können, ist die Gegenwart Gottes. Ja genau, richtig gelesen … Herzlich willkommen!

Schlusswort

Viele Wege, ein Ziel: Menschlichkeit

Die Stille scheint das Herz der Mystik zu sein. In der Stille, in der wir von unseren gewohnten Begrifflichkeiten und Selbstbildern absehen, in der wir unsere Wünsche nach besonderen Erfahrungen beiseitelassen und wo uns Gott in seiner Verkleidung als gewöhnlicher Alltag begegnen kann. Wie Martin Buber sagt:

»Das ist es, worauf es letzten Endes ankommt: Gott einlassen. Man kann ihn aber nur da einlassen, wo man steht, wo man wirklich steht, da, wo man lebt, wo man ein wahres Leben lebt.«[190]

Dieses wahre Leben in Offenheit, in menschlicher Güte und göttlicher Weite, ist es, wohin die Mystik aller Traditionen uns begleitet. Unsere Augen werden neu, um die Schönheit des Augenblicks zu erkennen; unser Ohren werden neu, um in allem die eine Stimme zu vernehmen; unsere Nase wird neu, um den Duft der Welt und den Duft Gottes einzuatmen; unsere Haut wird neu, um durchlässig für wahre Berührungen zu werden; unser

Mund wird neu, um allem eine ganz eigene Lebendigkeit zuzusprechen, und unser Geist wird neu, um uns selbst als Teil dieser Lebendigkeit zu erleben.

Nicht umsonst hat Jesus in Gleichnissen gesprochen, die nichts anderes sind als Alltagsgeschichten, die auf das Wesentliche hinweisen. All diese Geschichten Jesu lassen uns ebenso wie unsere eigenen Alltagsgeschichten erkennen, was Kabir in Worte fasst:

»Gott ist der Atem in allem Atem.«[191]

Die Mystik lässt uns erfahren, dass die Quelle des Lebens unendlich nah ist, direkt hier in unserem Atem. So gibt es auch die schöne jüdische Sichtweise, dass JHWH, ausgesprochen »Jahwe«, nichts anderes ist als die lautmalerische Beschreibung unseres Atems (»Jah« als Geräusch des Einatmens und »we« als Geräusch des Ausatmens), in dem Gott gegenwärtig ist. Das Geheimnis des Lebens – so nah wie unser eigener Atem!

Mit jedem unserer Atemzüge – ob in der Kontemplation, in unserem Einsatz für Gerechtigkeit oder in unserem verzweifelten Versuch, einen Ball wenigstens einmal so weit zu werfen, dass der Hund endlich mal k.o. ist – können wir aus dieser inneren Quelle heraus leben und sie ebenso in allem anderen entdecken.

Dieses Gewahrsein des Heiligen, das überall wirkt, lässt uns erkennen, dass die Welt nichts anderes ist als Gottes Selfie. Das ganz große Bild, auf dem alles zu sehen ist, was es gibt, plus das materielle Foto selbst, die Hand, die es hält, der Betrachter und der Vorgang des Betrachtens – als all das würde ich Gott beschreiben, wobei ich mir immer bewusst bin, dass keine noch so weit gefasste Beschreibung das treffen kann, was ich meine.

Als Teil dieses Bildes gelingt es mir zu vertrauen und es zuzulassen, von der Welt verändert zu werden: von Kindern, deren Fragen klüger sind als meine Antworten; von betenden Rockern, die ohne jede Theologiekenntnisse unvermittelt von Gott sprechen können; von offenen Mönchen, Priestern, Rabbis, Sufis und Rinpoches, die mehr am Leben als an irgendeiner Lehre interessiert sind; von seltsamen Wildhunden, die ihren Weg so konsequent und dennoch so liebevoll gehen; von den großen Gestalten der Spiritualität, deren Worte zwar überliefert sind, doch deren Sinn ich mir selbst erschließen muss; von den Vögeln und den Lilien und dem ganzen Wunder der Natur, deren Gegenwart mich stets zum Wesentlichen führt; von meinen eigenen Erfahrungen, von jedem Moment, in dem ich mit offenen Sinnen einfach hier bin.

Je intensiver ich die Welt betrachte, desto klarer wird mir, dass Angelus Silesius recht hat mit seinen Worten:

»Ein jedes Ding fängt an zu reden und zu leben,
Und will, alsbald es ist, dem Schöpfer Antwort geben.«[192]

Sobald wir sind, verlieben wir uns, weil das unser Wesen ausmacht. Und alles an unserem Leben, jede Minute, jede Sekunde, jeder Wimpernschlag, ist Ausdruck unserer Antwort darauf, derart vom Leben angesprochen zu werden.

So gibt jeder Mensch seine eigene Antwort, sucht sich seinen eigenen Weg, gießt sein Vertrauen in eine Form des Glaubens, die sich vielleicht äußerlich von anderen unterscheidet, im Kern aber nur eines will: all das, was ist, mit einem großen und vertrauten »Du« anzusprechen, bevor es merkt, dass all dieses »Du« auch

»Ich« ist. David Steindl-Rast spricht in diesem Zusammenhang von nur einem Glauben, einem Akt des Antwortgebens auf das Berührtsein durch die Welt:

»Es gibt viele Glaubensüberzeugungen, aber nur einen Glauben. Wir müssen lernen, unsere Überzeugungen weniger wichtig zu nehmen als die Urgebärde gläubigen Vertrauens. Glaubensüberzeugungen haben die Kraft, uns zu entzweien, Glaube aber hat die noch größere Kraft, uns zu einen.«[193]

Wenn Menschlichkeit unsere Antwort ist, ist sie auch das, was uns einen kann. Trotz aller Unterschiede auf unseren Wegen können wir uns gegenseitig in dieser Menschlichkeit finden. Insofern kann Mystik nicht christlich, muslimisch, jüdisch oder hinduistisch sein, sondern nur menschlich. Mystik transformiert uns von demjenigen, der mit irgendetwas, irgendeiner Vorstellung identifiziert ist, zu jemandem, der sich mit seinem wahren Wesen und darum mit Gott, der in allem wohnt, als eins sieht. Das ist nötig, denn wie Richard Rohr sagt:

»Wenn Ihre Religion nicht Ihr Bewusstsein transformiert, ist sie eher Teil des Problems als der Lösung.«[194]

Diese Transformation, die immerfort andauert und niemals abgeschlossen ist, macht uns zu dem, was wir wirklich sind: ein lebendiger, liebender Mensch, der immer mehr in eine Erkenntnis hineinwächst, die der Kosmologe Brian Swimme wunderbar poetisch formuliert hat:

»Unsere Heimat heißt Verzauberung.«[195]

Dort in dieser Heimat werden wir uns treffen und durch den mystischen Blick in die Tiefe des Seins alles so erkennen, wie es ist … Geheimnisvoll und unprätentiös zugleich, mit allem verbunden und doch seinen ganz eigenen Wert in sich tragend, schön und sterblich, von einer inneren Stärke beseelt und doch zerbrechlich, ganz nah und dennoch manchmal nicht zu verstehen, gänzlich göttlich und gänzlich irdisch, genau hier und jetzt und daher ewig. Und in dieser Heimat, die so voller Widersprüche und dennoch eins ist, die so einfach und doch so voller Zauber ist, können wir ganz die sein, die wir wahrhaft sind: Menschen – und ein Teil von all dem!

Was diese Welt von uns verlangt, ist dann etwas, was David Steindl-Rast in Worte fasst, die eine so ungeheure Tiefe haben, dass man sie immer und immer wieder lesen kann, und mit denen ich dieses Buch beschließen möchte:

»Es gibt keine höhere Aufgabe für uns Menschen als Menschlichkeit.«[196]

Dank

Das Schreiben eines Buches kommt einem oft vor wie eine Solo-Kletterpartie: Man scheint allein mit den eigenen Gedanken und den vermeintlichen Einsichten und fühlt sich irgendwann wie in einem sehr langen Selbstgespräch. Doch wenn man tiefer blickt, erkennt man, von wie vielen Menschen man bei dieser Kletterei begleitet wird. Manche sind direkt an unserer Seite, reichen uns im richtigen Moment eine helfende Hand oder ein stabiles Seil, manche sind uns vorausgegangen und haben schon den einen oder anderen Haken eingeschlagen, an dem wir uns sichern und mit dessen Hilfe wir weitergehen können. Einige inspirieren uns weiterzumachen, geben uns etwas von ihrer Kraft ab, andere helfen uns dabei, uns selbst nicht allzu ernst zu nehmen und einfach die Aussicht zu genießen. All diesen Menschen möchte ich hier meinen Dank aussprechen:

SEÁN ÓLAOIRE, ein weiser Lehrer und wahrer Freund, dessen Begleitung ich auf meinem Weg nicht missen möchte und der stets Zeit für Gespräche und gemeinsames Schweigen hat. Dass er ein Vorwort für dieses Buch geschrieben hat, ist mir wirklich eine Ehre.

PHILIP CARR-GOMM, dessen Humor und Offenheit für die verschiedenen spirituellen Wege seine eigene Tradition immer wieder neu beleuchtet.

LAURENCE FREEMANN, der mir viel über die christliche Lehre, besonders in Bezug auf die Meditation, beigebracht hat.

ANDREA LÖHNDORF, die dieses Buch beim Trinity Verlag mit ihrer humorvollen und besonnenen Art betreut hat und mit der ich mich immer auf inspirierende Weise austauschen konnte.

CHRISTIAN STRASSER, der mit seiner Verlagsgruppe die Plattform geschaffen hat, die dieses Buch überhaupt erst in die Welt bringt.

ANNE NORDMANN, deren kluges und umsichtiges Lektorat diesem Buch den letzten Schliff gegeben hat und mit der zusammenzuarbeiten eine wirkliche Freude war.

FRANK SCHULZ, dessen große Kunst es ist, einen Moment, der mit vielerlei Gefühlen verbunden ist, mit wenigen Strichen festzuhalten und so ein Bild zu schaffen, das ein ganzes Buch zusammenfassen kann. Ich bin sehr froh, dass er wieder ein Covermotiv für mich gezeichnet hat.

INGE HASSWANI, mit der es immer wieder ein Vergnügen ist, über Meister Eckhart zu sprechen, und die mich sehr unterstützte, ein bestimmtes Zitat wiederzufinden.

BERNARDIN SCHELLENBERGER, dessen Kenntnis über Bernhard von Clairvaux mir an einer Stelle des Buches sehr weiterhalf.

DORIS IDING, MAREN SCHNEIDER und URSULA RICHARD, die stets ein offenes Ohr für mich haben und mich bei dem, was ich tue, unterstützen.

ARNO GERKOWSKI, dessen Freundschaft mir so viel bedeutet und mit dem ich ebenso über Meditation, kosmologische Fragen und den Sinn des Lebens sprechen kann wie über Fernsehserien, Science-Fiction-Romane und obskure Jazz-Experimente.

BEATE RÖSLER, deren Filmvorstellungen oft besser sind als der Film selbst und die mir mit jeder Begegnung mehr ans Herz wächst.

FRANK UND SUSANNE HIEBSCH, mit denen ein Gespräch zu führen immer ein Gewinn ist und deren Söhne Lukas und Luis der Welt zwei wichtige (und ganz wundervolle) Facetten hinzufügen.

CHRISTIAN KÖHLER, FRANK SIMON, SVEN GANZERT, DOMINIQUE BONNARD und **DANIEL AUSTMEYER** für viele gute Gespräche rund um Glauben, Nicht-Glauben und den ganzen Rest.

FRANCES HOFFMANN, für ihre Freundschaft, ihren einmaligen Sinn für Humor und für die wunderbare Übersetzung von Seáns Vorwort.

CAJA UND LALE BEHRMANN für einfach alles. Von ihnen habe ich mehr gelernt als von jedem anderen Menschen.

JENNIE APPEL für ihre Liebe, die immer spürbar ist und mich beflügelt.

Anhang

Glossar / Personen- und Sachregister

ASKESE – vom griechischem *askein,* das wörtlich erst einmal nur »üben« bedeutet, im Laufe der Zeit aber immer stärker als »Abtöten der Leidenschaften« verstanden wurde. Sexuelle Enthaltsamkeit, Verzicht auf bestimmte Nahrungsmittel, Schlafentzug und manchmal sogar das freiwillige Zufügen von Schmerzen sind Kennzeichen der Askese. Besonders wild treiben es dabei die indischen Sadhus, von denen manche zum Beispiel ihr ganzes Leben den linken Arm hochhalten (bis er abgestorben ist) und diese an sich sinnentleerte Handlung Shiva oder einem anderen Gott widmen. Was das soll, wissen wohl nur sie selbst. Oder auch nicht.
Im Neuen Testament kommt das Wort *askein* nur einmal vor – und dort auch nur in der allgemeinen Form des Sich-Bemühens.

BAAL SCHEM TOV – eigentlich Rabbi Israel Ben Elieser, der von etwa 1700 bis 1760 lebte und maßgeblich an der Entwicklung des Chassidismus beteiligt war. Baal Schem Tov ist sein Ehrentitel und bedeutet übersetzt so viel wie »der Besitzer des guten Namens«.

BENEDIKT VON NURSIA – ein um 480 in Umbrien geborener Einsiedler, Abt und Ordensgründer. Im Jahre 529 gründete er auf dem Monte Cassino das erste Benediktinerkloster und schrieb dort seine Ordensregel, an der sich nach ihm alle weiteren Orden orientierten. Er hat damit ganz maßgeblich das europäische Mönchtum beeinflusst und dadurch auch die Geschichte der Bildung in Europa. Die *Regula Benedicti* ist auch heute noch ein sehr lesenswertes Stück spiritueller Literatur, in dem es um das Maßhalten zwischen »ora« (beten) und »labora« (arbeiten) geht, also um die Balance zwischen unseren spirituellen Belangen und unseren weltlichen Angelegenheiten.

BERNHARD VON CLAIRVAUX – 1090 bei Dijon geboren, war ein Abt und Mystiker des Zisterzienserordens. Sein mystisches Hauptwerk stellt eine Reihe von Predigten über das Hohelied dar, in denen er seine eigenen Erfahrungen in Worte fasst. Er legte Wert auf eine einfache, dem Evangelium entsprechende Lebensweise und verfügte, seinen Zeitgenossen nach zu urteilen, über eine gehörige Portion Charisma. Ein großer und bedeutender Mann, dazu ein begnadeter Schriftsteller, der aber auch seine Schattenseiten hatte: So ging er unerbittlich gegen seinen theologischen Gegner Abaelard vor und ließ sich – ganz Kind seiner Zeit – von Papst Eugen III. für dessen Kreuzzugspropaganda einspannen. Er starb 1153.

COINCIDENTIA OPPOSITORUM – der Zusammenfall der Gegensätze. Ein theologischer Begriff, der auf Nikolaus von Kues (1401–1464) zurückgeht und der sich auf die Einheit von Gott und Welt bezieht. Ein nondualer Ansatz, dem oft der Vorwurf des Pantheismus gemacht wurde. Auf ihn bezog sich später auch Giordano Bruno, der im Jahre 1600 wegen angeblicher Ketzerei auf dem Scheiterhaufen landete. Oft wird auch der Kreuzestod Jesu als *coincidentia oppositorum* gedeutet: ein Ereignis, bei dem die Liebe den Hass umarmt, ihn in sich aufnimmt und verwandelt. Für mich bedeutet der Zusammenfall der Gegensätze, dass es in Gott ein großes »Sowohl-als-auch« und nicht ein »Entweder-oder« gibt. In Gott kommt alles in einer Einheit zusammen. Hier findet alles seinen Platz, hier kann alles sein.

MARTIN BUBER – ein jüdischer Religionsphilosoph, der 1878 in Wien geboren wurde und 1965 in Jerusalem verstarb. Sein großes Interesse galt dem chassidischen Judentum Osteuropas, das er durch zahlreiche selbst verfasste Schriften sowie Übersetzungen einem größeren Publikum nahebrachte. Gemeinsam mit Franz Rosenzweig erstellte er eine sprachlich beeindruckende Übersetzung des Tanach, der sogenannten jüdischen Bibel, aus dem Hebräischen. Er floh 1938 vor den Nazis nach Jerusalem, setzte sich nach dem Krieg aber immer wieder für die Verständigung von Juden und Deutschen ein.

Seine Spiritualität atmet einen Geist von unvergleichlicher Klarheit und Freiheit. Wenn ich eine Handvoll Bücher auf eine einsame Insel mitnehmen dürfte, wäre sein Werk *Der Weg des Menschen nach der chassidischen Lehre* auf jeden Fall mit dabei.

JOHANNES CASSIAN – (ca. 360–435) war ein Mönch, der in der ägyptischen Wüste lebte und später ein Kloster in Marseille gegründet hat. Durch seine Schriften, die sich vor allem um das Glaubensleben der Wüstenväter drehen, wurde er zu einem großen Vermittler zwischen östlicher und westlicher Spiritualität. Das sogenannte Ruhegebet, eine der Hauptformen der Glaubenspraxis der Wüstenväter, wurde durch ihn im Westen bekannt und fand vor allem durch die Benediktiner Verbreitung, da Benedikt von Nursia Johannes Cassian über alle Maßen schätzte.

DUNKLE NACHT DER SEELE – eine Formulierung des spanischen Karmelitermönchs Johannes vom Kreuz (1542–1591), der damit eine Zeit der spirituellen Verdunkelung beschreibt, in der die Seele, die sich nach Gott sehnt, durch Nichterkennen des Göttlichen geläutert wird. Dem Menschen sind zu diesem Zeitpunkt schon einige Einblicke in das Mysterium vergönnt gewesen, doch dann scheint sich alles zu entziehen – ein notwendiger Prozess, um nicht hochmütig zu werden oder zu meinen, man wisse nun alles. Erst wenn alles ins Nichts zu fallen droht, wenn der Glaube am Boden liegt, erkennt der Mensch im Dunkel die Fülle Gottes.

MEISTER ECKHART – (1260–1328) ist einer der einflussreichsten Theologen und Mystiker des Spätmittelalters. Er vertrat radikal neue Lehren, dachte in einer noch nie da gewesenen Weise und zielte ganz auf die Einswerdung mit Gott in unserem Alltag ab. Er sprach von der Gottesgeburt, die in jedem Menschen stattfände, predigte auf Deutsch, damit ihn jeder verstehen könne (obwohl seine Gedankenführung oftmals alles andere als leicht verständlich ist), und trat dem Klerus dabei so sehr auf die Füße, dass er sich mehrmals einem Inquisitionsverfahren stellen musste. Vor Abschluss des letzten Verfahrens gegen ihn verstarb er in Avignon. Während die Kirche behauptete, er habe vor seinem Tod seine Irrtümer eingestanden, wird aus dem Wortlaut der päpstlichen Bulle jedoch klar, dass Meister Eckhart an seinen Überzeugungen bis zuletzt festhielt. Heute wird er vor allem in Zen-Kreisen sehr geschätzt, weil seine Gedanken eine gewisse Nähe zu einem gänzlich freien Zen (was er natürlich nicht kannte) zeigen.

TANTE ERNA AUS GELSENKIRCHEN – steht symbolisch für all die Menschen, die ihren ganz eigenen Zugang zum Göttlichen gefunden haben. Tante Erna hat weder schlaue Bücher gelesen noch welche geschrieben, aber sie weiß, wer sie ist, und kennt ihren Weg, mit dem sie sehr zufrieden ist. Sie versinnbildlicht all diejenigen Mystiker, die unerkannt unter uns leben und von denen wir so viel lernen können, wenn wir es verstehen, ihnen zuzuhören und ihre meist sehr praktische Weisheit wertzuschätzen.

FRANZ VON ASSISI – 1181 oder 1182 als Giovanni Batista Bernardone geborener Kaufmannssohn, der sich nach mehreren einschneidenden Erlebnissen einem radikal gelebten Christentum zuwandte und auf eher stille Weise eine soziale Revolution in Gang setzte, indem er die Worte und Taten Jesu ernstnahm und als Vorbild begriff.

Wahrscheinlich beeinflusst vom keltischen Christentum, hatte Franziskus ein sehr inniges Verhältnis zur Schöpfung und all ihren Wesen. Legenden berichten davon, dass er mit Tieren sprechen konnte und zu ihnen über das Evangelium predigte. Berühmt ist sein Sonnengesang, ein Gebet, das in allem, was lebt, das Göttliche erkennt und preist. Er starb 1226 und war ein echter Visionär und Querdenker der Christenheit, dessen Gedanken auch heute noch aktuell sind.

HAFIS – ein persischer Dichter und Mystiker, der von 1315 bis 1390 lebte und wirkte. Sein eigentlicher Name lautet Muhammed Šams ad-Dīn, Hafis ist eine Ehrenbezeichnung für einen Menschen, der den Koran auswendig kennt. (Im 14. Jahrhundert waren die Freizeitangebote ein wenig dürftig …) Sein bekanntestes Werk ist der sogenannte Diwan, eine Sammlung von mehr als hundert Gedichten, auf die sich Goethe voller Bewunderung in seinem West-östlichen Diwan bezog.

HILDEGARD VON BINGEN – (1098–1179) war sicherlich eine der beeindruckendsten Frauengestalten des europäischen Mittelalters. Sie war benediktinische Nonne, Heilkundige, Dichterin, Komponistin und galt als Universalgelehrte, die sich niemals scheute, ihre Meinung zu sagen, auch wenn sie damit beim höheren Klerus aneckte. Ihre mystischen Visionen teilte sie den Menschen auf vier großen Predigtreisen mit – für damalige Verhältnisse ein Skandal: eine Frau auf Reisen, die nicht nur mystische Predigten hält, sondern ganz nebenbei auch noch auf Missstände in der Kirche aufmerksam macht! Sie wagte es sogar, Papst Eugen III. und auch Kaiser Friedrich I. Barbarossa zu kritisieren. Dass man sie dennoch gewähren ließ, zeigt ihre außergewöhnliche Präsenz und charismatische Persönlichkeit.

IMMANENZ – vom Lateinischen *immanere,* was so viel wie »darin bleiben« bedeutet. Auf Gott bezogen, bedeutet Immanenz, dass Gott in der Welt gegenwärtig ist, also innerhalb der Schöpfung erfahren werden kann. In jedem Baum, Berg, Fluss, Mensch und Tier kann das Göttliche erkannt werden, das heißt, Gott ist ganz nah, ist der Atem in allem, der Pulsschlag der Welt.

HAZRAT INAYAT KHAN – ist ein 1882 in Indien geborener Sufi-Lehrer und Mystiker, der unter anderem den Internationalen Sufi-Orden gründete und zahlreiche Schriften zu spirituellen Themen verfasste. Aufgewachsen in einer muslimischen Familie, deren einzelne Mitglieder hoch geachtete Sufis, Dichter und Musiker waren, kam er früh mit hinduistischen und christlichen Ideen in Berührung und wurde dazu angehalten, allen Religionen mit Respekt zu begegnen, was sich auch in seinen Büchern widerspiegelt. Eine Besonderheit seines Ordens ist der sogenannte Universelle Gottesdienst, der konfessionsübergreifend auf Mitgefühl, Harmonie, Gewaltlosigkeit und Menschlichkeit abzielt.

THOMAS MERTON – (1915–1968) war ein Trappistenmönch, dessen Autobiografie *Der Berg der sieben Stufen,* die er 1946 schrieb, ihn mit einem Schlag berühmt machte. Er war ein spiritueller Meister, Mystiker und Poet, der mehr als 60 Bücher verfasste und sich um den Dialog zwischen Buddhismus und Christentum bemühte. Er traf unter anderem den Dalai-Lama und Chatral Rinpoche und sprach von Thich Nhat Hanh als seinem »Bruder«. Merton war auf der einen Seite ein Einsiedler, der sich immer wieder für längere Zeiten zurückzog, auf der anderen Seite war er politisch und gesellschaftlich aktiv, setzte sich gegen den Vietnamkrieg ein, für die Rechte der schwarzen Bevölkerung in den USA und gegen das atomare Wettrüsten. Gegen Ende seines Lebens war er hin- und hergerissen zwischen seiner Berufung als Mönch und der Liebe zu einer Frau, durch die er Erotik als Zugang zum Göttlichen erfuhr. Bevor er eine definitive Entscheidung treffen konnte, das Klosterleben hinter sich zu lassen oder nicht, verstarb er bei einem Unfall in Bangkok. Seine mystischen Schriften sind nach wie vor Inspiration für eine Unzahl von Lesern und Leserinnen in aller Welt.

PADDINGTON BÄR – ein von Michael Bond ersonnener Kinderbuchcharakter. Paddington ist ein Bär aus Peru, der durch eine Verkettung seltsamer Umstände bei einer englischen Familie landet und deren Leben komplett auf den Kopf stellt. Seine Unbedarftheit und sein Hang zum Chaos sind legendär.

Neben Winnie Puh und Petzi einer der weisesten Vertreter seiner Spezies.

DSCHALALUDDIN RUMI – (1207–1273) war ein persischer Sufi-Dichter, dessen Werke bis heute nichts von ihrer Faszination eingebüßt haben. Von seinem Freund Schams e-tabrizi – einem Wander-Derwisch mit offenbar revolutionärem Geist – inspiriert, wandelte sich Rumi von einem angesehenen Prediger zu einem Mystiker erster Güte. Nachdem sein Freund verschwunden war (wahrscheinlich wurde er von Gegnern seiner Lehre umgebracht), schrieb Rumi allein 35 000 Zeilen über die Liebe, die mit zum Schönsten gehören, was mystische Literatur in den letzten Jahrhunderten hervorgebracht hat. Seine Überzeugung, dass das Universum durch Liebe auf Gott hin gestaltet ist, berührt auch fast 800 Jahre nach Rumis Tod noch die Menschen.

SKETIS – ein Wüstental in Ägypten, in das sich in der Spätantike christliche Mönche zurückzogen, um die Botschaft des Evangeliums radikal zu leben.

RABINDRANATH TAGORE – war ein bengalischer Dichter und Mystiker (und noch viel mehr), der von 1861 bis 1941 lebte und schrieb und schrieb und schrieb. Dramen, Gedichte, Erzählungen, Romane, Essays – Tagores Lebenssinn schien darin zu bestehen, sich mitzuteilen. Sein bekanntestes Werk ist das »Gitanjali«, für das er 1913 den Literatur-Nobelpreis erhielt. Darin finden sich 103 Gedichte voller zeitloser Weisheit, die man nur jedem spirituell interessierten Menschen ans Herz legen kann.

TRANSZENDENZ – ein Begriff, der vom Lateinischen *transcendentia* kommt, was so viel wie »das Übersteigen« bedeutet. Gemeint ist das, was jenseits unserer Welt liegt, das, was über unsere Welt hinausreicht. Transzendenz ist auf Gott bezogen der Gegenbegriff zur Immanenz. Gott ist in diesem Sinne nicht innewohnender Teil der Welt, sondern der Welt entrückt und fern.

DIE WOLKE DES NICHTWISSENS – ist ein im 14. Jahrhundert anonym entstandener Text, der eine überaus praktische Meditationsanleitung darstellt und auf eine Einheitserfahrung mit Gott abzielt. Obwohl schon 700 Jahre alt, klingt der Text erstaunlich modern und kann für jeden ernsthaft Meditierenden eine echte Bereicherung und Inspiration sein. Die Wolke beschreibt einen mystischen Weg, bleibt aber wohltuend bodenständig und warnt den Suchenden davor, in allzu »heilige Gefilde« abzurauschen.

WÜSTENVÄTER / WÜSTENMÜTTER – bezeichnet eine Gruppe christlicher Sucher, die sich ab dem Ende des dritten Jahrhunderts in die Wüste Ägyptens zurückgezogen hatte, um ein in ihren Augen wahrhaft christliches Leben zu führen, welches aus Arbeit und Gebet und möglichst wenig Ablenkung bestand. Überliefert sind die weisen Worte dieser frühchristlichen Mönche und Nonnen vor allem durch Johannes Cassian, der sie mit in den Westen brachte, wo sie unter anderem Benedikt von Nursia und auch die keltischen Christen beeinflussten.

Literaturempfehlungen

CHRISTLICHE MYSTIK / WÜSTENVÄTER

David Adam: Tides and Seasons. Modern Prayers in the Celtic Tradition. The Society for Promoting Christian Knowledge, London 2010

Aurelius Augustinus: Die Bekenntnisse des heiligen Augustinus. Tredition Classics, Hamburg 2012

Hildegard von Bingen: Der Mensch in der Verantwortung. Das Buch der Lebensverdienste. Otto Müller Verlag, Salzburg 1972

Beatrice Bruteau: Radikaler Optimismus. Praktische Spiritualität in einer unsicheren Welt. Aurum Verlag, Bielefeld 2007

Joan Chittister: Das Leben beginnt in dir. Weisheitsgeschichten aus der Wüste. Herder Verlag, Freiburg im Breisgau 2000

Neil Douglas-Klotz: Das Vaterunser. Meditationen und Körperübungen zum kosmischen Jesusgebet. Knaur Verlag, München 1992

Meister Eckhart: Deutsche Predigten und Traktate, Diogenes Verlag, Zürich 1979

Meister Eckhart: Mystische Schriften. Insel Taschenbuch, Frankfurt am Main und Leipzig 1991

Meister Eckhart: Vom Atmen der Seele. Reclam Verlag, Stuttgart 2014

Matthew Fox: Freundschaft mit dem Leben. Die vier Pfade der Schöpfungsspiritualität. Fischer Verlag, Frankfurt am Main 1998

Alois M. Haas / Thomas Binotto: Meister Eckhart – Der Gottsucher. Aus der Ewigkeit ins Jetzt. Kreuz Verlag, Freiburg im Breisgau 2013

Daniel Hell: Die Sprache der Seele verstehen. Die Wüstenväter als Therapeuten. Herder Verlag, Freiburg im Breisgau 2015

Willigis Jäger: Die Welle ist das Meer, Herder Verlag, Freiburg im Breisgau 2000

Willi Massa (Hrsg.): Wolke des Nichtwissens und Brief persönlicher Führung. Anleitung zur Meditation. Herder Verlag, Freiburg im Breisgau 1999

H.J. Massingham: The Tree of Life. Chapman & Hall, London 1943

Thomas Merton: Die Weisheit der Wüste. Fischer Verlag, Frankfurt am Main 1999

Bonifaz Miller (Hrsg.): Weisung der Väter. Apophtegmata patrum. Paulinus Verlag, Trier 1998

John O'Donohue: Anam Cara. Das Buch der keltischen Weisheit. Deutscher Taschenbuch Verlag, München 1997

Seán ÓLaoire: Seelen auf Safari, Aurum Verlag, Bielefeld 2007

Richard Rohr: Das Wahre Selbst. Werden, wer wir wirklich sind. Herder Verlag, Freiburg im Breisgau 2013

Richard Rohr: Hoffnung und Achtsamkeit. Spirituell leben in unserer Zeit. Herder Verlag, Freiburg im Breisgau 2001

Kurt Ruh: Meister Eckhart. Theologie – Prediger – Mystiker. C.H. Beck Verlag, München 1989

David Steindl-Rast: Fülle und Nichts. Herder Verlag, Freiburg im Breisgau 1999

David Steindl-Rast: Achtsamkeit des Herzens. Herder Verlag, Freiburg im Breisgau 2005

David Steindl-Rast: Credo. Ein Glaube, der alle verbindet. Herder Verlag, Freiburg im Breisgau 2010

Gerhard Wehr: Bernhard von Clairvaux. Marixverlag, Wiesbaden 2012

Simone Weil: Das Unglück und die Gottesliebe, Kösel Verlag, Kempten 1953

Gabriele Ziegler: Frei werden. Der geistliche Weg des Johannes Cassian. Vier Türme Verlag, Münsterschwarzach 2011

SUFISMUS

Hafis: Offenbares Geheimnis. Gedichte aus dem Divan. Insel Verlag, Berlin 2016

Hafis: Liebesgedichte. Insel Verlag, Frankfurt am Main 1980

Hazrat Inayat Khan: Wanderer auf dem inneren Pfad. Heilbronn Verlag, Weinstadt 1996

Dschalaluddin Rumi: Traumbild des Herzens. Hundert Vierzeiler. Manesse Verlag, Zürich 1992/2015

Dschalaluddin Rumi: Die Musik, die wir sind. Arbor Verlag, Freiburg im Breisgau 2009

Idries Shah: Die Weisheit der Narren. Geschichten der Sufimeister. Zustand Verlag, München 2015

Llewellyn Vaughn-Lee: Das Herzensgebet. Arbor Verlag, Freiburg im Breisgau 2013

JÜDISCHE MYSTIK

Martin Buber: Der Weg des Menschen nach der chassidischen Lehre. Gütersloher Verlagshaus, Gütersloh 1960/2014

Martin Buber: Gottesfinsternis. Betrachtungen zur Beziehung zwischen Religion und Philosophie. Manesse Verlag, Zürich 1953

Martin Buber: Das dialogische Prinzip. Gütersloher Verlagshaus, Gütersloh 1999

Martin Buber: Des Baal-Schem-tow Unterweisung im Umgang mit Gott, Lambert Schneider Verlag, Heidelberg 1981

Kenneth P. Kramer: Martin Buber. Der Weg des Herzens in der jüdischen Mystik. Crotona Verlag, Amerang 2013

Salcia Landmann (Hrsg.): Jüdische Weisheit aus drei Jahrtausenden. Anaconda Verlag, Köln 2010

Adin Steinsaltz: Die dreizehnblättrige Rose. Von den Geheimnissen der Kabbala und ihrer Bedeutung für unser Leben. Crotona Verlag, Amerang 2011

HINDUISMUS

Eknath Easwaran (Hrsg.): Die Upanischaden. Goldmann Verlag, München 2008

Raghavan Narasimhan Iyer: The Moral and Political Thought of Mahatma Gandhi. Oxford University Press, Oxford 1978

Martin Kämpchen (Hrsg.): Dein Name gewährt jeden Wunsch. Die schönsten Gebete des Hinduismus. Herder Verlag, Freiburg im Breisgau 2011

Shubhra Parashar (Hrsg.): Kabir fand sich im Gesang, YinYang Media Verlag, Kelkheim 2006
Ralph Skuban: In diesem Gefäß erklingt das Ewige. Kabirs Yoga des Glücks. Poetische Texte des großen indischen Mystikers. Via Nova Verlag, Petersberg 2013
Rabindranath Tagore: Gitanjali. Gebete, Lieder und Gedichte. Anaconda Verlag, Köln 2013
Rabindranath Tagore: Indische Weisheiten für jeden Tag. O.W. Barth Verlag, Frankfurt am Main 2006

BUDDHISMUS / ZEN / TAOISMUS

Stephen Batchelor: Buddhismus für Ungläubige. Fischer Verlag, Frankfurt am Main 1998
Stephen Batchelor: Bekenntnisse eines ungläubigen Buddhisten. Eine spirituelle Suche. Ludwig Verlag, München 2010
Walter Braun: Auf der Suche nach dem perfekten Tag. Das Tao der Zufriedenheit. Rowohlt Verlag, Reinbek bei Hamburg 2008
Andy Karr: Der Wirklichkeit auf der Spur. Eine Einführung in die buddhistischen Sichtweisen und die Praxis der Kontemplation. Joy Verlag, Oy-Mittelberg 2014
Meister Ryokan: Eine Schale, ein Gewand. Zen-Gedichte von Ryokan. Kristkeitz Verlag, Heidelberg 1999
Kodo Sawaki: Zen ist die größte Lüge aller Zeiten. Angkor Verlag, Frankfurt am Main 2005
Shunryu Suzuki: Zen-Geist, Anfänger-Geist. Unterweisungen in Zen-Meditation. Theseus Verlag, Berlin 1975
Chögyam Trungpa: Das Buch vom meditativen Leben. Rowohlt Verlag, Reinbek bei Hamburg 1991
Alan Watts: Zen – Stille des Geistes. Theseus Verlag, Berlin 2001

Alan Watts: Weisheit des ungesicherten Lebens. Scherz Verlag, Bern, München, Wien 1978

WEITERE EMPFEHLENSWERTE LITERATUR

Robert Frost: Promises to keep. Poems – Gedichte. Langewiesche-Brandt Verlag, Ebenhausen 2004

Daniel Hell: Die Wiederkehr der Seele. Wir sind mehr als Gehirn und Geist. Kreuz Verlag, Freiburg im Breisgau 2013

Dalai Lama/Desmond Tutu: Das Buch der Freude. Lotos Verlag, München 2016

Sam Keen: Das Feuer im Herzen entfachen. Die Kraft der Spiritualität. Kreuz Verlag, Freiburg im Breisgau 2011

Christian Morgenstern: Wir fanden einen Pfad. Zbinden Verlag, Basel 2014

Mary Oliver: Wild Geese. Selected Poems. Bloodaxe Books, Hexham 2004

Toni Packer: Der Moment der Erfahrung ist unendlich. Meditation jenseits von Tradition und Methode. Theseus Verlag, Berlin 1996

Elif Shafak: Die vierzig Geheimnisse der Liebe. Kein & Aber Verlag, Berlin 2013/2014

Brian Swimme: Das Universum ist ein grüner Drache. Ein Dialog über die Schöpfung und die mystische Liebe zum Kosmos. Aurum Verlag, Bielefeld 2007

David Whyte: Fire in the Earth. Many Rivers Press, Langley 1992

David Whyte: Crossing the Unknown Sea. Work as a Pilgrimage of Identity. Riverhead Books, New York 2001

Der Autor

DIRK GROSSER ist Autor, Musiker und Seminarleiter. Er liebt lange Spaziergänge, Hunde, Wälder, Berge und das Meer. Er verfügt über langjährige Erfahrung in den mystischen Zweigen der Weltreligionen und den entsprechenden Meditationstraditionen. In diesem Rahmen hat er zahlreiche Bücher und CDs veröffentlicht, unter anderem »Der Buddha auf vier Pfoten« (Kailash) und »Möge dein Weg gesegnet sein« (Schirner). Er ist Initiator und treibende Kraft der Trommelgruppe VIATORES und hat unter diesem sowie unter seinem eigenen Namen einige Percussion-CDs produziert. Auch in Zusammenarbeit mit seiner Frau Jennie Appel hat er einige Bücher zu spirituellen Themen veröffentlicht.

Zudem berät er Menschen in spirituellen Krisen, denen er zu einem neuen Blick auf ihren ganz eigenen Weg verhilft. Beeinflusst ist er vor allem von der Philosophie der Antike, der Naturmystik Thoreaus und Emersons, dem frühen Taoismus, Meditation, einem unkonventionellen Zugang zum Buddhismus und seiner eigenen Naturerfahrung.

Mehrere Jahre lang betreute Grosser den Jugendbereich einer internationalen christlich-mystischen Meditationsgemeinschaft, arbeitete als Lektor in spirituellen Verlagen und spielte in verschiedenen Bands.

Er meditiert regelmäßig, aber traditionsungebunden und hat in dieser Praxis schon einige Höhen und Tiefen kennengelernt – darunter auch Tiefen, die sich im Nachhinein als Höhen entpuppten und umgekehrt.

Er ist Vater zweier Töchter und lebt im schönen Kalletal.

Weitere Informationen über ihn, seine Arbeit, seine Vorträge und Seminare finden Sie unter: www.dirk-grosser.de

Literaturnachweise, Erläuterungen

1 Kellion bezeichnete früher die Behausung der Mönche, die sich in die Wüste zurückgezogen hatten. Ein Kellion kann eine einfache Hütte oder auch eine kleine Höhle in einem Berghang sein.

2 Hazrat Inayat Khan: Wanderer auf dem inneren Pfad, S. 24

3 Mt 25,40

4 Minbar ist die Kanzel in einer Moschee, von der aus der Imam predigt.

5 C.G. Jung: Erinnerungen, Träume, Gedanken, S. 40

6 Diese Version ist meine eigene, zugegebenermaßen sehr freie Übersetzung. Wörtlich sagt Meister Eckhart: »Deshalb bitten wir darum, dass wir Gottes entledigt werden und die Wahrheit vernehmen …« Vgl.: Meister Eckhart: Mystische Schriften, Insel Taschenbuch, Frankfurt am Main und Leipzig 1991, S. 89, und Meister Eckhart: Vom Atmen der Seele, Reclam Verlag, Stuttgart 2014, S. 93

7 David Steindl-Rast: Fülle und Nichts, S. 34

8 Martin Buber: Gottesfinsternis, S. 13
9 Rumi: Die Musik, die wir sind, S. 51
10 Lynne Cox ist eine US-amerikanische Langstrecken- und Freiwasserschwimmerin, die zwischen 1971 und 2002 unglaubliche Leistungen vollbracht hat.
11 Lewis Pough ist ein britischer Langstreckenschwimmer und Umweltaktivist, der mit spektakulären Aktionen wie z.B. dem Schwimmen am Nordpol auf Naturzerstörungen aufmerksam macht.
12 Ein Zabuton ist ein etwa ein Quadratmeter großes japanisches Kissen, das man als Unterlage für seinen Meditationsplatz nutzt.
13 Chenrezig ist eine tibetische Buddha-Form und wird als Sinnbild des Mitgefühls verehrt.
14 Schleich ist ein deutscher Hersteller von naturgetreu nachgebildeten Spielzeugtieren aus Plastik.
15 Tagore: Gitanjali, S. 84
16 Eigentlich Rabbi Israel ben Elieser, der von etwa 1700 bis 1760 lebte und maßgeblich an der Entwicklung des Chassidismus beteiligt war. Baal Schem Tov ist sein Ehrentitel und bedeutet übersetzt so viel wie »der Besitzer des guten Namens«.
17 Buber: Der Weg des Menschen nach der chassidischen Lehre, S. 51
18 Buber: Der Weg des Menschen nach der chassidischen Lehre, S. 52
19 Meister Eckhart: Predigt 5b, DW I, S. 71
20 Khan: Wanderer auf dem inneren Pfad, S. 114
21 Als Fachmann für Product-Placement möchte ich in diesem

Zusammenhang auf mein Buch »Der Buddha auf vier Pfoten« hinweisen.

22 Vgl. Nouwen/Nomura: Weisheit aus der Wüste, S. 36

23 Quelle: Mindestens drei Viertel aller Facebook-Profile und ebenso der Rest des Internets.

24 Buber: Der Weg des Menschen nach der chassidischen Lehre, S. 17

25 Joh 14,2

26 Vgl. Mt 11,19

27 Vgl. Joh 2, 1–12

28 Tagore: Gitanjali, S. 92

29 Buber: Der Weg des Menschen nach der chassidischen Lehre, S. 21

30 Buber: Des Baal-Schem-tow Unterweisung im Umgang mit Gott, S. 13

31 MacLeod: The Whole Earth Shall Cry Glory, S. 16

32 Thomas-Evangelium, Logion 77

33 Koran: Sure 2, 115

34 Khan: Wanderer auf dem inneren Pfad, S. 106

35 Tagore: Gitanjali, S. 21

36 Johannes Cassian: De Institutis Coenobiorum 5

37 Jes 58,6 – 8

38 Zitiert in Kuster: Franziskus, S. 22

39 Merton: Die Weisheit der Wüste, S. 9

40 Ziegler: Frei werden, S. 9

41 Ebd.

42 Jede Revolution scheint irgendwann vom herrschenden System vereinnahmt zu werden. 1977 war Punkrock eine echte Revolution: anarchistisch, auf Autoritäten pfeifend und von

einem bis dahin beispiellosen Do-it-yourself-Anspruch beseelt. Heute gibt es Ramones-T-Shirts bei H&M. Man könnte heulen!

43 Lk 17,21

44 Vgl. Joh 3,8

45 Wiedergegeben nach »Letter to a Minister« in: Regis J. Armstrong: Francis of Assisi: Early Documents, Vol. 1, The Saint. New York 2000, S. 481

46 Rohr: Die Liebe leben. Siehe Literaturempfehlungen auf Seite 284.

47 Shunryu Suzuki: Zen-Geist, Anfänger-Geist, S. 23

48 Vgl. Die Wolke des Nichtwissens, z.B. Kap. 7

49 Kodo Sawaki: Zen ist die größte Lüge aller Zeiten, S. 34

50 Rilke: Briefe an einen jungen Dichter, S. 23

51 George R.R. Martin ist der Autor der weltweit erfolgreichen (und wirklich extrem spannenden) Fantasy-Reihe »Game of Thrones« bzw. »Das Lied von Eis und Feuer«.

52 ÓLaoire: Seelen auf Safari, S. 69

53 Frost: Promises to keep, S. 67

54 Steindl-Rast: Credo, S. 13

55 Morgenstern: Wir fanden einen Pfad, S. 24

56 Angelus Silesius: Der cherubinische Wandersmann, S. 60

57 Swami Vivekananda in Kämpchen: Dein Name gewährt jeden Wunsch, S. 40

58 Steindl-Rast: Credo, S. 14

59 Rilke: Du musst das Leben nicht verstehen, S. 19

60 Thomas von Aquin: Lectura super Matthaeum V,4 (Nr. 458)

61 Albert Hofmann war ein Schweizer Chemiker, der das LSD entdeckt hat.

62 Jiddu Krishnamurti: Das Licht in uns, S. 203
63 Angelus Silesius: Der cherubinische Wandersmann, S. 26
64 Ebd.: S. 50
65 Tagore: Gitanjali, S. 25
66 Meist sind es bei Statuen natürlich sehr viel weniger Arme, aber »tausend« oder auch »zehntausend« bedeutet im asiatischen Raum einfach nur »sehr, sehr viele«.
67 Khan: Wanderer auf dem inneren Pfad, S. 105
68 Angelus Silesius: Der cherubinische Wandersmann, S. 17
69 Vgl. hierzu: Douglas-Klotz: Das Vaterunser, S. 34 ff.
70 »The Walking Dead« ist eine US-amerikanische Fernsehserie über eine Zombie-Apokalypse.
71 Joh 10,30
72 Rumi: Die Musik, die wir sind, S. 86
73 Hafis: Offenes Geheimnis, S. 13
74 Frightened Rabbit: »Holy« (Text von Scott Hutchinson) auf dem Album » Pedestrian Verse« (Atlantic Records)
75 Aus: David Whyte: »Self-Portrait« in: Fire in the Earth. Übersetzung vom Autor
76 Thoreau: Vom Spazieren, S. 12
77 in Merton: Die Weisheit der Wüste, S. 65
78 Muir: My first Summer in the Sierra, S. 61
79 Die sketische Wüste ist eine Region in Ägypten, in die sich viele Eremiten im 2. und 3. Jahrhundert n. Chr. zurückzogen.
80 1.Mose 1,28
81 In: Bradley: Der keltische Weg, S. 57
82 Vgl. Ez 1, 4–12
83 Vgl. Offb 4, 6–8 (Ganz ähnlich wie der tibetische Chenrezig mit seinen tausend Armen und Händen, die jeweils ein Auge tragen)

84 In: Massingham: The Tree of Life, S. 37
85 In: Bradley: Der keltische Weg, S. 66
86 In: Adam: Tides and Seasons, S. 33
87 Siehe sein überaus empfehlenswertes Buch »Freundschaft mit dem Leben. Die vier Pfade der Schöpfungsspiritualität«
88 Swimme: Das Universum ist ein grüner Drache, S. 28
89 Dazu gehören für mich im Christentum vor allem Matthew Fox, Richard Rohr, Joan Chittister, John Main, Laurence Freeman, Cynthia Bourgeault, Beatrice Bruteau, John Philip Newell, Thomas Keating und Seán ÓLaoire.
90 Carmina Gadelica I, S. 39–41
91 Hildegard von Bingen: Der Mensch in der Verantwortung, S. 191
92 Chris Stapleton ist ein amerikanischer Country-Sänger/Songwriter mit einer fantastischen Stimme. Sein Album »Traveller« ist einer von vielen Gründen, diese Welt zu lieben.
93 O'Donohue: Anam Cara, S. 95
94 Vgl. den hebräischen Originaltext von Gen 1,2
95 Übers.: Du kannst nicht immer bekommen, was du möchtest.
96 Übers.: Du bekommst, was du brauchst.
97 Übers.: Jede Rose hat ihre Dornen, so wie jede Nacht ihre Dämmerung hat.
98 Übers.: So wie jeder Cowboy seinen traurigen, traurigen Song singt, so hat jede Rose ihre Dornen. (Ach, das ist einfach zu schön, fern von jedem Klischee und hätte einen Nobelpreis für Literatur verdient ...)
99 Zitiert in Landmann: Jüdische Weisheit aus drei Jahrtausenden, S. 57

100 Tagore: Gitanjali, S. 97
101 Chittister: Das Leben beginnt in dir, S. 22
102 Swimme: Das Universum ist ein grüner Drache, S. 26
103 Brihadaranyaka Upanishad V,1 in Kämpchen, S. 29
104 Khan: Wanderer auf dem inneren Pfad, S. 108
105 Angelus Silesius: Der cherubinische Wandersmann, S. 33
106 In: Kämpchen: Dein Name gewährt jeden Wunsch, S. 110
107 Vgl. Mt 18,3
108 Hafis: Offenbares Geheimnis, S. 9
109 Swimme: Das Universum ist ein grüner Drache, S. 26
110 Hildegard von Bingen: Gott sehen. Carmina 16, S. 35
111 Hafis: Offenbares Geheimnis, S. 46
112 Dalai Lama/Desmond Tutu: Das Buch der Freude, S. 23
113 Mechthild von Magdeburg: Das fließende Licht, 1. Buch, 35. Kap., S. 74
114 Thomas-Evangelium, Vers 58
115 Rumi: Traumbild des Herzens, S. 20
116 Leonard Cohen: Anthem (auf dem Album »The Future«, Columbia Sony 1992)
117 Mechthild von Magdeburg: Das fließende Licht, 2. Buch, 15. Kap., S. 98
118 Vgl. Die Regel des heiligen Benedikt 64,17
119 Ebd. 64,13
120 Ebd. 64,19
121 Ebd. 64,18 bzw. Gen 33,13
122 Vgl. Merton: Die Weisheit der Wüste, S. 66
123 Ebd.
124 Ein indisches Epos, das aus etwa 100 000 Doppelversen besteht. Die bekannte Bhagavad-Gita ist ein Teil des Mahabharata.

125 Augustinus: Bekenntnisse, S. 7
126 Angelus Silesius: Der cherubinische Wandersmann, S. 41
127 Bernard von Clairvaux: Hoheliedpredigt 18,3 (in der lateinischen Werkausgabe Sancti Bernardi Opera I,104,19–28)
128 Schlimmstenfalls verquicken sich diese beiden Wege, wie bei manchen Ausformungen des evangelikalen Protestantismus, der z. B. im US-amerikanischen Bible-Belt dazu führt, dass am Wohlstand gemessen wird, wie sehr man von Gott geliebt wird. Da hat man als wirtschaftlich schwacher Mensch gleich doppelt verloren.
129 Angelus Silesius: Der cherubinische Wandersmann, S. 37
130 Tagore: Gitanjali, S. 27
131 Regel des hl. Benedikt 22,6
132 Chödrön: Meditieren, S. 24
133 Vgl. Ziegler: Frei werden, S. 52 ff.
134 Hab 3,2
135 Pred. 7,9, hier zitiert nach Salcia Landmann: Jüdische Weisheit aus drei Jahrtausenden, S. 144
136 Jon Kabat-Zinn ist der Begründer der MBSR-Methode. Mindfulness Based Stress Reduction, zu Deutsch: Achtsamkeitsbasierte Stressbewältigung
137 in Miller: Weisung der Väter, Ausspruch 115
138 Dalai Lama/Howard C. Cutler: Die Regeln des Glücks, S. 279
139 Yoda in Star Wars: Episode 1 – Die dunkle Bedrohung
140 Vgl. Mt 5, 3–12
141 Vgl. Mt 6, 5–15
142 Mt 6, 26–34

143 Dalai Lama/Howard C. Cutler: Die Regeln des Glücks, S. 275

144 Mischna, Awot 5,17 in Landmann: Jüdische Weisheit aus drei Jahrtausenden, S. 146

145 Joh 2, 13–16

146 Gendün Chökyi Nyima, der vom Dalai-Lama anerkannte Panchen Lama, wurde als Kind von der chinesischen Regierung entführt und durch einen chinesisch anerkannten Kandidaten ersetzt. Wenn man bedenkt, dass der Panchen Lama eine entscheidende Rolle bei dem Prozess haben wird, die nächste Wiedergeburt des Dalai-Lamas aufzufinden, kann man sich vorstellen, warum die Chinesen hier frühzeitig intervenieren.

147 Der Dodge Ram ist einer der größten Geländewagen überhaupt, der ungefähr 2,5 Tonnen wiegt, über 300 PS hat und seltsamerweise oft von Menschen gefahren wird, die in einem gediegenen Vorstadthäuschen wohnen und nicht etwa in der Wildnis der Rocky Mountains.

148 Roundup ist ein Breitbandherbizid der Firma Monsanto, das den umstrittenen Wirkstoff Glyphosat enthält. Glyphosat steht unter dem dringenden Verdacht, stark krebserregend zu sein, was Monsanto aber nicht daran hindert, es weiterhin in unfassbar riesigen Mengen herzustellen und auf Feldern rund um den gesamten Globus auszubringen. Ebenso wird Glyphosat angelastet, für einen weltweiten Rückgang der Amphibienpopulation verantwortlich zu sein. Roundup ist ein Milliardengeschäft für Monsanto und ein Sargnagel für unsere Umwelt.

149 ÓLaoire: Seelen auf Safari, S. 34

150 Merton: Die Weisheit der Wüste, S. 28
151 Tagore: Indische Weisheiten für jeden Tag, S. 13
152 Ob von Humboldt das tatsächlich gesagt hat, ist unklar. Eine wirkliche Quelle scheint es nicht zu geben. Dennoch transportiert dieser Satz – von wem er auch sein mag – eine Grundwahrheit, die es wert ist, zitiert zu werden, selbst wenn es sich vielleicht nur um einen Internet-Hoax handelt.
153 Tagore: Indische Weisheiten für jeden Tag, S. 12
154 Keen: Das Feuer im Herzen entfachen, S. 160
155 Angelus Silesius: Der cherubinische Wandersmann, S. 35
156 Erbsünde ist ein Begriff, den Augustinus in das Christentum einbrachte, und der aus seinen Erfahrungen als Manichäer herrührte, einer Religion, die von zwei Göttern spricht: einem guten und einem bösen Gott, wobei Letzterer leider für die Schöpfung verantwortlich ist, weshalb alles von vornherein ein großer Schlamassel ist, aus dem man erlöst werden muss. Dagegen gewehrt hat sich Pelagius, ein irischer Mönch, der an das grundsätzlich Gute der Schöpfung glaubte, daran, dass aus Gott (dem Urgrund) nichts Schlechtes kommen kann. Augustinus und Pelagius haben sich über diesen Punkt ziemlich gezofft – und Augustinus hat gewonnen, weshalb wir uns heute immer noch mit Augustinus' recht verquerer Vorstellung herumschlagen müssen.
157 Vgl. Joh 14, 12
158 ÓLaoire: Seelen auf Safari, S. 158
159 Ebd. S. 158
160 Ebd. S. 159
161 Vgl. ihr Gedicht »Wild Geese« im gleichnamigen Buch.
162 Ein jüdischer Wanderprediger

163 Martin Buber: Der Weg des Menschen nach der chassidischen Lehre, S. 16

164 Die Sea Shepherd Conservation Society ist eine Umweltschutzorganisation, die sich dem Schutz der Meere verschrieben hat und dabei auch vor »deutlichen« Aktionen wie dem Versenken von Walfangschiffen nicht zurückschreckt.

165 John Robbins ist ein amerikanischer Autor und Tierrechtler, der sich schon seit den 1980er-Jahren für eine vegane Ernährungsweise engagiert.

166 Arundhati Roy ist eine indische Schriftstellerin, die auch als Globalisierungskritikerin hervorgetreten ist. Ebenso kritisiert sie den Nationalismus ihres Heimatlandes sowie die atomare Aufrüstung, die Indien nach wie vor betreibt.

167 Die nachfolgende Meditationsübung ist von tibetischen Praktiken inspiriert, bei denen man sich selbst in der liebevollen Ausstrahlung ganzer Buddha-Linien visualisiert.

168 Eine dieser Seiten ist zum Beispiel www.newslichter.de

169 Trungpa: Das Buch vom meditativen Leben, S. 47

170 Khan: Wanderer auf dem inneren Pfad, S. 60

171 Chittister: Das Leben beginnt in dir, S. 59

172 Klemens von Alexandrien, Stromateis in Theißen: Die Weisheit des Urchristentums, S. 55

173 Chittister: Das Leben beginnt in dir, S. 62

174 Khan: Wanderer auf dem inneren Pfad, S. 125

175 Watts: Weisheit des ungesicherten Lebens, S. 74

176 Meister Eckhart: Predigt 5b, DW I, S. 71

177 Watts: Weisheit des ungesicherten Lebens, S. 114

178 Die Urheberschaft dieses Gedichts ist nicht gänzlich geklärt. Niebuhr selbst verzichtete auf die Urheberschaft, doch

scheint er es entweder in den 1930er- oder 1940er-Jahren geschrieben zu haben. Heute findet es sich in etlichen Zitatesammlungen und Büchern mit Sinnsprüchen.

179 Tagore: Gitanjali, S. 88
180 Khan: Wanderer auf dem inneren Pfad, S. 27
181 Angelus Silesius: Der cherubinische Wandersmann, S. 39
182 Iyer: The Moral and Political Thought of Mahatma Gandhi, S. 138
183 Aus Nagarjunas »Die grundlegende Weisheit«, zitiert in Karr: Der Wirklichkeit auf der Spur, S. 173
184 Zum Beispiel in 1Mo 43,23, 1Mo 50,21, 5Mo 3,22, 1Sam 12,20, Jes 44,8, Joe 2,22, Hag 2,5, Mt 10,31, Mt 17,7, Mt 28,10 und an vielen weiteren Stellen
185 Rumi: Die Musik, die wir sind, S. 13
186 Shafak: Die vierzig Geheimnisse der Liebe, S. 269
187 Original und Übersetzung aus Kurt Ruh: Meister Eckhart. Theologie – Prediger – Mystiker. C.H. Beck Verlag, München 1989, S. 47 ff.
188 Packer: Der Moment der Erfahrung ist unendlich, S. 30
189 Weil: Das Unglück und die Gottesliebe, S. 58
190 Buber: Der Weg des Menschen nach der chassidischen Lehre, S. 56
191 In Kämpchen: Dein Name gewährt jeden Wunsch, S. 43
192 Angelus Silesius: Der cherubinische Wandersmann, S. 20
193 Steindl-Rast: Credo, S. 31
194 Rohr: Das Wahre Selbst, S. 75
195 Swimme: Das Universum ist ein grüner Drache, S. 85
196 Steindl-Rast: Credo, S. 64

So kochen, dass die Seele satt wird

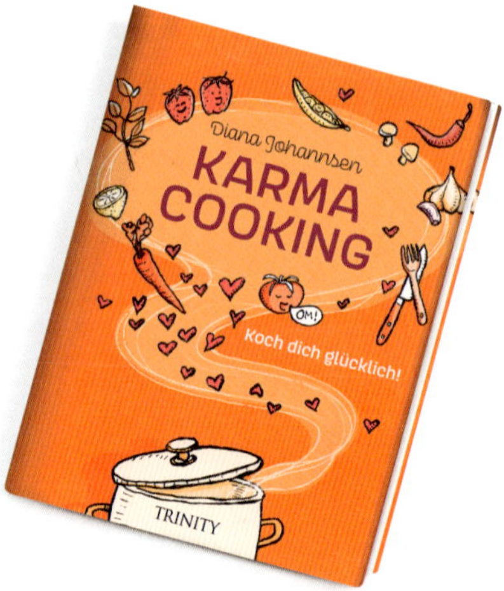

240 Seiten. ISBN 978-395550-225-6

Wir machen uns heute unendlich viele Gedanken darüber, *was* wir essen. Mindestens ebenso wichtig für unser Wohlbefinden jedoch ist die Art und Weise, *wie* wir unsere Nahrung zubereiten. Diana Johannsen, Inhaberin der Koch-Community *Karma Cooking*, stellt eine Fülle von Ritualen, Gebeten, Mantras und Übungen vor, mit deren Hilfe wir unsere Nahrung energetisch positiv aufladen.

Mit vielen köstlichen Rezepten entsteht so eine liebevolle Einladung zu einer Ernährung, die wirklich nährt.

TRINITY

www.trinity-verlag.de